Die internationale Zuständigkeit der englischen Zivilgerichte

AF878527

Schriften zum Internationalen und vergleichenden Privatrecht

Herausgegeben von Abbo Junker

Band 6

PETER LANG

Frankfurt am Main · Berlin · Bern · Bruxelles · New York · Oxford · Wien

Nicolai von Cube

Die internationale Zuständigkeit der englischen Zivilgerichte

Im Spannungsverhältnis von Common Law und Europarecht

PETER LANG
Europäischer Verlag der Wissenschaften

Bibliografische Information Der Deutschen Bibliothek
Die Deutsche Bibliothek verzeichnet diese Publikation in der Deutschen Nationalbibliografie; detaillierte bibliografische Daten sind im Internet über <http://dnb.ddb.de> abrufbar.

Zugl.: Göttingen, Univ., Diss., 2004

D 7
ISSN 1615-553X
ISBN 3-631-52517-6

© Peter Lang GmbH
Europäischer Verlag der Wissenschaften
Frankfurt am Main 2004
Alle Rechte vorbehalten.

Das Werk einschließlich aller seiner Teile ist urheberrechtlich geschützt. Jede Verwertung außerhalb der engen Grenzen des Urheberrechtsgesetzes ist ohne Zustimmung des Verlages unzulässig und strafbar. Das gilt insbesondere für Vervielfältigungen, Übersetzungen, Mikroverfilmungen und die Einspeicherung und Verarbeitung in elektronischen Systemen.

www.peterlang.de

VORWORT

Die Arbeit lag der juristischen Fakultät der Georg-August-Universität Göttingen im Wintersemester 2003/2004 als Dissertation vor. Für die Drucklegung konnten noch einige Neuauflagen bis Anfang 2004 berücksichtigt werden. Mein Dank gilt meinem Doktorvater, Herrn Professor Dr. Abbo Junker, der mir die Arbeit über ein Thema ermöglicht hat, das mich seit einem Studienaufenthalt an der University of East Anglia in Norwich 1999 interessiert. Danken möchte ich auch Herrn Professor Dr. Joachim Münch für die Erstellung des Zweitgutachtens und Herrn Professor Richard Fentiman M.A., B.C.L., Fellow des Queen's College, Cambridge für seinen Rat und das anregende und hilfreiche Gespräch über das Thema sowie den Mitarbeitern der Bodleian Library in Oxford für die Möglichkeit, dort zu recherchieren.

Meinen Eltern danke ich ganz besonders für die Unterstützung. Meiner Mutter Bettina v. Cube gilt außerdem Dank für die Durchsicht des Manuskripts.

INHALTSVERZEICHNIS

Kapitel 1
Einleitung

Kapitel 2

Jurisdiction in personam und in rem

Kapitel 3

Jurisdiction aufgrund der Zustellung der Klage im Inland

Kapitel 5
Begründung der Jurisdiction im Common Law auf sonstige Weise

Kapitel 7
Common Law und Europarecht

Kapitel 8
Lösungsmodell

Kapitel 9
Zusammenfassung

ABKÜRZUNGSVERZEICHNIS

a. A.	andere Ansicht
A/S	Aktieselskab
AB	Aktiebolag
Abl. EG	Amtsblatt der Europäischen Gemeinschaft
AG	Amtsgericht, Aktiengesellschaft
BCL	Bachelor of Civil Law
BCLC	Butterworth Company Law Cases
BULR	Boston University Law Review
BV	Besloten Vennootschap
BVerfGE	Entscheidungen des Bundesverfassungsgerichts
BYBIL	British Yearbook of International Law
CCR	County Court Rules
Ch.	Law Reports *Chancery Division* (3rd series seit 1891)
Ch. D.	Law Reports *Chancery Division* (2nd series 1875-1890)
CILJ	Cornell International Law Journal
CJQ	Civil Justice Quarterly
CLJ	The Cambridge Law Journal
CLR	Commonwealth Law Reports (Australien)
CLYB	Current Law Year Book
Co.	Company
CPD	The Law Reports, Common Pleas Division (1875-1880)
CPR	Civil Procedure Rules
ders.	derselbe
dies.	dieselbe, dieselben
DLR	Dominion Law Reports (Custom Canada)
E.R.	English Reports
ECC	European Commercial Cases
ELR	European Law Review

EuGVÜ	Brüsseler EWG-Übereinkommen über die gerichtliche Zuständigkeit und die Vollstreckung gerichtlicher Entscheidungen in Zivil- und Handelssachen
EuGVVO	Verordnung (EG) Nr. 44/2001 des Rates vom 22. Dezember 2000, Abl. EG Nr. L 12 v. 16. Jannuar 2001, S. 1. über die gerichtliche Zuständigkeit und die Anerkennung und Vollstreckung von Entscheidungen in Zivil- und Handelssachen
EuZW	Europäische Zeitschrift für Wirtschaftsrecht
EVÜ	Römisches EWG-Übereinkommen über das auf vertragliche Schuldverhältnisse anzuwendende Recht
EWCA Civ.	Court of Appeal Civil Division (England & Wales)
Ex. D.	The Law Reports Exchequer Division (2nd series 1875-1880)
FS	Festschrift
FSR	Fleet Street Report of Patent Cases
GG	Grundgesetz
GmbH	Gesellschaft mit beschränkter Haftung
HL	House of Lords
Hrsg.	Herausgeber
i.e.	id est (das heißt)
ICLQ	The International and Comparative Law Quarterly
IL Pr	International Litigation Procedure
J.	Puisne Judge
IPRax	Praxis des Internationalen Privat- und Verfahrens-rechts
IZPR	Internationales Zivilprozessrecht
IZVR	Internationales Zivilverfahrensrecht
Jur. Rev.	Juridical Review (Schottland)
KG	Kommanditgesellschaft
L. J.	Lord Justice
LJKB	Law Journal Reports, King's Bench (1831-1947)
Lloys's Rep.	Lloyd's Law Reports
LMCLQ	Lloyd's Maritime and Commercial Law Quarterly
LQR	Law Quarterly Review

LS Gaz	The Law Society's Gazette
LT	Law Times Reports
ltd.	Limited Company
LugÜ	Lugano Übereinkommen vom 16. September 1988 über die gerichtliche Zuständigkeit und die Vollstreckung gerichtlicher Entscheidungen in Zivil- und Handelssachen
M.	Session Cases, 3rd Series (Schottland)
M.A.	Master of Arts
MLR	Modern Law Review
M.R.	Master of the Rolls
NJW	Neue Juristische Wochenschrift
NSWLR	New South Wales Law Reports (Australien)
NV	Naamloze Venootschap
NZULR	New Zealand Universities Law Review
OJLS	Oxford Journal of Legal Studies
plc.	Public Limited Company
R.	Rex, Regina (die Krone als Prozesspartei)
r.	rule, rules
RCDIP	Revue Critique de Droit International Privé.
RCJ	Royal Courts of Justice
Riv.Dri.Int	Rivista di Dritto Internazionale
RIW	Recht der Internationalen Wirtschaft
Rn.	Randnummer
RSC	Rules of the Supreme Court
s.	section
S.A.	Societée Anonyme, Sociedad Anonima
S.C.	Session Cases (Schottland)
S.J.	Solicitors' Journal
Salk.	Salkeld (1689-1712) = E.R. 91
SASR	South Australian State Reports
sch.	schedule
SI	Statutory Instruments

Sim. & St.	Simons & Stuart (1822-1826)
SLT	Scots Law Times (Schottland)
SpA	Società per azioni
ss.	sections
State Tr.	State Trials (Cobbett & Howell) (1163-1820)
StaZ	Das Standesamt
TLR	Tasmanian Law Reports (Australien)
TLR	Times Law Reports
u.a.	und andere
Vern.	Vernon (1681-1720)
Ves. Jun.	Vesey Junior (1789-1817) = E.R. 30.34
Ves. Sen.	Vesey Senior (1747-1756) = E.R. 27f.
VR	Victorian Reports (Australien)
WLR	Weekly Law Reports
WLT (Comm.)	Weekly Law Reports - Commercial Cases
Yb. Eur. L.	Yearbook of European Law
ZeuP	Zeitschrift für Europäisches Privatrecht
ZPO	Zivilprozessordnung
ZvglRWiss	Zeitschrift für vergleichende Rechtswissenschaften

LITERATURVERZEICHNIS

Anton, Alexander Elder	Private International Law, A treatise from the standpoint of Scots law, Edinburgh 1967
Anton, Alexander Elder Beaumont, Paul R.	Anton & Beaumont's Civil Jurisdiction in Scotland, 2. Auflage, Edinburgh 1995
Arnheim, Michael Stirling, Christopher Tromans, Christopher	Civil Courts Practice and Procedure Handbook, London, 2000
Aull, Jacques Matthias	Der Geltungsanspruch des EuGVÜ: „Binnensachverhalte" und Internationales Zivilverfahrensrecht in der Europäischen Union, Frankfurt 1996
Barma, Aarif Elvin, David	Forum Non Conveniens: Where Do We Go From Here?, LQR 101 (1985), 48
Baumbach, Adolf Lauterbach, Wolfgang	Zivilprozessordnung mit Gerichtsverfassungsgesetz und Nebengesetzen, 62. Auflage, München 2004
Beaumont, Paul R.	Declining Jurisdiction in Private International Law, in: Fawcett, Declining Jurisdiction, 207 (siehe dort)
ders.	Conflict of Jurisdiction in Divorce cases: Forum non conveniens, ICLQ 36 (1987), 116
Benecke, Lars	Die teleologische Reduktion des räumlich-persönlichen Anwendungsbereichs von Art. 2ff. und Art. 17 EuGVÜ, Diss. Bielefeld 1993
Berger, Don	Zuständigkeit und forum non conveniens im amerikanischen Zivilprozess, RabelsZ 41 (1977), 39
Blobel, Felix Späth, Patrick	Zum Entwicklungsstand der Lehre vom Forum non conveniens in England, RIW 2001, 598
Blum, Claude Paul	Forum non conveniens, Zürich 1979
Boyle, A.J. Potts, Robin Sealy, Leonard S.	Gore-Browne on Companies, Bd. 2, 44. Auflage, Bristol 1986ff. (Stand: November 2001)
Briggs, Adrian	Anti-European Teeth for Choice of Court Clauses, LMCLQ 1994, 158

ders.	Spiliada and the Brussels Convention, LMCLQ 1991, 10
ders.	Get your writs out - The Duke of Yare, LMCLQ 1992, 150
ders.	Forum Non Conveniens - an Update, LMCLQ 1985, 360
ders.	The Staying of Actions on the Ground of Forum Non Conveniens in England Today, LMCLQ 1984, 227
ders.	Decisions of British Courts During 1997 - Private International Law, BYBIL 68 (1997), 355
ders.	Jurisdiction Under Traditional Rules, in: Restitution and the Conflict of Laws, Hrsgg. von Francis Rose, Oxford 1995, S. 49
ders.	Forum Non Conveniens and the Brussels Convention Again, LQR 107 (1991), 180
Briggs, Adrian Rees, Peter	Civil Jurisdiction and Judgments, 2. Auflage, London 1997
Büchner, Wolfgang	Rechtswahl- und Gerichtsstandsklauseln im Rechtsverkehr mit Common Law-Staaten, RIW 1984, 180
Bülow, Arthur Böckstiegel, Karl Heinz	Der Internationale Rechtsverkehr in Zivil- und Handelssachen, 3. Auflage, München 1983ff.
Bunge, Jürgen	Zivilprozeß und Zwangsvollstreckung in England, Berlin 1995
Cheshire, Geoffrey Chevlier North, Sir Peter Fawcett, James J.	Private International Law, 11. Auflage, London, Edinburgh, Dublin 1987
dies.	Private International Law, 13. Auflage, London, Edinburgh, Dublin 1999
Chesterman, Michalel R.	Foreign Land and English Equity, MLR 33 (1970), 209, 212f
Coester-Waltjen, Dagmar	Die Bedeutung des Art. 6 Nr. 2 EuGVÜ, IPRax 1990, 290
Collier, John G.	Conflict of Laws, 3. Auflage, Cambridge 2001

Collins Dictionary Law	siehe: Stewart, William J.
Collins, Lawrence	The Civil Jurisdiction and Judgments Act 1982, London 1983
ders.	Forum Non Conveniens and the Brussels Convention, LQR 106 (1990), 535
Collins, Lawrence Davenport, Brian	Forum Conveniens Within the United Kingdom, LQR 110 (1994), 325
Creifelds, Carl	Rechtswörterbuch, 16. Auflage, München 2000
Dashwood, Alan Hacon, Richard White, Robin	A Guide to the Civil Jurisdiction and Judgments Convention, Deventer, Antwerpen, London, Frankfurt a. M., Boston, New York 1987
Davenport, Brian J.	End of an Old Admiralty Belief, LQR 114 (1998), 169
David, René Grasmann, Günther	Einführung in die großen Rechtssysteme der Gegenwart, München, Berlin 1966
Davis, J.L.R.	Private International Law, (Rezension zu Cheshire, 7. Auflage) NZULR 1966 (2), 243
Dicey, A. V. Morris, J.H.C.	The Conflict of Laws, 11. Auflage, Bd. 1 & 2, London 1987
dies.	The Conflict of Laws, 13. Auflage, Bd. 1 & 2, London 2000
dies.	The Conflict of Laws, 13. Auflage, Ergänzungsband, London 2002
Dickens, Charles	The Personal History of David Copperfield, Neuausgabe, hrsgg. von Trevor Blount, London 1966
Dietze, Jan Schnichels, Dominik	Die aktuelle Rechtsprechung des EuGH zum EuGVÜ, EuZW 2001, 581
Dockray, Martin S.	Disclosure and Arrest of Ships, LQR 110 (1994), 382, .
Donzallaz, Yves	La Convention de Lugano du 16 septembre 1988 concernant la compétence judiciaire et l'éxécution des décision en matière civile et commerciale, Bern 1996ff.

Dorsel, Christoph	Forum non conveniens, Richterliche Beschränkung der Wahl des Gerichtsstandes im deutschen und amerikanischen Recht, Berlin 1996
Droz, Georges A.L.	Entrée en vigeur de la Convention de Bruxelles révisée sur la compétence judiciaire et l'éxécution des jugements, RCDIP 1987, 251
ders.	Compétence judiciaire et effets des Jugements dans le Marché Commun, Paris 1972
Erwand, Christine	Forum non conveniens und EuGVÜ, Frankfurt 1996
Fawcett, James	Trial in England or Abroad: The Underlying Policy Considerations, OJLS 9 (1989), 205
Fawcett, James (Hrsg.)	Declining Jurisdiction in Private International Law, Oxford 1995
Fentiman, Richard G.	Jurisdiction-When Non-exclusive Means Exclusive, CLJ 1992, 234
ders.	Jurisdiction, Discretion and the Brussels Convention, CILJ 1993, 59
Gamillscheg, Franz	Internationale Zuständigkeit und Entscheidungsharmonie, Berichte der Deutschen Gesellschaft für Völkerrecht 3, Karlsruhe 1959, 29
Gaudemet-Tallon, Hélène	Les Conventions de Bruxelles et de Lugano: Compétence internationale, reconaissance et exécution des jugements en Europe, 2. Auflage, Paris 1996
dies.	Le « forum non conveniens, » une menace pour la Convention de Bruxelles? RCDIP 80 (Juli-September 1991), 3ff.
Gebauer, Martin	Drittstaaten- und Gemeinschaftsbezug im europäischen Recht der internationalen Zuständigkeit, Urteil des Europäischen Gerichtshofes vom 13. Juli 2000, ZeuP 2001, 949
Geimer, Reinhold Schütze, Rolf A.	Internationale Urteilsanerkennung, 1. Halbbd. Das EWG-Übereinkommen, Systematischer Kommentar, München 1983 (zitiert: Geimer/Schütze)
Geimer, Reinhold Schütze, Rolf A.	Europäisches Zivilverfahrensrecht, München 1997 (zitiert: Geimer/Schütze EZVR)

Geimer, Reinhold	Das Zuständigkeitssystem des EWG-Übereinkommens vom 27. September 1968, WM 1976, 830
ders.	Kompetenzkonflikte im System des Europäischen Gerichtsstands- und Vollstreckungsübereinkommens, in: Verfahrensrecht-Privatrecht, Festschrift für Winfried Kralik zum 65. Geburtstag, Hrsgg. von Walter H. Rechenberger; Rudolf Welser, Wien 1986, S. 179
ders.	The European Law of Civil Procedure under the Brussels Convention, in: Festschrift für Ernst C. Stiefel zum 80. Geburtstag, Hrsgg. von Marcus Lutter, München 1987, S. 219
ders.	Beachtung ausländischer Rechtshängigkeit und Justizgewährungsanspruch, NJW 1984, 527
ders.	Ungeschriebene Anwendungsgrenzen des EuGVÜ: Müssen Berührungspunkte zu mehreren Vertragsstaaten bestehen? IPRax 1991, 31
ders.	Internationales Zivilprozeßrecht, 4. Auflage, Köln 2001
ders.	Internationale Zuständigkeit und Urteilsanerkennung in Europa: Berichte und Dokumente des Kolloquiums „Die Auslegung des Brüsseler Übereinkommens durch den Europäischen Gerichtshof und der Rechtsschutz im Europäischen Raum“, Hrsgg. vom Gerichtshof der Europäischen Gemeinschaften, Köln u. a. 1993
ders.	Zur Drittstaatenproblematik, EuLF 2000/2001, 54
Geldart, William Yardley, David	Introduction to English Law, 7. Auflage, Oxford 1995
Gore-Browne, Francis	Gore-Browne on Companies, siehe: Boyle u. A.
Gothot, Pierre Holleaux, Dominique	La Convention de Bruxelles du 27 Septembre 1968: Compétence judiciaire et effets des jugements dans la CEE, Paris 1985
Gottwald, Peter	Grenzen zivilgerichtlicher Maßnahmen mit Auslandswirkung, in: Festschrift für Walther J. Habscheid zum 65. Geburtstag, Hrsgg. von Walter S. Lindacher, Bielefeld 1989, S. 119

Grabau, Fritz-René Hennecka, Jürgen	Entwicklung des weltweiten Zuständigkeits- und Anerkennungsübereinkommens-Aktueller Überblick, RIW 2001, 569
Grainger, Ian Fealy, Michael	The Civil Procedure Rules in Action, 2. Auflage, London 2000
Gibb, Andrew Dewar	The International Law of Jurisdiction in England and Scotland, Edinburgh, London, 1926
Greene, David	The New Civil Procedure Rules, London 1999
Harris, Jonathan	Forum Shopping in International Libel, LQR 116 (2000), 562
ders.	Choice of Law in Tort-Blending in with the Landscape of Conflict of Laws? MLR 61 (1998), 33
Hartley, Trevor C.	The Brussles Convention and Forum Non Conveniens, ELR 17 (1992), 553
ders.	Civil Jurisdiction and Judgments, The Application in England of the Convention on Jurisdiction and the Enforcement of Judgments in Civil and Commercial Matters Under the Civil Jurisdiction and Judgments Act 1982, London 1984
ders.	Note on Overseas Union Insurance v. New Hampshire Insurance, ELR 14 (1989), 58
ders.	Jurisdiction and Judgments Convention: Jurisdiction Agreements and lis alibi pendens, ELR 19 (1994), 549
Hartwieg, Oskar	Forum Shopping zwischen Forum non conveniens und „hinreichendem Inlandsbezug", JZ 1996, 109
ders.	Postitive Kompetenzkonflikte im Internationalen Zivilprozeßrecht, Frankfurt 1996
Hay, Peter	Refining Personal Jurisdiction in the United States, ICLQ 1986 32, 35
Hill, Jonathan	The Law Relating to International Commercial Disputes, 2. Auflage, London 1998
Hogan, Gerard	The Brussels Convention, Forum Non Conveniens and the Connecting Factors Problem, ELR 20 (1995), 471

Huber, Peter	Die englische forum non conveniens-Doktrin und ihre Anwendung im Rahmen des Europäischen Gerichtsstands- und Vollstreckungsübereinkommens, Berlin 1994
ders.	Neues aus England zu Artt. 21, 22 EuGVÜ, IPRax 1993, 114
ders.	Forum non Conveniens-The Other Way Round, IPRax 1996, 48
ders.	Forum non conveniens und EuGVÜ, RIW 1993, 977
Inglis, B.D.	Jurisdiction, the Doctrine of Forum Conveniens, and Choice of Law in Conflict of Laws, LQR 81 (1965), 880
Ingman, Terrence	The English Legal Process, 8. Auflage, London 2000
Irvine of Lairg, Baron Alexander	Vorwort zu den CPR, in: Civil Procedure Rules, Practice Directions, Pre-Action Protocols and Forms, London 2000
Jacob, Jack I.H. (Hrsg.)	Private International Litigation, London 1988
Jayme, Erik (Hrsg.)	Ein internationales Zivilverfahrensrecht für Gesamteuropa: EuGVÜ, Lugano-Übereinkommen und die Rechtsentwicklung in Mittel und Osteuropa, Heidelberg 1992 (zitiert: IZVR)
ders.	Zur Übernahme der Lehre vom „forum non conveniens" in das deutsche Internationale Verfahrensrecht, StaZ 1975, 91
Jayme, Erik Kohler, Christian	Das internationale Verfahrensrecht der Europäischen Gemeinschaft-Jüngste Entwicklungen, IPRax 1988, 133
Jenard, P.	Bericht zu dem Überinkommen über die gerichtliche Zuständigkeit und die Annerkennung und Vollstreckung gerichtlicher Entscheidungen in Zivil- und Handelssachen, Abl. EG vom 5. März 1979, Nr. C 59/1
Jervis, Sir John Matthews, Paul Foreman, John	Jervis on the Office and Duties of Coroners, 11. Auflage, London 1993 (zitiert: Jervis)

Junker, Abbo	Die einheitliche europäische Auslegung nach dem EG-Schuldvertragsübereinkommen, RabelsZ 55 (1991), 674
ders.	Internationales Privatrecht, München 1998
Juenger, Friedrich	Forum non conveniens- Who needs it?, in: Wege zur Globalisierung des Rechts, Festschrift für Rolf A. Schütze zum 65. Geburtstag, Hrsgg. von Reinhold Geimer, München 1999, S. 317
Kahn-Freund, Otto	Jurisdictioin Agreements, some Reflections, ICLQ 26 (1977), 825
Kaye, Peter	Civil Jurisdiction and Enforcement of Foreign Judgments, The Application in England and Wales of the Brussels Convention of 1968 on Jurisdiction and the Enforcement of Judgments in Civil and Commercial Matters under the Civil Jurisdiction and Judgments Act 1982, Abingdon 1987 (zitiert: Civil Jurisdiction and Judgements)
Kennet, Wendy	Forum non conveniens in Europe, CLJ 54 (1995), 552
Kerr, Michael	The EEC Judgments Convention – A Personal View LS Gaz 75 (1978) II, 1190f.
Kohler, Christian	Practical Experience of the Brussels Jurisdiction and Judgments Convention in the Six Original Contracting States, ICLQ 34 (1985), 563.
ders.	Staatsvertragliche Bindungen bei der Ausübung internationaler Zuständigkeit und richterliches Ermessen - Bemerkungen zur Harrods-Entscheidung des englischen Court of Appeal, in: Verfahrensgarantien im nationalen und internationalen Prozessrecht, Festschrift für Franz Matscher zum 65. Geburtstag, Hrsgg. von Oskar J. Ballon und Johann J. Hagen, Wien 1993, S. 251
Kreitlow, Maike	Das domicile-Prinzip im englischen Internationalen Privatrecht und seine europäische Perspektive, Frankfurt 2003
Kronke, Herbert	Neue Entwicklungen im englischen Recht der internationalen Zuständigkeit, RIW 1977, 613
Kropholler, Jan	Europäisches Zivilprozeßrecht, 7. Auflage, Heidelberg 2002

Larenz, Karl	Methodenlehre der Rechtswissenschaft, 6. Auflage, Berlin, Heidelberg, New York, London, Paris, Tokyo, Hong Kong, Barcelona, Budapest 1991
Lauterpacht, H.	The Problem of Jurisdictional Immunities of Foreign States, BYIL 28 (1951) 220
Leflar, Robert	American Conflicts Law, 4. Auflage, Charlottesville 1986
Maitland, F.W.	Equity, a Course of Lectures, 2. Auflage Cambridge 1936
Martiny, Dieter	Der Beitritt Polens zum Luganer Übereinkommen, IPRax 2001, 29
Mathers, I.K.	The Brussels Convention of 1968-Its Implementation in the United Kingdom 3 Yb. Eur. L. (1983), 49
Mennie, Alastair	The Brussels Convention and the Scottish Courts' Discretion to Decline Jurisdiction, Jur. Rev. 1989, 150
ders.	The Brussels Convention and Third States: A British Perspective, in: Ein Internationales Zivilverfahrensrecht für Gesamteuropa, EuGVÜ, Lugano-Übereinkommen und die Rechtsentwicklungen in Mittel- und Osteuropa, Hrsgg. von Erik Jayme, Heidelberg 1992, S. 213
ders.	The Brussels and Lugano Conventions and the United Kingdom, in: Ein Internationales Zivilverfahrensrecht für Gesamteuropa, EuGVÜ, Lugano-Übereinkommen und die Rechtsentwicklungen in Mittel- und Osteuropa, Hrsgg. von Erik Jayme, Heidelberg 1992, S. 395
Micklitz, Hans-W. Rott, Peter	Vergemeinschaftung des EuGVÜ in der Verordnung (EG) Nummer 44/2001, EuZW 2001, 327
Mistelis, Loukas Grunert, Jens	XIV. Internationaler Kongress für Rechtsvergleichung, Versagung der internationalen Zuständigkeit in Zivil- und Handelssachen, ZVglRWiss 1994, 204
Morse, C.G.J.	Letters of Credit and the Rome Convention, LMCLQ 1994, 560

Morris, J.H.C. McClean, David	The Conflict of Laws, 5. Auflage, London 2000
Muchlinski, Peter	Corporations in International Litigation: Problems of Jurisdiction and the United Kingdom Asbestos Cases, ICLQ 50 (2001), 1
Münchener Kommentar ZPO	Münchener Kommentar zur Zivilprozessordnung, Band 3, Internationales Zivilprozessrecht, 2. Auflage, München 2001 (zitiert MüKo ZPO-Bearbeiter)
Niegisch, Martin	Mehrspurigkeit des Internationalen Zivilverfahrensrechts in den Mitgliedsstaaten der Europäischen Gemeinschaft am Beispiel des Vereinigten Königreiches, Diss. Heidelberg 1993
North, Peter	The Brussels Convention and Forum Non Conveniens, in: IPRax 1992, S. 183
ders.	La liberté d'appréciation de la compétence (jurisdictional discretion) selon la convention de Bruxelles, in: Nouveaux itinéraires en droit-Hommage à François Rigaux, Hrsgg. von der Bibliothèque de la Faculté de Droit de l'Université Catholique de Louvain, Brüssel 1993, S. 373 (zitiert: FS-Rigaux)
Nygh, Peter	Forum Non Conveniens and Lis Alibi Pendens: the Australian Experience, in: Private International Law in the International Arena, Liber Amicorum Kurt Siehr, Hrsgg. von Jürgen Basedow u.a., Den Haag 2000, S. 511 (zitiert FS-Siehr)
O'Malley, Stephen Layton, Alexander	European Civil Practice, London 1989
Piltz, Burgard	Die Zuständigkeit nach dem EWG-Gerichtsstand und Vollstreckungsübereinkommen, NJW 1979, 1072
ders.	Vom EuGVÜ zur Brüssel-I-Verordnung, NJW 2002, 789
Prince, Peter	Bhopal, Bougainville and Ok Tedi: Why Australia's Forum Non Conveniens Approach is Better, ICLQ 47 (1998), 573
Pryles, Michael	Comparative Aspects of Prorogation and Arbitration Agreements, ICLQ 25 (1976), 543

Rauscher, T. Gutknecht, U.	Teleologische Grenzen des Art. 21 EuGVÜ? IPRax 1993, 21
Reus, Alexander	Die „forum non conveniens-doctrine" in Großbritannien und den USA in Zukunft auch im deutschen Prozeß?, RIW 1991, 542
Robertson, David W.	Forum non conveniens in America and England: "A rather fantastic fiction" LQR 103 (1987), 398
Rose, Francis W.	The nature of Admiralty Proceedings, LMCLQ 1998, 27
Rosenberg, Leo Schwab, Karl Heinz Gottwald, Peter	Zivilprozessrecht, 15. Auflage, München 1993
Rutherford, Leslie Bone, Sheila	Osborn's Concise Law Dictionary, 8. Auflage, London 1993
Samtleben, Jürgen	Europäische Gerichtsstandsvereinbarungen und Drittstaaten-viel Lärm um nichts?, RabelsZ 59 (1995) 670
ders.	Internationale Gerichtsstandsvereinbarungen nach dem EWG-Übereinkommen und nach der Gerichtsstandsnovelle, NJW 1974, 1590
Schack, Haimo	Wechselwirkungen zwischen europäischem und internationalem Zivilprozeßrecht, ZZP 107 (1994), 279
ders.	Die Versagung der deutschen internationalen Zuständigkeit wegen forum non conveniens und lis alibi pendens, RabelsZ 58 (1994), 40
ders.	Rechtshängigkeit in England und Art. 21 EuGVÜ, IPRax 1991, 270
ders.	Internationales Zivilverfahrensrecht, 3. Auflage, München 2002
ders.	Peter Kaye, Civil Jurisdiction and Enforcement of Foreign Judgments (Rezension), ZZP 103 (1990), 383
Schlosser, Peter	Bericht zu dem Übereinkommen des Königreichs Dänemark, Irlands und des Vereinigten Königreichs Großbritannien und Nordirland über den Beitritt zum Übereinkommen über die gerichtliche Zuständigkeit und die Annerkennung und Vollstreckung gerichtlicher Entscheidungen in Zivil-

	und Handelssachen sowie zum Potokoll betreffend die Auslegung dieses Übereinkommens durch den Gerichtshof, Abl. EG vom 5. März 1979, Nr. C 59/71
ders.	EuGVÜ, München 1996
Scholz, Franz	Die Rechtssicherheit, Berlin 1955
Sime, Stuart	A Practical Approach to Civil Procedure, 4. Auflage, London 2000
Slater, A.G.	Forum non conveniens: A View From the Shop Floor, LQR 104 (1988), 554
Sobich, Philip	Die Civil Procedure Rules 1999 Zivilprozeßrecht in England, JZ 1999, 775
Staudinger, Ansgar	Vertragsstaatenbezug und Rückversicherungsverträge im EuGVÜ, IPRax 2000, 483
Stewart, W.J.	Collins Dictionary Law, 2. Auflage, Glasgow 2001
Stone, P.A.	The Civil Jurisdiction and Judgments Act 1982: Some Comments, ICLQ 1983, 477
Taylor von Mehren, Arthur	Adjudicatory Jurisdiction: General Theories Compared and Evaluated, BULR 63 (1983), 279
Teare, Nigel	Admiralty Actions in Rem and the House of Lords, LMCLQ 1998, 33
Thomas, Heinz Putzo, Hans	Zivilprozessordnung, 25.Auflage, München 2003
Thomas, Robert	Non Exclusive Jurisdiction Clauses and Submission by Appearance, LMCLQ 1992, 292
Verheul, J.P.	The Forum (Non) Conveniens in English and Dutch Law and Under Some International Conventions, ICLQ 35 (1986), 413
Wahl, Ulrich	Die verfehlte internationale Zuständigkeit, Berlin 1974
Whiteley, Miranda	Stays and Summary Judgments Under the Arbitration Act 1996, LMCLQ 1998, 164
Zöller, Richard	Zivilprozessordnung, 24. Auflage, Köln 2003
Zweigert, Konrad Kötz, Hein	Einführung in die Rechtsvergleichung, Band I, Grundlagen, 2. Auflage, Tübingen 1984

ENTSCHEIDUNGSVERZEICHNIS

Kapitel 1

EINLEITUNG

Die Arbeit geht der Frage nach, wann englische Zivilgerichte international zuständig sind. Auf diese Frage wird gemeinhin die Antwort gegeben, es sei nach dem *Common Law* erforderlich und ausreichend, dass der Kläger dem Beklagten im Hoheitsgebiet der englischen Gerichte eine Klageschrift (*writ*)[1] übergebe. Fälle aus alter Zeit berichten von *writs*, die vor dem Beklagten auf den Boden geworfen oder zusammengerollt „dolchgleich" in dessen Brust gestoßen wurden.[2] Über das Erfordernis der Zustellung hinaus gibt es formal gesehen keine internationalen Zuständigkeitsregeln, solange sich der Beklagte im Inland aufhält. Der ausländische Besucher lebt offenbar gefährlich, da ein Tag in einem Londoner Hotel[3] oder der Besuch eines Pferderennens in Ascot[4] ausreichend sein können, um ihn mit einem Prozess zu überziehen, obwohl im Übrigen kein Berührungspunkt der Parteien oder des Streitgegenstandes zu England besteht.[5]

Das *Common Law* hat zur Vermeidung exorbitanter Zuständigkeiten deshalb eigene Mechanismen entwickelt, die der kontinentaleuropäischen Prozessrechtsdogmatik fremd sind. Insoweit überrascht es nicht, dass die Einführung europarechtlicher Zuständigkeitsregeln neben dem *Common Law* zu einem gewissen Spannungsverhältnis geführt hat. Die Arbeit untersucht die Voraussetzungen, unter denen englische Gerichte in Zivilsachen nach dem *Common Law* Zuständigkeit *(jurisdiction)* besitzen. Besondere Aufmerksamkeit wird sodann den Schwierigkeiten gewidmet, die sich aus der vorrangigen Anwendbarkeit europarechtlicher Zuständigkeitsregeln ergeben haben.

A. Der Begriff der Jurisdiction

Zivilsachen sind nach dem hier zu Grunde gelegten englischen Verständnis alle Klagen wegen Ansprüchen *in personam* und *in rem*.[6] Schwieriger ist der

---

[1] Nach neuer Diktion *claim form*, vgl. dazu unten, S. 24, 37f.

[2] Vgl. Arnheim/Stirling/Tromans, S. 10; dazu unten, S. 40f.

[3] *Colt Industries v. Sarlie* [1966] 1 W.L.R. 440.

[4] *Maharanee of Baroda v. Wildenstein* [1972] 2 QB 283, C.A.

[5] Dazu unten, S. 39.

[6] Dazu unten, S. 27ff.

Begriff *jurisdiction* zu fassen. Der deutsche Ausdruck „Zuständigkeit" deckt sich nicht mit seinem englischen Pendant.

I. Jurisdiction als Verfügungsmacht über den Beklagten

Der Begriff *jurisdiction* umfasst zunächst die Frage, ob ein angerufenes Gericht ein Verfahren durchführen darf.[7] In diesem Sinne wird er definiert als

> „Power of a court or judge to entertain an action, petition or other proceeding."[8]

Dieser Begriff der power ist extensiv zu verstehen und erstreckt sich auch auf Bereiche, die nach kontinentaleuropäischem Verständnis nicht als Zuständigkeitsfragen, sondern als sonstige Prozess- und Sachurteilsvoraussetzungen gelten. Schon dem Wortsinne nach umfasst der Begriff *jurisdiction* alle Voraussetzungen eines Rechtsspruchs.[9]

Wichtigstes Element dieser power ist die physische Verfügungsmacht des Gerichts über den Beklagten. Deshalb spielen die Begriffe der Anwesenheit des Beklagten im Hoheitsgebiet und der Zustellung der Klageschrift eine zentrale Rolle.

Der Terminus *jurisdiction* umspannt im Einzelnen folgende Bereiche:

1. Einleitung des Verfahrens

Jurisdiction bezeichnet die Berechtigung eines Gerichts, ein Verfahren einzuleiten und durchzuführen.[10] Jedes englische Gericht ist nach dem Verständnis des *Common Law* berechtigt und verpflichtet, ein Verfahren einzuleiten, wenn der Beklagte im Hoheitsbereich des Gerichts anwesend ist und es gelingt, ihm ein verfahrenseinleitendes Schriftstück zuzustellen.[11]

Ist der Beklagte nicht im Hoheitsbereich anwesend, besteht *jurisdiction* nur, wenn unter bestimmten Umständen ausnahmsweise eine Zustellung der Klage im Ausland statthaft ist.[12]

---

[7] Cheshire / North, Kap. 10, S. 179.
[8] Osborn's Concise Law Dictionary, S. 189.
[9] Vgl. Gibb, S. 1.
[10] Cheshire / North, Kap. 10, 4. (i), S. 181.
[11] S. u., S. 37ff., zum Hoheitsbereich der englischen Gerichte sogleich, S. 3.
[12] S. u., S. 53 ff.

2. Aussetzung des Verfahrens

Die Frage, ob ein Gericht das Recht hat, das eingeleitete Verfahren einzustellen oder auszusetzen, gehört nach englischem Verständnis ebenfalls zum Bereich der *jurisdiction*. Eine Aussetzung (*stay of proceedings*) bedeutet aber nicht, dass das Gericht keine Entscheidungskompetenz hätte, sondern nur, dass auf ihre Ausübung vorläufig verzichtet wird.[13]

3. Einschränkungen

Eine Frage der *jurisdiction* ist auch, ob die Entscheidungshoheit des Gerichtes in der Sache unter gewissen Gesichtspunkten eingeschränkt ist. Dies kann etwa der Fall sein, wenn das Verfahren im Ausland belegenes Grundvermögen berührt, oder wenn durch das Verfahren in die Kompetenz eines anderen Gerichtes eingegriffen wird.[14]

Unter diesem Gesichtspunkt der Einschränkung einer bestehenden *jurisdiction* werden auch die Immunität von Verfahrensbeteiligten und Fragen der Partei- und Prozessfähigkeit gesehen.[15]

II. Jurisdiction als geographischer Begriff

Überdies bezeichnet das Wort *jurisdiction* im Englischen den Hoheitsbereich des Gerichts in räumlicher Hinsicht. In diesem Sinne wird es auch in den Civil Procedure Rules (CPR) gebraucht.[16] Die *jurisdiction* der englischen Gerichte im geographischen Sinne umfasst England und Wales und die angrenzenden Hoheitsgewässer des Vereinigten Königreiches.[17]

III. Die Rechtsgrundlagen der jurisdiction

Das Vereinigte Königreich ist Unterzeichner des Europäischen Gerichtsstands- und Vollstreckungsübereinkommens (EuGVÜ)[18] und des Lugano-

---

[13] Cheshire / North, Kap. 10, 4. (ii), S. 181; zur prozessualen Wirkung eines *stay*, s.u. S.83f.

[14] Vgl. dazu Kapitel 7.

[15] Cheshire / North, Kap. 10, 4. (iii), S. 181, vgl. dazu S. 30ff.

[16] CPR 2.3 (1); zu den CPR unten, 24ff.

[17] CPR 2.3 (1).

[18] Brüsseler EWG-Übereinkommen über die gerichtliche Zuständigkeit und die Vollstreckung gerichtlicher Entscheidungen in Zivil- und Handelssachen vom 27. September 1968.

Übereinkommens (LugÜ).[19] Dadurch sind neben dem *Common Law* auch Regeln, die in ihrer Systematik der kontinentaleuropäischen Kompetenzlehre entsprechen, für die Zuständigkeit der englischen Gerichte relevant geworden. Mit der EG-Ratsverordnung 44/2001 (EuGVVO)[20] ist zum 1. März 2002 eine neue Rechtsquelle hinzugekommen. Somit ergibt sich die eigentümliche Situation, dass für die Beurteilung der internationalen Zuständigkeit der englischen Zivilgerichte vier verschiedene Rechtsgrundlagen mit jeweils unterschiedlichen Regeln gelten:

1. Common Law

Das traditionelle englische Zuständigkeitssystem mit der Zustellung der Klage als zentralem Anknüpfungspunkt hat sich im *Common Law* entwickelt. Es gilt in allen Fällen, die nicht in den Anwendungsbereich internationaler Übereinkommen oder des Europarechts fallen. Dies sind in Zivil- und Handelssachen die Fälle, in denen der Beklagte seinen Wohnsitz nicht in einem Mitgliedsstaat der EU oder der EFTA oder Polen hat.

Die praktische Bedeutung dieser Fälle ist nicht zu unterschätzen, da das Vereinigte Königreich enge Handelsbeziehungen mit den Commonwealth Staaten und den Vereinigten Staaten von Amerika unterhält. Bei internationalen Wirtschaftsstreitigkeiten ist die Klage vor dem Londoner *Commercial Court* sehr verbreitet, auch wenn keine enge Verbindung des Sachverhalts mit Großbritannien besteht. Dasselbe gilt bei internationalen seerechtlichen Konflikten für den *Admiralty Court.*

Somit richtet sich in einer Vielzahl der in London verhandelten Fälle die Zuständigkeit ausschließlich nach dem *Common Law.*

2. Europarecht

Die Europäische Gerichtsstands- und Vollstreckungsverordnung (EuGVVO) gilt im Verhältnis zu allen Mitgliedsstaaten der EU, mit Ausnahme von Dänemark, das einen Vorbehalt erklärt hat und ausdrücklich aus

[19] Luganer Übereinkommen über die gerichtliche Zuständigkeit und die Vollstreckung gerichtlicher Entscheidungen in Zivil- und Handelssachen vom 16. September 1988.

[20] Verordnung (EG) Nr. 44/2001 des Rates vom 22. Dezember 2000, Abl. EG L 12 v. 16. 1. 2001 über die gerichtliche Zuständigkeit und die Anerkennung und Vollstreckung von Entscheidungen in Zivil- und Handelssachen.

dem Anwendungsbereich ausgenommen ist.[21] Die EuGVVO ist unmittelbar geltendes Gemeinschaftsrecht und bedarf somit keiner Umsetzung durch das britische Parlament. Für Zivil- und Handelssachen, bei denen der Beklagte seinen Wohnsitz in einem Mitgliedsstaat[22] hat, richtet sich die Zuständigkeit nach den Vorschriften der EuGVVO.

Das EuGVÜ regelte bis zum Inkrafttreten der EuGVVO die internationale Zuständigkeit in Zivil- und Handelssachen zwischen den Mitgliedsstaaten der Europäischen Gemeinschaft. Es gilt heute noch im Verhältnis zu Dänemark und ist daher nicht obsolet geworden. Die Absicht des Rates der EG, das EuGVÜ durch eine Verordnung zu ersetzen, ist also bisher noch nicht vollständig verwirklicht. Das EuGVÜ wurde für das Vereinigte Königreich im Civil Jurisdiction and Judgments Act 1982[23] umgesetzt.

Das Lugano-Übereinkommen gilt im Verhältnis zu den Mitgliedsstaaten der EFTA, die nicht Mitglied der EU sind, nämlich Norwegen, Island, Liechtenstein und der Schweiz, sowie zusätzlich im Verhältnis zu Polen, das dem Übereinkommen beigetreten ist.[24] Es wurde ebenfalls im Civil Jurisdiction and Judgments Act 1982 umgesetzt.[25]

B. Entwicklung der Zuständigkeitslehre im englischen Rechtssystem

Die Feststellung, dass nach traditionellem *Common Law* die Zuständigkeit unabhängig vom Wohnsitz des Beklagten immer besteht, wenn eine Klage im Inland zugestellt werden kann, verblüfft zunächst. Formal gesehen bedeutet dies, dass eine differenziertes Zuständigkeitsrecht im *Common Law* nicht existiert, solange der Beklagte sich im Inland aufhält. Dies gilt grundsätzlich auch für die örtliche Zuständigkeit. Um zu ergründen, wieso sich eine Zuständigkeitslehre in England nicht entwickelt hat, muss man weit in die Geschichte zurückblicken. Das eigentümliche Verständnis der *jurisdiction*

---

[21] Art. 1 Abs. 3 EuGVVO.

[22] Auch im Folgenden jeweils mit Ausnahme Dänemarks.

[23] Ergänzt durch den Civil Jurisdiction and Judgments Act 1991.

[24] Seit 2000, in Großbritannien umgesetzt durch SI 2000/1824; vgl. dazu Martiny, IPRax 2001, 29ff.

[25] Wenn in dieser Arbeit auf Vorschriften des EuGVÜ Bezug genommen wird, sind grundsätzlich die entsprechenden Regeln des LugÜ mit umfasst.

im *Common Law* lässt sich -wie das englische Recht im Allgemeinen-[26] nur aufgrund der historischen Entwicklung verstehen, auf die daher an dieser Stelle kurz eingegangen wird.

I. Die königliche Gerichtsbarkeit

1. Aula regis und curia regis

Nach der normannischen Eroberung durch Wilhelm I. im Jahre 1066 war der König zugleich oberster Richter. Untertanen konnten ihre Rechtsangelegenheiten vor ihn bringen. Wenn der König nicht selbst zu Gericht saß, ließ er sich in seinem Thronsaal von Hofbeamten vertreten. Bald entwickelte sich dieser Königssaal (*aula regis*) zu einem eigenen, vom übrigen Hofstaat getrennten Gericht, das nun *curia regis* genannt wurde und in dem der König grundsätzlich noch persönlich den Vorsitz hatte.

Da jeder, der sich als Untertan oder Fremder im Herrschaftsbereich des Königs aufhielt, auch der königlichen Befehlshoheit unterworfen war, stellten sich Zuständigkeitsfragen hier nicht. Wer der physisch-realen Hoheitsgewalt des Königs unterstand, musste sich auch dessen Urteilssprüchen beugen.

2. Entwicklung zu unabhängigen Gerichten

Neben der *curia regis* etablierten sich unzählige kommunale, kirchliche, gutsherrliche sowie zunft- und standeszugehörige Gerichte. Das königliche Gericht hatte sich um das Jahr 1300 in drei getrennte Gerichtshöfe aufgespalten. Dies waren *Court of Common Pleas*, *Court of King's Bench* und *Court of Exchequer*. Diese Einteilung blieb im Grundsatz bis 1873 bestehen.

a) Court of Common Pleas

Der *Court of Common Pleas* war für alle zivilrechtlichen Streitigkeiten zwischen Bürgern zuständig. Der Name *Common Pleas* erklärt sich daher, dass alle Untertanen, auch die ohne besonderen Rang oder Titel (*commoners*), hier ihre zivilen Rechtsangelegenheiten vorbringen konnten. Hier zeigt sich mithin erstmals eine Festlegung des Gerichts auf eine bestimmte sachliche und personale Zuständigkeit.

---

[26] So auch Zweigert/Kötz I, S. 211; David-Grasmann, Nr. 261, S. 323.

1873-1875 fand eine umfassende Justizreform statt, bei der mehrere Gerichte zusammengelegt wurden. Aus dem *Court of Common Pleas* wurde als *Common Pleas Division* ein Teil des neu gegründeten *High Court.*[27] Im Zuge weiterer Verschmelzungen ging die *Common Pleas Division* in der *King's Bench Division* auf, die heute innerhalb des *High Court* die Zuständigkeit für das allgemeine Zivilrecht hat.[28]

b) Court of King's Bench

Der *Court of King's Bench* hatte seinen Namen daher, dass der König hier ursprünglich noch persönlich dem Gericht vorsaß. Entsprechend bedeutungsvoll war sein Arbeitsfeld. Das Gericht war einerseits für die Bestrafung von Kapitalverbrechen zuständig, daneben bestand aber auch eine konkurrierende Zuständigkeit mit dem *Court of Common Pleas* für alle zivilrechtlichen Fragen. Dies rührt daher, dass aufgrund der königlichen Anwesenheit die Zuständigkeit des Gerichts als unbegrenzt angesehen wurde. Schließlich übten alle übrigen Richter ihr Amt nur als Stellvertreter des Königs als oberstem Richter aus.

Vor den *Court of King's Bench* kamen besonders bedeutende zivilrechtliche Rechtssachen und Streitigkeiten zwischen hochgestellten Persönlichkeiten. Im Zuge der Reform von 1873 wurde das Gericht als *King's Bench Division* eine Abteilung des *High Court.*[29]

c) Court of Exchequer

Der *Court of Exchequer* war ursprünglich nur für die Beitreibung von Steuern und Abgaben für die Krone und daraus entstehende Streitigkeiten zuständig. Später entschied er jedoch auch in zivilrechtlichen Verfahren. Zu diesem Zweck wurde als vorsitzender Richter im Jahre 1312 ein sogenannter *Chief Baron of the Exchequer* ernannt.[30]

---

[27] Judicature Act 1873.

[28] Judicature Act 1925, ss. 18 (1), 56 (2); Supreme Court Act 1981, s. 5 (1) (b).

[29] Judicature Act 1873, dazu unten, S. 18.

[30] Seine Funktionen gingen 1912 auf den *Lord Chief Justice of England* über, dem Vorsitzenden der *King's Bench Division,* da die *Exchequer Division* ebenfalls in der *King's Bench Division* aufging; Judicature Act 1925, s. 35.

Diese Ausweitung der sachlichen Zuständigkeit auf das allgemeine Zivilrecht mit der Folge, dass die *curia regis* nun drei Gerichte mit weitgehend konkurrierender Zuständigkeit umfasste, ist auf die Überlastung infolge vom Missständen bei den übrigen Gerichten in der Provinz zurückzuführen. Die Vielzahl der Zivilverfahren konnte nur bewältigt werden, indem die ursprüngliche Spezialisierung aufgegeben und eine Verteilung der Verfahren auf alle Gerichte der *curia regis* vorgenommen wurde.

Der *Court of Exchequer* wurde ebenfalls zunächst als eigene Abteilung in den *High Court* integriert (*Exchequer Division*)[31] und ging später in der *King's Bench Division* auf[32].

Die heutige *Queen's Bench Division* hat somit alle ehemaligen *Common Law* Gerichte in sich vereinigt.

3. Entwicklung des Common Law

Die Entscheidungen der königlichen Gerichte waren nicht nur für die Parteien verbindlich, sie galten zugleich als Emanationen des Rechts im Allgemeinen. Das Gericht gelangte mit Hilfe der von den Parteien vorgetragenen gegensätzlichen Rechtsauffassungen im Wege eines dialektischen Prozesses zur Erkenntnis einer höheren Wahrheit, der Lösung, die „das Recht" im Sinne einer naturrechtlich verstandenen höheren Gerechtigkeit für den konkreten Fall bereithielt.

Aus diesem Verständnis des Richterspruchs als eine mit Anspruch auf Absolutheit auftretende Manifestation des Rechts an sich, entwickelte sich eine Bindung der Gerichte an ihre Präjudizien: Was im einen Falle richtig war, musste auch für alle vergleichbaren Fälle gelten. Deshalb wurden die Urteile alsbald gesammelt und von Gelehrten herausgegeben. Die Fallsammlungen sollten sowohl Antworten auf Rechtsfragen geben, als auch bei neuen Entscheidungen herangezogen werden, um widersprüchliche Urteile zu vermeiden.[33] So entstand eine Sammlung von Richtersprüchen, die das für den jeweiligen Fall gültige Recht „gefunden" hatten und nun verbindlich waren. Aus der Entscheidung eines konkreten Rechtsfalles wurde eine Rechtsquelle.

---

[31] Judicature Act 1873.

[32] Judicature Act 1925, ss. 18 (2), 56 (2).

[33] Geldart, S. 10ff.

Da vor die königlichen Gerichte Fälle aus dem ganzen Lande kamen und die Präjudizien somit im Gegensatz zu den Entscheidungen der kleinen, kommunalen und besonderen Gerichte für ganz England und gegenüber jedermann galten, nannte man das dort gefundene Recht auch das *Common Law*.[34]

Zur Zuständigkeitsbegründung war erforderlich, dass der Beklagte persönlich vor dem Gericht erschien. Wenn der Beklagte nicht freiwillig kam, wurde ein königlicher Befehl ausgestellt, sich vor dem Gericht einzufinden (*writ of summons*), der mit unmittelbarem Zwang vollstreckt werden konnte. Diese *writs* mussten das vorgeworfene Unrecht oder den behaupteten Anspruch bezeichnen. Zur Arbeitserleichterung wurden bald *writs* für typische Fälle, etwa Angriffe auf körperliche Unversehrtheit und Hausfrieden (*trespass*) im Voraus ausgestellt und für potentielle Kläger bereitgehalten. Dies führte zur Entwicklung formularmäßiger *writs*, so dass bald –wie im römischen Legisaktionsverfahren- eine Klage nur noch durchdringen konnte, wenn für ihren Gegenstand eine genau festgelegte Formularklage vorhanden war. [35]

Die Einführung solcher Formularklagen diente auch dem Schutz des Beklagten; er konnte nicht willkürlich, sondern nur mit einem im *writ* substantiierten Klagvortrag vor ein Gericht gezogen werden. Außerdem trugen die *writs* zur Rechtssicherheit für den Kläger bei. Die Rechtsfindung geschah nämlich oft unter entscheidender Beteiligung von Geschworenen (juries), die über keine juristischen Kenntnisse verfügten und die dank der Formularklage hauptsächlich die faktische Frage beantworten mussten, ob die tatsächlichen Voraussetzungen einer bestimmten Aktion vorlagen.[36] Die Aufgabe des Gerichts erschöpfte sich somit vielfach in der schlichten Feststellung eines Sachverhalts, in die die Rechtsfrage, ob der Tatbestand des *writ* erfüllt sei, verwoben war.

Natürlich konnten aber die etablierten *writs* nicht alle Arten von Streitigkeiten und Unrecht abdecken. War für ein bestimmtes Problem kein *writ* vorhanden oder waren dessen Voraussetzungen nicht erfüllt, gab es keinen

---

[34] David-Grasmann, Nr. 259ff., S. 319ff.; man beachte die nicht nur sprachliche Parallele zum "Gemeinen Recht".

[35] Zweigert /Kötz I, S. 216.

[36] David-Grasmann, Nr. 314, S. 369.

statthaften Rechtsbehelf. Ein *writ* wurde gar nicht erst ausgestellt oder der Kläger unterlag im Verfahren. Dies führte oft zu unbilligen Urteilen.

In diesen Fällen pflegten sich die Rechtssuchenden mit Bittschriften an den König zu wenden. Für die Prüfung war der Lordkanzler zuständig.

II. Der Lordkanzler

1. Das Amt des Lordkanzlers

Der Lordkanzler *(Lord [High] Chancellor)* war und ist Inhaber des höchsten Hof- und Staatsamtes nach dem Monarchen.

Er war der wichtigste Berater und Entscheidungsträger für den König. Traditionell hatte ein Geistlicher (meist ein Bischof) dieses Amt inne. Dem Lordkanzler oblag die Sorge für die moralische und religiöse Integrität der königlichen Herrschaft. Er wurde daher auch als Bewahrer des Gewissens des Königs *(keeper of the King's conscience)* bezeichnet.[37]

Die Macht des Lordkanzlers wuchs mit dem Aufbau des Rechts- und Staatssystems beständig an.

Noch heute ist der Lordkanzler nicht nur Präsident des Oberhauses, wo er die Sitzungen traditionell auf dem mit rotem Ziegenleder bezogenen Wollsack *(the woolsack)* leitet, sondern zugleich Mitglied des Kabinetts wo er die Funktion des Justizministers hat.[38] Außerdem ist er Präsident des *Supreme Court of Judicature* und der *Chancery Division* im *High Court*. Inzwischen werden aber nicht mehr Bischöfe, sondern zumeist verdiente Richter zum Lordkanzler ernannt.

2. Subpoena Verfahren

Die Zahl der als ungerecht empfundenen Urteile wuchs; zum einen, weil immer mehr komplizierte Rechtsgeschäfte vorgenommen wurden, die zu Streitigkeiten führten, für die kein *writ* eine Klage ermöglichte, zum anderen in Folge diverser Missstände bei den königlichen Gerichten.

---

[37] Zweigert / Kötz I, S. 218.

[38] Die britische Regierung hat angekündigt, das Amt des Lordkanzlers abzuschaffen und durch einen „Secretary of State for Constitutional Affairs" zu ersetzen, vgl. Presseverlautbarung des Premierministers vom 12. 6. 2003.

Somit erreichten den Lordkanzler immer mehr Petitionen von Untertanen, deren Rechtsangelegenheiten vor den königlichen Gerichten nicht zufriedenstellend behandelt worden waren und die sich von ihm als moralischer und theologischer Autorität Abhilfe erhofften.

Zwar hatte der Lordkanzler seit 1285 das Recht, neue *writs* für die Gerichte auszustellen,[39] aber dies half allenfalls für die Zukunft weiter und konnte erlittenes Unrecht des Petenten nicht wieder gutmachen.

Der Kanzler konnte auch keine Urteile aufheben. Er hatte aber das Recht, Untertanen unter Androhung einer bestimmten Geldstrafe für den Fall der Zuwiderhandlung *(sub poena)* zu sich zu zitieren, um die Angelegenheit zu prüfen. Dieses Verfahren wurde entsprechend *subpoena* genannt.

Die Parteien und etwaige Zeugen wurden einbestellt und der Sachverhalt durch Befragung unter Eid ans Licht gebracht. Kam der Lordkanzler zu dem Ergebnis, dass einer Partei Unrecht widerfahren sei, konnte er dies durch eigene Maßnahmen ausgleichen. Er konnte etwa, unter Androhung von Strafen, einer Partei auferlegen, bestimmte Zahlungen an den Petenten zu leisten. War ein Stück Land treuhänderisch oder als Sicherheit übertragen worden, war der Treuhänder zwar nicht rechtlich verpflichtet, es im Sinne der Vereinbarung mit dem ursprünglichen Lehnsmann zu gebrauchen. Das *Common Law* kannte nämlich keine Übertragung von Rechten an Land, außer dem Lehen als solchem. Der Lordkanzler konnte auf Petition des Treugebers aber entscheiden, dass der Treuhänder aufgrund des Vertrauens und moralisch *in trust*[40] oder *in Equity* dazu verpflichtet sei.[41]

Für den Fall der Zuwiderhandlung gegen solche Entscheidungen des Lordkanzlers konnten nicht nur Geldstrafen, sondern auch Haft angeordnet werden. Somit blieb das gerügte Urteil zwar formal bestehen, seine Wirkungen wurden aber durch die Anordnungen des Lordkanzlers oft ins Gegenteil verkehrt.

---

[39] Statute of Westminster II 1285; vgl. zum Ganzen: Maitland, Equity, Lectures 1 & 2.

[40] Daher das Recht der *trusts*.

[41] Geldart, S. 23; Zweigert / Kötz I, S. 220. Das englische Recht kennt formal gesehen, bis heute kein Eigentum an Grundstücken, da alles Land Eigentum der Krone ist; vgl. Zweigert / Kötz I, S. 213.

Für das Verfahren vor dem Lordkanzler entwickelte sich ebenfalls eine formalisierte Einleitung durch ein Dokument, die sogenannte *Bill in Chancery*.

Auch für das Verfahren vor dem Lordkanzler galt für die Zuständigkeit der Grundsatz, dass jedermann, der sich im Hoheitsbereich aufhielt, seinem Urteilsspruch unterworfen war.[42]

3. Common Law und Equity

So entstand die Spaltung in *Common Law* und *Equity*. Während eine Partei „*in law*" mangels eines entsprechenden formalisierten Rechtsbehelfs unterliegen konnte, wurde ihrem Ersuchen „*in Equity*", also unter Billigkeitsgesichtspunkten, vom Lordkanzler stattgegeben. Aufgrund dieser Praxis entwickelte sich das Amt des Lordkanzlers zu einem eigenen Gericht, bei dem nunmehr ausschließlich geklagt wurde, wenn für das Klagebegehren kein *writ* vor den ordentlichen Gerichten verfügbar war.

Die *Equity* wurde zu einem eigenen Rechtsgebiet, das das *Common Law* überlagert und ergänzt.[43] Es umfasst insbesondere die Bereiche, die noch heute in den Zuständigkeitsbereich der *Chancery Division* des *High Court* fallen: Grundstückssachen, insbesondere beschränkte dingliche Rechte an Grundstücken, Trustangelegenheiten, Nachlasssachen sowie Ansprüche aus formalisierten Urkunden (*deeds, written instruments*).

Somit ergibt sich eine Parallele zur römischrechtlichen Unterscheidung zwischen *ius civile* und *ius honorarium*. Während aber im römischen Recht beide Arten des Rechtsfindungsprozesses beim selben Gericht vor dem *Praetor* verhandelt wurden, behielt das englische Zuständigkeitsrecht bis zum Judicature Act 1873 die Trennung zwischen den Gerichten, in denen *Common Law* gesprochen wurde und der *Chancery* als Gericht der *Equity* bei.

Noch heute lassen die Namen und die Zuständigkeitsverteilung der Abteilungen des *High Court* diese historischen Wurzeln erkennen.

Auch der Rechtsfindungsprozess der Gerichte spiegelt das Verhältnis von *Common Law* und *Equity* wider, wenn auch die ursprüngliche Trennung beseitigt ist.

---

[42] vgl. zum Ganzen, Maitland, Equity, Lectures 1 & 2; Geldart, S. 22ff.; Zweigert / Kötz I, S. 218ff.

[43] Vgl. Geldart, S. 22ff.

Die *Equity* im Sinne einer materiellen Gerechtigkeit und Billigkeit fungiert gleich einer allumfassenden Generalklausel sowohl als Auslegungskriterium und Faktor bei der Abwägung zwischen Rechtssicherheit und Einzelfallgerechtigkeit, wie auch als Korrektiv zur Vermeidung grob unbilliger Urteile. Ausgangspunkt ist somit das *Common Law*, die *Equity* greift akzessorisch ein *(aequitas sequitur legem)*.[44]

> "When a judgment is obtained by oppression, wrong and a hard conscience, the Chancellor will frustrate and set it aside, not for any error or defect in the judgment, but for the hard conscience of the party."[45]

Heute werden die Begriffe *Common Law* und *Equity* in einem doppelten Sinne gebraucht:

Common Law bezeichnet im engeren Sinne die Bereiche des Rechts, die sich unabhängig vom Recht der *Equity* entwickelt haben, und deren Prinzipien in den *Common Law*-Gerichten entwickelt wurden. Im weiteren Sinne bedeutet *Common Law* aber auch die Gesamtheit der Rechtsnormen im englischen Rechtskreis, einschließlich der *Equity* und der positiv-gesetzlichen Rechtsquellen.

Entsprechend bezeichnet *Equity* im engeren Sinne die Rechtsgebiete, die traditionell nur in der *Chancery* verhandelt wurden, insbesondere *trust*- und Grundstücksrecht, andererseits aber auch die dargestellte übergreifende Billigkeitslehre, die bei jeder Entscheidung zu beachten ist. In diesem Sinne schwebt der Begriff der *Equity* im Bewusstsein des englischen Juristen stets über den Begriffen und Präjudizien des *Common Law*.

Für den Bereich der Zuständigkeitslehre lässt sich festhalten, dass die formalisierte Grundregel, nach der die Zustellung einer Klage die *jurisdiction* begründet, dem Bereich des *Common Law* (im engeren Sinne) zuzuordnen ist, die Anpassung der Regel unter Billigkeitsgesichtspunkten, etwa durch die *forum non conveniens*-Doktrin[46], dagegen der *Equity* im weiteren Sinne.

---

[44] Maitland, Equity, S. 31.

[45] *The Earl of Oxford's Case* [1615] 21 E.R. 485, 487.

[46] Vgl. dazu unten, S. 84ff.

III. Bedeutung für die englische Zuständigkeitslehre

Auf dem Kontinent hat sich bereits im römischen Recht der Grundsatz *actor sequitur forum rei* etabliert, nach dem die Klage grundsätzlich am Wohnort des Beklagten zu erheben ist. Jede Stadt im Römischen Reich hatte ein eigenes Gericht vor dem *Praetor* auf dem Forum. Aufgrund der Handelsbeziehungen war es keine Seltenheit, dass Kläger und Beklagter in verschiedenen Städten wohnten. Daher war eine einfache und verbindliche Zuständigkeitsregel notwendig. Das kontinentaleuropäische Recht der internationalen Zuständigkeit überträgt diesen Grundsatz auf die internationale Ebene.

Wie kommt es nun, dass sich eine entsprechende Systematik in England nicht entwickelt hat?

Wie gesehen, befanden sich in England sämtliche Gerichte in denen *Common Law* gesprochen wurde, an einem einzigen Ort, nämlich in London. Wohl gab es in allen Städten lokale Markt-, Zunft- und Standesgerichte, diese hatten aber eine eng begrenzte Zuständigkeit und sie folgten ihrem eigenen Recht, nicht dem *Common Law*. Sobald also eine Rechtssache vor die *Common Law*-Gerichte gebracht werden sollte, stellte sich die örtliche Zuständigkeitsfrage nicht. Es konnte nur in London geklagt werden. Deshalb hat sich im *Common Law* niemals eine örtliche Zuständigkeitssystematik entwickelt, die auf die Frage der internationalen Zuständigkeit übertragbar wäre.[47] Allerdings besteht eine lange Tradition, nach der Richter im Lande umherziehen und auswärtige Termine abhalten.

Die eingangs gestellte Frage, warum dem *Common Law* ein formalisiertes Zuständigkeitsrecht fehlt, lässt sich also dahingehend beantworten, dass es, historisch gesehen, nur ein einziges Gericht gibt, in dem *Common Law* gesprochen wird, welches für alle Verfahren zuständig ist, sofern die Prozessbeteiligten seiner physisch-realen Macht unterworfen sind.

Für die Einschränkung exorbitanter Zuständigkeiten in internationalen Fällen hat sich aber bald eine mit Kriterien des Rechtsmissbrauchs und der Sachnähe operierende Ermessenslehre etabliert. Der Prozess der Rechtsfort-

[47] Noch bis zur Justizreform 1999 wurden alle wichtigen Rechtsstreitigkeiten vor dem High Court in London ausgetragen. Das Verfahren vor den County Courts war lediglich eine Alternative für Parteien, die in Bagatellsachen ein schnelles und kostengünstiges Verfahren suchten.

bildung des *Common Law* lässt diese Entwicklung beinahe zwingend erscheinen:

Da das *Common Law* auf abstrakt-generelle Rechtsregeln verzichtet und sich erst in der möglichst gerechten Lösung eines Einzelfalles manifestiert, konnte kein allgemeines Zuständigkeitssystem im Voraus geschaffen werden. Regeln, nach denen ein Gericht die weitere Durchführung des Verfahrens ablehnen kann, entwickelten sich vielmehr anhand von Einzelfällen, in denen die Inanspruchnahme der englischen Justiz den Beklagten unbillig belastete.[48]

C. Der Aufbau der englischen Gerichtsbarkeit heute

Die englischen Gerichte lassen sich unter verschiedenen Gesichtspunkten einteilen:

Funktional unterscheidet man zwischen Zivil- und Strafgerichten. Bemerkenswert ist, dass das englische Gerichtssystem keine eigentliche Verwaltungsgerichtsbarkeit kennt.[49] Nach dem Verständnis des *Common Law* fällt hoheitliches Handeln in keine andere Kategorie als privates. Die Krone hat zwar Sonderrechte, muss aber geschützte Rechte des Untertanen achten. Ein Eingriff in diese Rechte ist zivilrechtlicher Natur und kann vor die ordentlichen Gerichte gebracht werden.

Die für die Praxis wichtigste Einteilung lässt sich anhand der Rechtswegzuständigkeit in ordentliche Gerichte (*courts of normal jurisdiction*) und außerordentliche Gerichte (*courts of special jurisdiction*) vornehmen.

I. Courts of Normal Jurisdiction

1. House of Lords

Das *House of Lords* ist nicht nur das Oberhaus des Britischen Parlaments, sondern zugleich das höchste Gericht des Landes.[50] Die Identität von Ober-

---

[48] Dazu unten, S. 83ff.

[49] vgl. aber unten zu den Administrative Tribunals S. 21.

[50] Die britische Regierung plant, das Oberhaus als Revisionsinstanz abzuschaffen und stattdessen einen Supreme Court einzurichten (vgl. Presseverlautbarung des Premierministers vom 12. 6. 2003), das *House of Lords* hat das Vorhaben aufgeschoben.

haus und oberstem Gericht besteht allerdings nur formell. Während ursprünglich jedes Mitglied des *House of Lords* Stimmrecht in den Gerichtsverhandlungen hatte, bestimmt das Gesetz heute, dass nur die sieben bis zwölf speziell ernannten Lordrichter (*Lords of Appeal in Ordinary*) sowie der amtierende Lordkanzler und solche Oberhausmitglieder, die einmal ein hohes Richteramt bekleidet haben, an den Verhandlungen teilnehmen dürfen.[51]

Die originäre Zuständigkeit des *House of Lords* beschränkt sich heute auf parlamentsinterne Angelegenheiten und Fragen der Sukzession bei Streitigkeiten mehrerer Prätendenten um einen erblichen Lordtitel.[52] Das frühere Privileg eines Lords, Strafverfahren gegen sich ausschließlich vor seinen *peers* (Standesgenossen) im *House of Lords* dulden zu müssen, wurde 1948 abgeschafft.[53]

Heute ist das *House of Lords* somit fast ausschließlich ein Revisionsgericht. Die meisten Revisionen werden gegen Urteile des *Court of Appeal* eingelegt. Es ist jedoch auch eine Sprungrevision vom *High Court* möglich.[54] Das *House of Lords* kennt nur die Zulassungsrevision. Die Zulassung kann sowohl vom *iudex ad quem* wie auch vom *iudex a quo* erteilt werden.[55]

Die Zulassung wird in zivilrechtlichen Fällen bei substantiierter Darlegung einer Beschwer grundsätzlich erteilt, Parteien werden jedoch oft durch das sehr hohe Prozesskostenrisiko abgeschreckt.

Jede Verhandlung vor dem *House of Lords* muss vor mindestens drei Lordrichtern stattfinden.[56] Regelmäßig sind fünf Richter anwesend, die alle ein eigenes Votum verfassen. Dieses wird, da es sich bei den Richtern ja formal gesehen um Parlamentsmitglieder handelt, nicht als Urteil (*judgment*) sondern als *speech* oder *opinion* bezeichnet. Ein gemeinsames Urteil der Richter wird nicht verfasst.

---

[51] Administration of Justice Act 1968 s. 1 (1) (a); Appellate Jurisdiction Act 1947.

[52] Ingman, S. 5.

[53] Criminal Justice Act 1948.

[54] sog. leapfrog procedure, Administration of Justice Act 1969, ss. 12-15.

[55] Administration of Justice (Appeals) Act 1934, s. 1 (1).

[56] Appellate Jurisdiction Act 1876, s. 5.

2. Court of Appeal

Der *Court of Appeal* wurde 1873 eingerichtet.[57] Damals war vorgesehen, das *House of Lords* als Revisionsinstanz abzuschaffen und den *Court of Appeal* als höchstes Gericht zu etablieren, wozu es jedoch nicht kam.[58] Der *Court of Appeal* bildet zusammen mit dem *High Court* den *Supreme Court of Judicature.*[59]

Dem *Court of Appeal* gehören als Richter der Lordkanzler, alle früheren Lordkanzler, die *Lords of Appeal in Ordinary,*[60] der *Master of the Rolls,*[61] der Präsident der *Family Division* des *High Court,* der Vizekanzler der *Chancery Division* des *High Court* und bis zu 35 Lordrichter (*Lords Justices of Appeal*) an.[62]

Das Gericht entscheidet in Zivilsachen über Revisionen von allen Abteilungen des *High Court* sowie der *County Courts.*

3. High Court of Justice

Der *High Court of Justice* besteht aus drei Abteilungen: *Chancery Division, Queen's Bench Division* und *Family Division.* Bei diesen Abteilungen handelt es sich nicht um selbständige Gerichte (obwohl sie historisch aus solchen hervorgegangen sind), sondern um Untergliederungen des *High Court.*

Den *High Court* bilden gemäß s. 4 (1) Supreme Court Act 1981 der Lord Kanzler (der zugleich vorsitzender Richter der *Chancery* ist, von diesem Recht jedoch nie mehr Gebrauch macht), der *Lord Chief Justice* (der der *Queen's Bench Division* vorsitzt), der Präsident der *Family Division,* der Vizekanzler (der *in praxi* der *Chancery Division* vorsitzt), sowie der *Senior Presiding Judge* und bis zu 98 ordentliche Richter, sog. *Puisne Judges.*[63]

Die einstmals selbständigen Gerichte sind also heute verselbständigte Abteilungen des *High Court.* Darüber hinaus bilden *High Court* und *Court of*

---

[57] Judicature Act 1873.

[58] Ingman, S. 11.

[59] Supreme Court Act 1981, s. 1 (1).

[60] Die bisher genannten nehmen das Privileg, als Richter des Court of Appeal aufzutreten, jedoch selten war.

[61] "Master of the Rolls" ist heute der Titel des Präsidenten der Civil Division des Court of Appeal (Supreme Court Act 1981, s. 3 [2]) Ursprünglich war der Master of the Rolls ein Vertreter des Lordkanzlers der für die Aufbewahrung der Urteile und Gesetze zuständig war.

[62] Supreme Court Act 1981, s. 2.

[63] "jüngere" Richter, von frz. "puis née" sprich "Pjúhnie".

Appeal formell und organisatorisch gesehen ebenfalls ein einheitliches Gericht, den *Supreme Court of Judicature*.

Der *High Court* hat heute folgende Abteilungen:

a) Chancery Division

Die Jurisdiktion der *Chancery Division* leitet sich vom Amt des Lordkanzlers ab. Oben wurde berichtet, wie sich das Amt des Lordkanzlers zu einem eigenen Gericht entwickelte, das aus Billigkeitsgründen den durch ungerechte Urteile benachteiligten Parteien Kompensation zusprach.

Die Bereiche der *Equity*, die noch heute in den Zuständigkeitsbereich der *Chancery Division* fallen sind Grundstücksveräußerungen, beschränkte dingliche Rechte an Grundstücken, Trustangelegenheiten, Nachlasssachen sowie Ansprüche aus förmlichen Urkunden (*deeds, written instruments*).

Überdies ist die *Chancery* heute für Gesellschafts-, Patent- und Warenzeichenrecht zuständig.

b) Queen's Bench Division

Die größte Zahl der Fälle wird vor der *Queen's Bench Division* verhandelt. Die Zuständigkeit umfasst das gesamte Zivilrecht mit Ausnahme der bereits genannten Bereiche der *Equity*. In Zivilsachen erster Instanz entscheidet meist ein Einzelrichter.

Daneben ist bei der *Queen's Bench Division* aber als besondere Kammer auch der sog. *Commercial Court* eingerichtet, bei dem vor allem Verfahren zwischen internationalen Wirtschaftsunternehmen verhandelt werden. Für den *Commercial Court* gelten gewisse Lockerungen des Prozessrechts und weitere Sonderregeln, die eine Beschleunigung des Verfahrens ermöglichen sollen.

Weiter ist der *Admiralty Court* bei der *Queen's Bench Division* angesiedelt, eine Kammer, die für seerechtliche Fragen zuständig ist.

Ebenfalls als Untergliederung der *Queen's Bench Division* tritt bei Bedarf der *Election Court* zusammen, der über die Gültigkeit angefochtener Wahlen entscheidet.[64]

[64] Representation of the People Act 1983, ss. 120ff, 140.

Auch in bestimmten anderen Fällen entscheidet die *Queen's Bench Division* als Kollegialgericht. Zu diesem Zweck schließen sich mehrere *Puisne Judges* zu einem *Divisional Court of the Queen's Bench Division* zusammen. Für folgende Fälle ist die Entscheidung eines *Divisional Court* vorgeschrieben:

1. Bei der gerichtlichen Überprüfung von Verwaltungsentscheidungen und anderen hoheitlichen Eingriffen durch das Rechtsinstitut des *judicial review*, das jedermann gegen Eingriffe der Krone in seine Rechte offen steht.[65]

2. Entscheidungen über einen *writ of habeas corpus*, also eine gerichtliche Feststellung, dass eine Freiheitsentziehung rechtswidrig war oder ist. Dieses Rechtsinstitut geht auf die von König Karl II 1679 erlassene *Habeas Corpus Akte* zurück, die jedem Untertanen die persönliche Freiheit garantiert.[66]

3. Revisionen in Strafsachen, die sich ausschließlich auf fehlerhafte Rechtsanwendung stützen.[67]

4. Strafsachen wegen Missachtung des Gerichts (*contempt of court*) die vor einem Untergericht begangen wurden, das nicht selbst zur Aburteilung berechtigt ist.[68]

c) Family Division

Die *Family Division* des *High Court* ist aus der *Probate, Divorce and Admiralty Division* hervorgegangen.[69] Die Aufgaben der letzteren (Nachlasssachen, Scheidungen und Seerecht, im Fachjargon ironisch „wills, wives and wrecks" genannt) wurden umverteilt. Heute fallen allein Ehe- und Vormundschaftssachen in den Zuständigkeitsbereich der *Family Division.*[70] Für diese Angelegenheiten besteht eine erstinstanzliche Zuständigkeit, wenn sie nicht (in einfachen Fällen) vor den *Magistrates' Court* gebracht werden.

---

[65] Supreme Court Act 1981, ss. 29-31, ord. 53.
[66] Ingman, S. 21.
[67] Ingman, S. 20.
[68] Ingman, S. 21.
[69] Administration of Justice Act 1970.
[70] Supreme Court Act 1981, s. 61 (1) und sch. 1.

Die *Family Division* ist außerdem Revisionsinstanz gegen Unterhaltstitel der *Magistrates' Courts.*[71] Für diese Aufgabe bildet auch die *Family Division* Kollegialgerichte (*divisional courts*).

4. Crown Court

Der *Crown Court* ist das erstinstanzliche Strafgericht für schwere Straftaten, die nicht vor dem *Magistrates' Court* angeklagt werden können (*indictable offences*), ferner ist der *Crown Court* Berufungsinstanz für Strafsachen der *Magistrates' Courts.*

5. County Courts

Die *County Courts* bilden die unterste Instanz des Zivilrechtsweges. Während sie ursprünglich nur für geringwertige Streitigkeiten zuständig waren, sollen dort seit der Justizreform 1999 grundsätzlich die meisten erstinstanzlichen Klagen eingereicht werden, um den *High Court* zu entlasten. Für einfache Fälle mit geringem Streitwert gibt es ein beschleunigtes Verfahren *(fast track).* Durch die Zivilprozessreform wurde das Verfahren weiter vereinfacht. Grundsätzlich besteht zwischen *High Court* und *County Court* eine konkurrierende Zuständigkeit. In den neuen Civil Procedure Rules ist jedoch festgelegt, dass wenn der Streitwert geringer als £ 15.000 ist, nunmehr nur noch ausnahmsweise der *High Court* als erste Instanz anzurufen ist.[72]

6. Magistrates' Courts

Die untersten englischen Gerichte sind die *Magistrates' Courts.* Sie bestehen aus mehreren neben- und ehrenamtlichen Friedensrichtern *(Justices of the Peace)*, die von einem qualifizierten Juristen (*Justices' Clerk*) in Rechtsfragen beraten werden. Die Friedensrichter selbst verfügen über keine akademische juristische Ausbildung, sondern absolvieren einen Schnellkursus und werden anschließend von erfahrenen Kollegen und dem *Justices' Clerk* in ihre Aufgaben eingeführt. Sie werden aus verdienten Bürgern der jeweiligen Gemeinde ausgewählt, wobei streng darauf geachtet wird, dass alle gesellschaftlichen Gruppen repräsentiert sind.

---

[71] Domestic Proceedings and Magistrates' Courts Act 1978, s. 29.
[72] CPR 26.6 (4) (b).

Die Tradition der Friedensrichter geht auf das Jahr 1195 zurück als Richard I. zur Überwachung seines allgemeinen Landfriedens *(The King's Peace)* besondere Richter bestellte.

Die *Magistrates' Courts* sind in Strafsachen für die Verfolgung von Bagatellvergehen zuständig.[73]

Im Übrigen sind die *Magistrates' Courts* für zahlreiche familienrechtliche Fragen zuständig, etwa Adoptionen,[74] Zuweisungen von Wohnungen und Besuchsregelungen bezüglich der Kinder in Scheidungsverfahren[75] sowie einfache Unterhaltssachen mit einem Streitwert von maximal £ 1.000.[76]

Für diese Verfahren ist am *Magistrates' Court* ein besonderes *Family Panel* eingerichtet, das möglichst paritätisch mit männlichen und weiblichen, besonders geschulten Friedensrichtern besetzt ist.[77]

Daneben ist der *Magistrates' Court* für die zwangsweise Beitreibung kommunaler Steuern (*Council Tax*) sowie Gebühren und Abgaben für öffentliche Versorgungsleistungen zuständig. Ferner erteilen die Friedensrichter Schankkonzessionen, Sperrzeitverkürzungen und ähnliche Genehmigungen.

II. Courts of Special Jurisdiction

Außerhalb des ordentlichen Rechtsweges existiert eine Reihe von besonderen Gerichten.

1. Judicial Committee of the Privy Council

Das höchste unter ihnen ist das *Judicial Committee of the Privy Council*, das formell gesehen ein Beratungskollegium des Monarchen ist. Es ist unter anderem für Revisionen von Gerichten aus überseeischen Territorien, deren

---

[73] Für zahlreiche mittelschwere Straftaten (etwa Diebstahl) besteht ein Wahlrecht des Angeklagten, ob vor dem *Magistrates' Court* oder dem *Crown Court* mit Geschworenen verhandelt werden soll. Für Fälle die vor dem *Crown Court* angeklagt werden, erfüllt der *Magistrates' Court* die Rolle eines Untersuchungsgerichts und bereitet das weitere Verfahren vor (*committal proceedings*). Ihm obliegt dabei die Entscheidung, ob für eine Anklage hinreichender Tatverdacht besteht; Criminal Procedure and Investigations Act 1996.

[74] Magistrates' Court Act 1980, s. 67 (1).

[75] Children Act 1989.

[76] Domestic Proceedings and Magistrates' Courts Act 1978, part I.

[77] Magistrates' Courts Act 1980, s. 67 (2).

Staatsoberhaupt die Königin ist, zuständig, sofern diese die Revision zulassen. Es ergehen formal gesehen keine rechtsverbindlichen Urteile sondern „untertänigste Empfehlungen" an ihre Majestät, das entsprechende Urteil abzuändern oder zu bekräftigen; in der Praxis wird diesen Empfehlungen freilich stets gefolgt.

2. Tribunals

Ferner bestehen für einzelne Fachgebiete besondere Gerichte und Tribunale. Letztere sind paritätisch besetzt und besonders berufen, auf alternative Formen der Streitbeilegung hinzuwirken. Beispielhaft sind aus dem Bereich des Arbeitsrechts das *Employment Appeals Tribunal* und die *Industrial Tribunals* zu nennen. Auch für Streitigkeiten zwischen Verwaltung und Bürger sind bei verschiedenen Oberbehörden mit dem Ziel der alternativen Streitbeilegung *Administrative tribunals* eingerichtet.

3. Coroner's Court

Gerichtsstatus hat dagegen der sogenannte *Coroner's Court*, dem die Aufklärung zweifelhafter Todesfälle und Schatzfunde obliegt. Die *Coroners* sind zumeist Mediziner, eine juristische Qualifikation ist aber auch zulässig.[78]

III. Superior Courts und Inferior Courts

Hierarchisch lassen sich *Superior Courts* und *Inferior Courts* unterscheiden. Als Superior Courts (höhere Gerichte) werden diejenigen bezeichnet, die in ihrem Bereich eine unbegrenzte Zuständigkeit besitzen, also auf dem Zivilrechtsweg keine obere Streitwertgrenze kennen. *Superior Courts* sind *House of Lords*, *Court of Appeal* und *High Court*, sowie für Strafsachen der *Crown Court*. Die *Inferior Courts* (*County* und *Magistrates' Courts*) haben eine beschränkte funktionale Zuständigkeit.

IV. Courts of Record und Courts not of Record

Die Gerichte lassen sich außerdem in *Courts of Record* und *Courts not of record* unterteilen. Die Entscheidungen der *Courts of Record* stellen verbindliche Präjudizien dar und werden dauerhaft als öffentliche Urkunden im *Public*

---

[78] Courts and Legal Services Act 1990, s. 71; Jervis, Rn. 2-22.

Record Office, welches sich beim Amt des Lordkanzlers befindet, aufbewahrt.[79] *Courts of Record* sind alle höheren Gerichte sowie die *County Courts.*

D. Die Reform des englischen Zivilprozessrechts

Englische Gerichte hatten den Ruf, gründlich aber langsam zu arbeiten und durch archaische Tradition in ihrer Effizienz eingeschränkt zu sein. Seit den von *Charles Dickens* beschriebenen Verhältnissen, die der junge *David Copperfield* als angehender *proctor* in London erlebte,[80] hat sich zwar viel verändert, gleichwohl wurden die oft lange Verfahrensdauer und die immensen Kosten, die nicht selten den Streitwert überstiegen, noch lange als erheblicher Missstand empfunden.

Dies führte zu einer lange diskutierten und vorbereiteten, umfassenden Reform des Zivilprozessrechts, die maßgeblich vom ehemaligen Lordkanzler Lord *Woolf* vorbereitet und seinem Nachfolger Lord *Irvine of Lairg* 1999 weitergeführt wurde. Lord *Irvine* bezeichnete die Reform als die bedeutendste Umgestaltung des Gerichtswesens seit den bereits behandelten Justizreformen von Lord *Selborne* in den 1870'er Jahren.[81]

I. Tragweite der Reform

Im Zuge der Reform wurden unter anderem die Postulationsfähigkeit der *solicitors* erweitert[82] und eine Vereinfachung des Rechts der Prozesskostenhilfe (*legal aid*) erreicht. Außerdem werden die *County Courts* zur generellen Eingangsinstanz für zivilrechtliche Streitigkeiten. Nur noch besonders schwierige und bedeutende Fälle sollen sogleich vor den *High Court* gebracht werden.

Die bedeutendste Neuerung ist aber die Einführung einheitlicher Regeln für das Zivilverfahren, der Civil Procedure Rules (CPR).[83] Auch für den Bereich der internationalen Zuständigkeit bringen die CPR umfassende Neuerungen.

---

[79] Public Records Act, 1967, s. 1ff.

[80] Vgl. David Copperfield, Kap. XXIII; *Proctors* hießen bis 1873 die besonderen Prozessvertreter vor kirchlichen, seerechtlichen und Matrimonialgerichten.

[81] Vorwort zu den CPR, S. 3.

[82] Siehe dazu auch unten, S.30.

[83] Gesetzliche Grundlage ist der Civil Procedure Act 1997.

II. Die Civil Procedure Rules

Bis 1999 galten mit den Rules of the Supreme Court (RSC) und den County Court Rules (CCR) zwei verschiedene Regelwerke für die Verfahren vor dem *Supreme Court of Judicature* (*High Court* und *Court of Appeal*) und den County Courts. Die Civil Procedure Rules stellen erstmals ein einheitliches Verfahrensrecht für alle Zivilgerichte bereit und regeln dabei auch die Zuständigkeit erstmals einheitlich.[84]

1. Die Systematik der Civil Procedure Rules

Die CPR gliedern sich in 51 Abschnitte *(parts)*, wobei *part* 1 die Grundprinzipien festlegt und die übrigen nach der Reihenfolge der Verfahrensstadien gegliedert sind. Innerhalb der Abschnitte enthalten die CPR einzelne Regeln *(rules)*. Die Zitierung der Vorschriften folgt einem numerischen System, bei dem die erste Ziffer den *part* angibt und die durch einen Punkt getrennte zweite Zahl die *rule*. Absätze innerhalb einer *rule* werden durch Zahlen und Unterabsätze durch Buchstaben in Klammern gekennzeichnet, z.B. RSC 6.21 (1)(a). Die CPR werden durch gesonderte *practice directions* (PD) ergänzt, die Detailfragen regeln. Auch dadurch sollen die Vorschriften übersichtlicher und leichter lesbar werden.[85]

Da jedoch die Vereinheitlichung nicht auf einmal verwirklicht werden konnte, gelten zunächst noch zahlreiche Bestimmungen der RSC und CCR weiter, die den CPR als Anhang angefügt sind.[86] Diese werden jedoch sukzessive außer Kraft gesetzt und in die CPR inkorporiert.

2. Vereinfachung der Rechtssprache

Eine Besonderheit ist das Bemühen um eine einfache und klare Rechtssprache *(plain English)*. Für den die pompöse Ausdrucksweise englischer Urteile und Gesetze gewohnten Leser mutet die Sprache der CPR teilweise fast naiv an. Zahlreiche vertraute Begriffe verschwanden. Der Kläger heißt

---

[84] Vgl. dazu Greene, S. 5ff; Sobich, JZ 1999, 775ff.

[85] Darstellung der Systematik bei Grainger/Fealy, Kap. 1, S 5ff.

[86] CPR schedule 1 (RSC) und schedule 2 (CCR).

beispielsweise nicht mehr *plaintiff*, sondern *claimant* und die Klageschrift nicht mehr *writ*, sondern *claim form*.[87]

3. Die overriding objective

Die Gerichte sollen durch die Reform eine aktivere Rolle bei der Prozessleitung erhalten. Während der englische Richter bisher weitgehend passiv den von den Parteien ausgetragenen Streit zu beurteilen hatte, soll er nun aus eigener Initiative auf eine Streitbeilegung und einen zeit- und kosteneffizienten Verfahrensgang hinwirken *(active case management)*. Als *overriding objective*, also Grundprinzip der CPR, das bei der Auslegung und Anwendung aller Regeln der CPR herangezogen werden soll,[88] bestimmt CPR 1.1:

> (1) These Rules are a new procedural code with the overriding objective of enabling the court to deal with cases justly.
>
> (2) Dealing with a case justly includes, so far as practicable-
>
> (a) ensuring that the parties are on an equal footing
>
> (b) saving expense;
>
> (c) dealing with the case in ways which are proportionate-
>
> (i) to the amount of money involved
>
> (ii) to the importance of the case
>
> (iii) to the complexity of the issues; and
>
> (iv) to the financial position of each party;
>
> (d) ensuring that it is dealt with expeditiously and fairly; and
>
> (e) allotting to it an appropriate share of the court's resources, while taking into account the need to allot resources to other cases.

CPR 1.3 verpflichtet die Parteien, ihr Parteiverhalten diesen Prinzipien anzupassen, und CPR 1.4 weist die Richter an, durch das *active case management* auf außergerichtliche Streitbeilegung und effiziente Prozessführung hinzuwirken.

4. Zuständigkeitsregelung

Die für die internationale Zuständigkeit relevanten Vorschriften der RSC order 11 wurden inzwischen außer Kraft gesetzt und die Regelungen in mo-

---

[87] Siehe dazu unten, S. 37.

[88] CPR 1.2.

difizierter Form in die CPR aufgenommen.[89] Die CPR wurden bereits an die neue EuGVVO angepasst. Durch die Reform bleibt jedoch der *Common Law*-Grundsatz der Begründung der *jurisdiction* durch ordnungsgemäße Klagezustellung unberührt.

[89] CPR 6.20 ff, siehe dazu unten, S. 53ff.

Kapitel 2

JURISDICTION IN PERSONAM UND IN REM

Das englische Recht unterscheidet zwischen Klagen *in personam* und *in rem*. Klagen werden üblicherweise gegen natürliche oder juristische Personen *in personam* gerichtet. Dies bedeutet, dass durch ein stattgebendes Urteil der Beklagte persönlich verpflichtet wird, den Anspruch des Klägers zu erfüllen. Das Urteil wirkt nur *inter partes*. Es ist jedoch auch möglich, Schiffe als Sachen dinglich zu verklagen (*admiralty claims in rem*).[90] Aus einem stattgebenden Urteil kann sich der Kläger nur durch Zwangsvollstreckung in das Schiff, nicht aber gegen den Eigentümer persönlich befriedigen. Ein solches Urteil wirkt *inter omnes*,[91] da das Schiff durch das stattgebende Urteil dinglich belastet wird.

A. Actions in personam

Eine *action in personam* verfolgt den Zweck, einen Konflikt zwischen den Parteien zu lösen.[92] Grundvoraussetzung für das Zustandekommen eines Prozesses gegen eine Person ist die Zustellung eines verfahrenseinleitenden Dokumentes (*service of process*)[93] an den Beklagten.[94]

> "Whoever is served with the King's writ and can be compelled consequently to submit to the decree made is a person over whom the courts have jurisdiction."[95]

Traditionell war diese Zustellung die einzige Prozessvoraussetzung. Gelang es, die Klageschrift im Inland zuzustellen, bestand *jurisdiction* und es war für das Gericht unerheblich, welche Verbindung die Parteien zu England hatten.

Diese Betrachtungsweise ist historisch begründet. Wie berichtet, wurde *jurisdiction* ursprünglich allein als Frage der physischen Verfügungsmacht des Gerichts über den Beklagten gesehen. Jeder, dem eine königliche Verfügung

[90] Dazu unten, S. 33ff.

[91] Bülow/Böckstiegel/Geimer/Schütze, Bd. IV-O, 1156, 6.

[92] Cheshire / North Kapitel 12 I. S. 285.

[93] Der traditionelle Begriff *writ* wurde im Zuge der vom Lordkanzler Lord *Woolf* im April 1999 umgesetzten Justizreform durch diesen Ausdruck ersetzt.

[94] Vgl. Cheshire/North, Kap. 12 III A (i), S. 286; Bunge, S. 220.

[95] *John Russel & Co. Ltd. v. Cayzer, Irvine & Co. Ltd.* [1916] 2 A.C. 298, 302, H.L.

übergeben werden konnte, vor dem Gericht zu erscheinen (*writ of summons*), war daher wirksam verklagt.

Diese sehr formale Betrachtungsweise hat zwei praktische Nachteile. Zum einen könnte ein Beklagter leicht in einen englischen Prozess verwickelt werden, selbst wenn kaum eine Verbindung des Falles zu England besteht. Zum anderen könnte unter Umständen ein Prozess, der sinnvollerweise in England geführt werden müsste, nicht begonnen werden, wenn sich der Beklagte im Ausland aufhält.

Für beide Probleme haben Rechtsprechung und Gesetzgebung Lösungen entwickelt: Zum einen die Einschränkung der Zuständigkeit, etwa durch die *forum non conveniens*-Doktrin,[96] zum anderen die Möglichkeit, in bestimmten Fällen eine Klageschrift im Ausland zuzustellen.

Praktisch gesehen spielen aber neben der Zustellung auch im englischen Recht Fragen der Partei- und Postulationsfähigkeit sowie des Streitgegenstandes bei der Klageerhebung eine wichtige Rolle. Die Qualifikation dieser Fragen als Prozess- oder Sachurteilsvoraussetzungen unterscheidet sich allerdings teilweise vom kontinentaleuropäischen Verständnis.

I. Partei- und Prozessfähigkeit

Die Parteifähigkeit von Kläger und Beklagtem richtet sich als rein prozessuale Frage selbst im Anwendungsbereich supranationaler Regeln nach der *lex fori*.[97] Der englische Rechtsbegriff der *capacity* umfasst alle Fragen der Partei- und Prozessfähigkeit. Es wird dann jedoch zwischen der *capacity to be a party to proceedings* (Parteifähigkeit) und der *capacity to conduct proceedings* (Prozessfähigkeit) unterschieden.[98] Grundsätzlich ist jedermann berechtigt, eine Klage vor die englischen Gerichte zu bringen. Nationalität und gewöhnlicher Aufenthalt spielen keine Rolle.[99] Es gibt jedoch Ausnahmen.

---

[96] Vgl. unten, S. 84ff.

[97] O'Malley/Layton S. 40.

[98] O'Malley/Layton S. 40.

[99] O'Malley/Layton S. 41.

1. Prozessunfähige

Kindern und Geisteskranken fehlt die Prozessfähigkeit. Sie können sich der Angehörigen oder einer Vertrauensperson als Vertreter (neuerdings statt *guardian ad litem* als *litigation friend* bezeichnet) bedienen.[100]

2. Enemy Alien

Die einzige Person, die grundsätzlich vom Zugang zu den englischen Gerichten ausgeschlossen ist, ist zu Kriegszeiten ein feindlicher Ausländer, der sogenannte *enemy alien*.

Ein *enemy alien* kann weder eine Klage erheben, noch einen Prozess fortsetzen, der vor Ausbruch der Kriegshandlungen begonnen wurde.[101] Für die Frage, ob eine Person als *enemy alien* anzusehen ist, kommt es nicht allein auf dessen Staatsangehörigkeit an. Selbst ein Brite kann *enemy alien* sein, wenn er sich freiwillig im Feindesland niedergelassen hat und sich unter dem Einfluss der feindlichen Macht befindet.[102] Ein Angehöriger des verfeindeten Staates, der jedoch in Großbritannien „*within the Queen's Peace*" lebt, also loyal gegenüber der britischen Hoheitsgewalt, bleibt zur Klage berechtigt.[103] So konnte etwa die Prinzessin *Lida Eleanor v. Thurn und Taxis*, eine deutsche Staatsangehörige mit Wohnsitz in England, die sich im ersten Weltkrieg mit einer Dame konfrontiert sah, die öffentlich behauptete, sie sei die wahre Gemahlin ihres Ehemannes, des Prinzen *Victor v. Thurn und Taxis*, und die Prinzessin lediglich dessen Konkubine, wirksam eine Verleumdungsklage (*libel action*) erheben.[104]

---

[100] CPR 21.2ff.

[101] *Porter v. Freudenberg* [1915] 1 KB 857. Dabei kommt es nicht auf eine förmliche Kriegserklärung an, im Zweifel ist auf die schriftlich mitgeteilte Auffassung des Außenministers (*Secretary of State for Foreign and Commonwealth Affairs*) abzustellen, R. *v. Bottrill* [1947] KB 41, [1946] 2 All E.R. 434, C.A.

[102] *Porter v. Freudenberg* [1915] 1 KB 857, 859; *Sovracht (vo) v. Van Udens Scheepvart en Agentur Maatschappij (NV Gebr)* [1943] 1 All E.R. 76.

[103] *Wells v. Williams* [1697] 1 Salk. 46; *Janson v. Driefontein Consolidated Mines* [1902] A.C. 484, 505f.; *Schaffstein v. Goldberg* [1916] 1 K.B. 284. Auch Kriegsgefangene dürfen, da sie sich ja legal in England aufhalten, dort klagen, *The Hoop* [1799] 1 Ch Rob 196, 201.

[104] *Princess Thurn and Taxis v. Moffit* [1915] 1 Ch. 58.

Es gibt, aus naheliegenden Gründen, keine Beschränkungen für Klagen gegen *enemy aliens*. Ihnen werden im Unterliegensfalle auch alle Möglichkeiten der Appellation eröffnet.[105]

II. Postulationsfähigkeit

Von der Frage der Prozess- und Parteifähigkeit abzugrenzen ist die Postulationsfähigkeit, also die Fähigkeit, rechtswirksam Prozesshandlungen vorzunehmen. Dies wird in der englischen Terminologie als *right of audience* bezeichnet. Vor den höheren Gerichten sind Naturalparteien nicht postulationsfähig, Kläger und Beklagte benötigen Prozessvertreter.

1. Solicitors und Barristers

Der Juristenstand ist in England zweigeteilt. Während die sog. *solicitors* überwiegend kautelarjuristisch und prozessvorbereitend tätig werden, obliegt die Prozessvertretung grundsätzlich den *barristers*. *Barristers* haben eine besondere Stellung in der Justiz inne. Sie dürfen keine Sozietäten bilden und sind grundsätzlich unabhängig. Es gilt als nicht standesgemäß, mit dem Mandanten allzu persönlich zu verkehren, in der Regel soll dies nur durch Vermittlung des *solicitors* geschehen.

2. Solicitor Advocates als Prozessvertreter

Früher waren vor allen höheren Gerichten ausschließlich *barristers* postulationsfähig. Im Courts and Legal Services Act 1990 wurde jedoch der Zugang der *solicitors* zur Advokatur erleichtert. Nach den neuen Vorschriften können auch *solicitors* nach Erwerb einer Zusatzqualifikation, die mit der Verleihung des Titels *Solicitor Advocate* verbunden ist, vor dem *High Court* auftreten.[106]

III. Immunität

Actions in personam können grundsätzlich gegen jede natürliche und juristische Person erhoben werden. Ausnahmsweise kann ein Beklagter jedoch Immunität genießen.

---

[105] *Robinson & Co. v. Continental Insurance Co. of Mannheim* [1915] 1 KB 155; *Porter v. Freudenberg* [1915] 1 KB 857.

[106] Courts and Legal Services Act 1990, ss. 27ff; Collins Dictionary Law, S. 362.

1. Immunität der Krone

Der Begriff der Krone bezeichnet die Monarchin in ihrer Eigenschaft als hoheitliche Körperschaft. Die Krone ist die höchste Instanz der Rechtsprechung und der Exekutive *„the fountain of justice and honour"*.[107] Daraus ergibt sich der Grundsatz, dass die Krone nicht unrecht handeln und daher auch nicht verklagt werden kann *(the King can do no wrong)*.[108] Die Monarchin selbst kann also weder in Zivil- noch in Strafsachen verklagt werden.

Früher wurde mit Hilfe dieses Grundsatzes teilweise auch die Möglichkeit eingeschränkt, Kompensation für rechtswidrige Verwaltungsakte zu erlangen. Der Crown Proceedings Act 1947 stellt jedoch klar, dass alle öffentlichen Bediensteten für hoheitliche Akte einer Kontrolle durch die ordentlichen Gerichte unterliegen.

2. Immunität ausländischer Staatsoberhäupter, Staaten und Diplomaten

Ausländische Staatsoberhäupter und Staaten sowie Diplomaten genießen grundsätzlich Immunität gegen Klagen vor den englischen Gerichten.

Im *Common Law* gilt der Grundsatz *„par in parem non habet imperium"*, ein König kann nicht über den anderen, gleichgestellten Monarchen richten.[109]

Im Zuge des zunehmenden Wirtschaftsverkehrs kamen aber Streitigkeiten etwa mit staatlichen Wirtschaftsunternehmen auf, in denen sich die Beklagten auf die Staatenimmunität beriefen. Daher wurde seit dem 19. Jahrhundert zwischen dem hoheitlichen Handlungsbereich (*acta iure imperii*) und kommerzieller Betätigung der Staaten (*acta iure gestionis*) unterschieden. Nur für erstere sollte die Immunität gelten.[110] Dies entspricht auch den internationalen Gepflogenheiten. Die Grundsätze wurden infolge des Baseler Europäischen Übereinkommens über Staatenimmunität auf eine gesetzliche Grundlage im State Immunity Act 1978 gestellt.

Danach gilt, dass Staatsoberhäupter und Staaten grundsätzlich nur der englischen *jurisdiction* unterworfen sind, wenn sie sich auf das Verfahren

---

[107] Osborn's Concise Law Dictionary, S. 102.

[108] Geldart S. 68f.

[109] *The Cristina* [1938] A.C. 485, 490; *Trendtex Trading Corporation v. Central Bank of Nigeria* [1977] Q.B. 529, 553f., 567ff., 578f., C.A.

[110] Lauterpacht B.Y.I.L. 28 (1951) 220, 222ff.

einlassen. Außerdem gilt die Immunität nur für hoheitliches Handeln, also *acta iure imperii*.[111] Bei kommerziellen Betätigungen eines Staates besteht keine Immunität.

Der Immunitätsschutz für ausländische Diplomaten wurde bereits im Diplomatic Privileges Act 1708 kodifiziert. Heute gilt auch in England das Wiener UN-Übereinkommen über diplomatische Beziehungen von 1961.[112]

IV. Bedeutung des Streitgegenstandes

Nach der in Literatur und Rechtsprechung herrschenden prozessualen Betrachtungsweise ist die Frage, ob ein englisches Gericht zuständig ist, rein formal und prozessual zu bestimmen *(procedural approach)*. Weder Fragen des Streitgegenstandes, also der *subject matter*, noch die viel diskutierte *forum non conveniens*-Doktrin[113] werden für die Begründung der *jurisdiction* herangezogen. Vielmehr wird allein darauf abgestellt, ob die formalen Voraussetzungen einer Klageerhebung vorliegen.

Dieser prozessuale Ansatz hat zur Folge, dass einerseits bei der Frage, ob die *jurisdiction* begründet wird, zunächst außer Betracht bleibt, ob und inwieweit ein Bezug der Parteien oder des Streitgegenstandes zu England besteht, sofern eine ordnungsgemäße Zustellung der Klageschrift möglich ist.

Andererseits bedeutet der *procedural approach* aber auch, dass in Fällen, in denen keine ordnungsgemäße Zustellung möglich ist, die *jurisdiction* nur aufgrund der freiwilligen Unterwerfung des Beklagten unter die Rechtsprechungsgewalt des Gerichts (*submission*) begründet werden kann.[114]

Ursprung dieser formalen Betrachtungsweise ist wieder das historische Verständnis, dass *jurisdiction* in erster Linie die physische Verfügungsmacht des Gerichts über den Beklagten bedeutet, der der Gewalt des Gerichtes räumlich unterworfen ist und der somit –notfalls mit unmittelbarem Zwang– vor das Gericht gebracht werden kann.

---

[111] State Immunity Act 1978, p.1; *Littrell v. United States of America (No.2)* [1995] 1 W.L.R. 82, C.A.

[112] Umgesetzt im Diplomatic Privileges Act 1964.

[113] Dazu unten, S. 84ff.

[114] vgl. Cheshire / North, Kap. 12 I , S. 286; zur *submission* unten, S. 73ff.

"The foundation of jurisdiction is physical power."[115]

B. Actions in rem

Das englische Recht kennt neben den Ansprüchen gegen natürliche und juristische Personen noch Ansprüche *in rem*, also in Bezug auf Sachen.

Die *actions in rem* haben ein Pendant im römischen Recht. Dort waren dingliche Aktionen zur Durchsetzung sogenannter *iures in rem* gegen alle Sachen zulässig. So konnte etwa der Eigentümer mit der *rei vindicatio* die Herausgabe einer Sache verlangen.

In England ist dieses Institut nur in seerechtlichen Streitigkeiten mit Bezug auf ein bestimmtes Schiff oder unter Umständen dessen Ladung bekannt. Die Klagemöglichkeiten *in rem* sind in s. 20ff. Supreme Court Act 1981[116] enumerativ aufgeführt.

I. Parteien

1. Kläger

Für den Kläger gelten bei *actions in rem* keine Besonderheiten.

2. Beklagter

a) Klage gegen das streitgegenständliche Schiff

Beklagter war nach traditioneller Ansicht das streitgegenständliche Schiff selbst. Dies kommt noch in der Parteibezeichnung mit dem Schiffsnamen zum Ausdruck. Die neuere Rechtsprechung und Literatur weisen jedoch darauf hin, dass sich lediglich der Anspruch dinglich gegen das Schiff richtet, das Schiff selbst aber keine Partei des Verfahrens werden kann.[117] So hat der

[115] Holmes J. in: *Mc Donald v. Mabee* [1917] 243 U.S. 90, 91; vgl. auch *Sirdar Gurdyal Singh v. The Rajah of Faridkote* [1894] A.C. 670; *Turnball v. Walker* [1892] 67 L.T. 767; *Tallack v. Talack* [1927] P. 211.

[116] I.V.m. Merchant Shipping (Salvage and Pollution) Act 1994, s. 1 (6), Sch. 2 § 6 und Merchant Shipping Act 1995, s. 314 (2), Sch. 13, § 59 (2) (a-d).

[117] *Republic of India v. India Steam Ship Co. Ltd. (No. 2)* [1997] 3 WLR 818, H.L., Davenport, LQR 114 (1998), 169.

Eigentümer des Schiffes auch das Recht, im Prozess aufzutreten und alle Beklagtenrechte wahrzunehmen.[118]

Nach englischem Verständnis hat derjenige, dem bei einer Kollision oder auf andere Weise durch ein Schiff ein Schaden zugefügt wird, einen dinglichen Anspruch auf Schadensersatz gegen das Fahrzeug selbst. Es handelt sich um ein dingliches Recht an einer fremden beweglichen Sache (*ius in re aliena*).[119]

Voraussetzung für eine Klage ist, dass sich das Schiff im Hoheitsbereich des angerufenen Gerichtes befindet, also in englischen Hoheitsgewässern.[120]

Es muss sich dabei grundsätzlich um das Schiff handeln, das in das Geschehen verwickelt war, aus dem der Anspruch abgeleitet wird. Der häufigste Fall ist der, dass das Schiff eine Kollision mit einem Schiff des Klägers verursacht hat.[121]

b) Klage gegen ein Schwesterschiff

In bestimmten Ausnahmefällen jedoch ist es auch zulässig, gegen ein anderes Schiff des Eigentümers oder Charterers des beteiligten Schiffes (Schwesterschiff) *in rem* vorzugehen. Dies bietet sich etwa an, wenn das eigentlich beteiligte Schiff gesunken ist, oder sich nicht in englischen Hoheitsgewässern aufhält.

Diese Ausnahme ist in s. 21 (4) Supreme Court Act 1981 geregelt. Es muss sich danach um ein Schiff desselben Eigentümers oder Reeders (auch Charterers) handeln. [122] Nicht ausreichend ist das Schiff einer anderen Gesellschaft desselben Konzerns.[123]

---

[118] *Republic of India v. Steamship Co. (No. 2)* [1998] A.C. 878 HL; mit Anm. Briggs BYBIL 68 (1997), 355; Rose LMCLQ 1998, 27; Teare LMCLQ 1998, 33; Davenport LQR 114 (1998), 169.

[119] *The Ripon City* [1897] P 226, 242.

[120] *Castrique v. Imrie* [1870] Lloys's Rep. 4 HL 414, 429; *General Motors-Holdens Ltd. v. The Ship Northern Highway* [1982] 29 SASR 138.

[121] Z.B. *The Beldis* [1936] P 51; *The Atlantic Star* [1974] A.C. 436, H.L.

[122] *The Nazym Khikmet* [1996] 2 Lloyd's Rep. 362, C.A.; *The Giuseppe di Vittorio* [1998] 1 Lloyd's Rep. 136, C.A.; *The Looiersgracht* [1995] 2 Lloyd's Rep. 411; Canada Federal Court Trial Division; *The Tjaskemolen* [1997] 2 Lloyd's Rep. 465.

[123] *The Evpo Agnis* [1988] 3 All E.R. 810.

II. Wirkung der Klageerhebung

Die Erhebung einer Klage *in rem* begründet nicht gleichzeitig den Arrest des Schiffes. Dazu ist zusätzlich die Ausstellung eines *warrant of arrest* durch das angerufene Gericht erforderlich.

Während die Arrestverfügung früher im Ermessen des Gerichts stand, wird sie heute regelmäßig erlassen, wenn der Kläger sie beantragt und seine Klage nicht offensichtlich unbegründet ist.[124]

Der Reeder des beklagten und zu arretierenden Fahrzeugs kann den Arrest durch Sicherheitsleistung in Höhe der Klagforderung zuzüglich der zu erwartenden Kosten abwenden.[125]

---

[124] *The Varna* [1993] 2 Lloys's Rep. 253, C.A.; *The Yula Bondarovskaya* [1998] 2 Lloyd's Rep. 357, 361; Dockray LQR 110 (1994), 382, entsprechend geändert: CPR Part 49, PD 49A, 6.1.

[125] *The Bazias 3* [1993] QB 673, C.A.

Kapitel 3

JURISDICTION AUFGRUND DER ZUSTELLUNG DER KLAGE IM INLAND

A. Zustellung bei Klagen in personam

Die internationale Zuständigkeit der englischen Gerichte ist nach *Common Law* dann begründet, wenn es gelingt, dem Beklagten im Inland ein verfahrenseinleitendes Schriftstück zuzustellen.[126]

Traditionell erfolgte die Zustellung der Klage im Parteibetrieb durch den Kläger persönlich oder seinen Boten, wenn auch die Zustellung nunmehr freilich mit allen modernen Kommunikationsmitteln zulässig ist.[127] Man beachte also, dass –im Gegensatz zu den meisten anderen Ländern– bis 1999 das Gericht die Zustellung nicht übernahm. Unter dem Einfluss der EG-Zustellungsverordnung[128] sehen die neuen CPR (6.3) aber nun auch die Zustellung der Klage durch das Gericht als Regelfall vor.[129]

I. Die Begriffe „writ" und „claim form"

Das verfahrenseinleitende Schriftstück wurde traditionell als *writ of summons* bezeichnet.[130] Ein *writ* im allgemeinen Sinne ist ein im Namen des Monarchen ausgestelltes Dokument, welches mit dem Siegel der Krone[131] versehen wird und welches dem Empfänger befiehlt, etwas bestimmtes zu tun oder zu unterlassen.[132]

---

[126] Vgl. Cheshire/North, Kap. 12 III A (i), S. 286; Bunge, S. 220.

[127] Vgl. unten, S. 41.

[128] Verordnung (EG) Nr. 1348/2000 des Rates vom 29. 5. 2000, Abl. EG Nr. L 160 v. 30. Juni 2000, S. 37.

[129] CPR 6.3 (1) (b), dazu sogleich.

[130] Für bestimmte Urkundenprozesse war auch die Einleitung duch *originating summons*, also ohne fomellen *writ* zulässig.

[131] Ein solcher *writ* im Sinne eines allgemeinen königlicher Befehls war (und ist) nur gültig, wenn er mit dem Großsiegel (*Great Seal*) des Lordkanzlers versehen ist. Nicht ausreichend war das *Privy Seal* des Lordsiegelbewahrers. Heute werden jedoch nur noch Gesetze und Staatsverträge mit dem *Great Seal* gesiegelt. Die sogenannten *judicial writs*, zu denen die Klageschrift gehört, werden heute nur noch mit dem Gerichtssiegel versehen.

[132] Osborn's Concise Law Dictionary, S. 352.

In diesem Sinne stellt eine englische Klage in Form des *writ of summons* den königlichen Befehl an den Beklagten dar, sich zu der angegebenen Zeit bei Gericht einzufinden.

1999 wurde der traditionelle Ausdruck im Zuge der Justizreform durch den Begriff *claim form* ersetzt.[133]

II. Die Ausstellung der claim form

Der Kläger beantragt die Ausstellung einer *claim form* direkt bei dem zuständigen Gericht, oder, für den *High Court*, auch bei einer regionalen Niederlassung des *Supreme Court of Judicature* (*district registry*). Es handelt sich um einen Vordruck, der ausgefüllt werden muss.[134]

Eine ausführliche Klagebegründung enthält die *claim form* nicht.

Das Formular muss den vollständigen Namen und die ladungsfähige Anschrift des Beklagten enthalten, ebenso die Anschrift eines etwaigen Prozessvertreters des Klägers.

Früher wurde das Original eines *writ* vom Gerichtsbeamten gesiegelt und dem Kläger überreicht, der dieses innerhalb von 12 Monaten selbst dem Beklagten zustellen musste.

Hier hat die Zivilprozessreform unter Einfluss der europäischen Zustellungsverordnung[135] zu umfangreichen Veränderungen geführt.

Heute regeln die CPR, dass -wie im übrigen Europa- grundsätzlich das Gericht die Zustellung übernimmt. Lediglich auf besonderen Antrag des Klägers kann diesem selbst die *claim form* zur Zustellung ausgehändigt werden.[136]

---

[133] Auf weitere geänderte Termini, wird an den entsprechenden Stellen eingegangen. In dieser Arbeit werden die traditionellen Ausdrücke noch in Bezug auf Fälle verwendet, die vor der Reform entschieden wurden.

[134] Vgl. zur Ausstellung der claim form: Grene, S. 47.

[135] Verordnung (EG) Nr. 1348/2000 des Rates vom 29. 5. 2000, über die Zustellung gerichtlicher und außergerichtlicher Schriftstücke in Zivil- und Handelssachen in den Mitgliedsstaaten, Abl. EG Nr. L 160 v. 30. Juni 2000, S. 37.

[136] CPR 6.3 (1) (b); dazu unten, S. 40.

Der Beklagte muss die Zustellung schriftlich anerkennen (*acknowledgement of service*), soweit er keine fristgerechte Klageerwiderung einreicht, etwa weil er die Zuständigkeit des Gerichts rügen will.[137]

Die Klagebegründung (*particulars of claim*) ist dagegen formlos. In ganz einfachen Fällen kann sie auf der *claim form* gegeben werden,[138] sonst kann sie zusammen mit der *claim form* oder getrennt von ihr dem Beklagten übersandt werden. Die *particulars of claim* müssen jedoch spätestens 14 Tage, nachdem der Beklagte den Empfang der *claim form* bekannt hat, zugehen.[139]

Dieses Verfahren gilt aber nur, wenn der Beklagte sich im Zuständigkeitsbereich der englischen Gerichte aufhält, also im Staatsgebiet von England und Wales.[140] Ausnahmsweise ist auch die Zustellung an einen hierzu besonders bevollmächtigten Vertreter des abwesenden Beklagten in England ausreichend.[141]

III. Zustellung der claim form an natürliche Personen

1. Transient Presence Rule

Für die persönliche Zustellung ist der schlichte Aufenthalt des Beklagten im Hoheitsgebiet des Gerichts ausreichend. Eine bestimmte Dauer des Aufenthalts oder ein Wille, im Lande zu bleiben (*animus manendi*), wie er etwa zur Begründung des *domicile* nach englischem Recht maßgeblich ist, wird nicht verlangt.

Jede vorübergehende Anwesenheit des Beklagten ist mithin genügend, wenn ihm nur das Schriftstück übergeben werden kann (*transient presence rule*).

Daher reicht bereits ein eintägiger Aufenthalt in London aus, wenn ein *writ* im Hotel zugestellt werden kann.[142] Es ist sogar ausreichend, dass ein Franzose sich lediglich zum Besuch eines Rennens in Ascot aufhält und ihm von

---

[137] CPR 10.1.
[138] CPR 7.4 (1) (a).
[139] CPR 7.4 (1) (b).
[140] Zur Zustellung im Ausland unten, S. 53ff.
[141] CPR 6.16.
[142] *Colt Industries v. Sarlie* [1966] 1 W.L.R. 440.

den Anwälten der ebenfalls in Frankreich wohnenden Klägerin am Rande der Rennbahn der *writ* überreicht wird.[143]

Einzige Ausnahme von der *transient presence rule* ist der Fall, dass die Anwesenheit des Beklagten arglistig oder gewaltsam mit dem Ziel herbeigeführt wird, eine *claim form* zuzustellen.[144] So hatten etwa einmal englische Kläger einen amerikanischen Geschäftsmann zu einer angeblichen Geschäftsbesprechung nach England gelockt. In Wirklichkeit ging es jedoch nur darum, einen *writ* zu übergeben. Das Verfahren wurde wegen Rechtsmissbrauchs eingestellt.[145]

2. Formen der Zustellung

a) Persönliche Übergabe

Die persönliche Zustellung durch den Kläger oder seinen Boten war die Grundform der Zustellung. Auch nach Einführung der Zustellung durch das Gericht bleibt sie zulässig.

Die CPR 6.4 (3) erklären lapidar zur persönlichen Zustellung:

> "A document is served personally on an individual by leaving it with that individual."

Es wurde bereits oben von den unorthodoxen Zustellungsmethoden einiger Exzentriker berichtet, die ihre *writs* dem Beklagten vor die Füße warfen oder ihn mit dem zusammengerollten Dokument symbolisch erdolchten.[146] Kläger, die die Übergabe der *claim form* auf solche oder ähnliche Weise inszenieren wollen, haben gemäß CPR 6.3 (1) (b) noch immer die Möglichkeit, beim Gericht die Aushändigung der *claim form* zur Zustellung im Parteibetrieb zu verlangen. Die Vorschrift erfordert dann entweder eine persönliche Übergabe oder die Ablage in einer vom Beklagten persönlich genutzten Empfangsvorrichtung. In der Praxis kann diese Möglichkeit sich als vorteilhaft erweisen, wenn der Kläger den vorübergehenden Aufenthalt

---

[143] *Maharanee of Baroda v. Wildenstein* [1972] 2 QB 283, C.A.

[144] *Watkins v. North American Land and Timber Company (Ltd.)* 20 TLR 534, H.L.; obiter dictum in *Colt Industries v. Sarlie* [1966] 1 W.L.R. 440, 444.

[145] *Watkins v. North American Land and Timber Company (Ltd.)* 20 TLR 534, H.L.; zur Verfahrenseinstellung wegen Rechtsmissbrauchs unten, S. 86ff.

[146] Oben, S.1.,vgl. Arnheim/Striling/Tromans, S. 10.

eines Beklagten in England ausnutzen möchte, um die Zuständigkeit der englischen Gerichte zu begründen.

Die CPR haben für die persönliche Abgabe und die Ablage in einer Empfangsvorrichtung neue Zugangsfiktionen eingeführt.[147] Bei persönlicher Abgabe bei Pförtnern und ähnlichen Empfangsboten gilt die *claim form* als sofort zugegangen, es sei denn, diese erfolgt nach 17.00 Uhr an einem Werktag, oder an Sonnabenden, Sonn- und Feiertagen. In diesen Fällen wird der Zugang am jeweils nächsten Werktag fingiert.[148]

Eine Ausnahme vom Grundsatz der persönlichen Zustellung ist in CPR 6.4 (2) enthalten. Danach ist es unzulässig, dem Beklagten eine Klageschrift persönlich zuzustellen, wenn dieser dem Kläger einen *solicitor* schriftlich als Bevollmächtigten benannt und zur Entgegennahme von Klageschriften ermächtigt hat. In diesem Falle muss die Zustellung an den *solicitor* erfolgen.

b) Zustellung per Post und Telekommunikation

CPR 6.2 (b) gestattet die Zustellung durch Übersendung der *claim form* mit einfachem Brief 1. Klasse.[149] CPR 6.7 (1) stellt die Vermutung des Zugangs am zweiten Tag nach der Aufgabe auf. Die Gerichte stellen Klagen regelmäßig auf diesem Wege zu.

Die Zustellung per Telefax ist nur mit Zustimmung des Beklagten zulässig. In der Bekanntgabe einer Telefaxnummer auf einem Briefkopf oder zu einem anderen Zweck ist grundsätzlich keine konkludente Zustimmung zu erblicken. Bei einem zustellungsbevollmächtigten *solicitor* hingegen gilt die Angabe einer Telefaxnummer auf dem Briefkopf als konkludentes Einverständnis mit der Zustellung von Klageschriften per Telefax.[150] Der Zugang wird bei Übermittlung werktags vor 16.00 Uhr am selben Tage, andernfalls am nächsten Werktag vermutet.[151]

---

[147] Zu den alten, von der Rechtsprechung entwickelten Regeln: *Swaziland v. Hahn* [1989] 1 W.L.R. 506, H.L.

[148] CPR 6.7 (2).

[149] Die Royal Mail bietet Briefmarken erster und zweiter Klasse an, wobei die ersteren schnellere und sichere Zustellung gewährleisten.

[150] PD 3.1-3.2; Arnheim/Stirling/Tromans S. 11.

[151] CPR 6.7 (1).

Die Zustellung per E-Mail ist nur zulässig, wenn Kläger und Beklagter durch Rechtsanwälte vertreten werden und sich der zustellungsbevollmächtigte Prozessvertreter des Beklagten zuvor schriftlich mit der elektronischen Zustellung von Klagen an seine Kanzlei einverstanden erklärt hat.[152]

c) Zustellung auf sonstige Weise

CPR 6.15 sieht vor, dass sich die Parteien vertraglich auf eine andere Weise der Zustellung einigen können, die dann *inter partes* als wirksam gilt. Zu beachten ist jedoch, dass die besonderen Erfordernisse für eine Zustellung im Ausland gemäß CPR 6.20 [153] nicht vertraglich abbedungen werden können. Soll eine Zustellung an einen Beklagten im Ausland bewirkt werden, ist dieses besondere Verfahren zwingend vorgeschrieben.[154]

3. Service by an alternative method

Obwohl die beschriebenen Regeln fast alle denkbaren Spielarten der modernen Kommunikation abdecken, sieht CPR 6.8 vor, dass das angerufene Gericht auf Antrag eine beliebige, in den CPR nicht vorgesehene Form der Zustellung anordnen kann. Diese Form der Zustellung wurde im Zuge der *Woolf*-Reform zur „Vereinfachung der Rechtssprache" von *„substituted service"* in *„service by an alternative method"* umbenannt. Diese Zustellungsform bietet sich insbesondere an, wenn die Adresse des Beklagten nicht ermittelt werden kann und eine öffentliche Zustellung erforderlich wird. Hier kann etwa die Bekanntgabe durch Zeitungsannoncen in Betracht kommen.[155]

Ausnahmsweise kann das Gericht *service by an alternative method* auch anordnen, falls ein Beklagter sich durch Flucht in das Ausland der Zustellung der *claim form* entziehen will.[156] Der Grundsatz, dass die Zuständigkeit durch die Zustellung an den im Inland anwesenden Beklagten begründet wird, wird durch diese Ausnahme nur scheinbar durchbrochen. Die Zustellung im Inland wird zwar fingiert, aber es wird nicht auf sie verzichtet. Dieses Verfahren kann aber in keinem Falle eine förmliche Auslandszustellung

---

[152] PD 3.3.

[153] s.u. S.51.

[154] Arnheim/Stirling/Tromans, S. 12.

[155] Greene, S. 51.

[156] *Porter v. Freudenberg* [1915] 1 KB 857; *Laurie v. Carol* CLR 98 (1958), 310; *Myerson v. Martin* [1979] 1 WLR 1390, C.A.

ersetzen, sondern ist nur anwendbar, wenn der Beklagte nach Kenntnis von der Klage die Zustellung der *claim form* durch Verlassen des Hoheitsgebietes vereiteln will.

4. Absehen von Zustellung CPR 6.9

CPR 6.9 bestimmt, dass das Gericht auf Antrag einer Partei vom Erfordernis der Zustellung eines Dokuments absehen kann. Diese Vorschrift ist entgegen ihrem weiten Wortlaut für andere Dokumente, nicht aber für die Zustellung einer *claim form* anwendbar, da die besonderen Regeln über die *claim form* hier vorrangige *leges speciales* sind.[157]

5. Zustellung an beschränkt Geschäftsfähige und Entmündigte

In Bezug auf Kinder, Geisteskranke und andere in ihrer Geschäftsfähigkeit beschränkte Personen stellt CPR 6.6 in tabellarischer Form übersichtlich dar, wie die Zustellung zu bewirken ist. Klagen gegen Kinder müssen etwa den Eltern oder sonst Erziehungsberechtigten zugestellt werden. Bei geisteskranken Beklagten, denen nach Part VII des Mental Health Act 1983 eine vertretungsberechtigte Person zugewiesen wurde, muss die Zustellung an diese Person erfolgen.

IV. Zustellung an partnerships

Als *partnership* bezeichnet das englische Recht unbeschränkt haftende, nicht rechtsfähige Personengesellschaften.[158]

Die CPR 6.4 (5) sehen vor, dass bei einer *partnership* die Zustellung bewirkt ist, wenn das Schriftstück entweder an einen Partner zugestellt wird, oder aber an eine Person, welche zum Zeitpunkt der Zustellung die Führung oder Geschäftsleitung *(control or management)* des Geschäftsbetriebes der *partnership* an ihrem Hauptgeschäftssitz innehat.

Dies bedeutet, dass bei Vorhandensein eines inländischen Geschäftsführers die Partner wirksam *in personam* verklagt werden können, auch wenn sie sich alle zum Zeitpunkt der Zustellung im Ausland aufhalten.

---

[157] Arnheim/Stirling/Tromans S. 12.

[158] Partnership Act 1890, s. 1; kürzlich wurde außerdem eine Limited Liability Partnership eingeführt.

V. Zustellung an Gesellschaften (corporations)

Grundsätzlich gelten für rechtsfähige Gesellschaften und andere juristische Personen die gleichen Regeln wie für natürliche Personen. Der Beklagte ist der englischen *jurisdiction* unterworfen, wenn und soweit er in England anwesend *(present)* ist. Der Begriff der *presence* bleibt im Falle von juristischen Personen natürlich bloße Fiktion.[159] Im *Common Law* wurden von der Rechtsprechung besondere Regeln aufgestellt, wann eine ausländische Gesellschaft aufgrund ihrer Geschäftstätigkeit als fiktiv anwesend in England betrachtet wurde.[160]

Der Companies Act 1985 hat diese Regeln europarechtskonform ergänzt. Nach den neuen Regeln wird eine ausländische Gesellschaft, die eine Zweigniederlassung in England unterhält, grundsätzlich als anwesend betrachtet und muss per Inlandszustellung verklagt werden, es sei denn es liegen ausnahmsweise besondere Voraussetzungen für eine Auslandszustellung am Hauptsitz vor.[161]

1. Zustellung an eine in England registrierte Gesellschaft

Eine Gesellschaft, die nach den Vorschriften des Companies Act 1985[162] in England im Handelsregister *(registrar of companies)* eingetragen ist, gilt grundsätzlich als in England anwesend. Da solche Gesellschaften eine in der Registrierung angegebene Geschäftsstelle in England besitzen müssen, ist die Zustellung hier problemlos. Es ist ausreichend, die *claim form* an diese Stelle zu überbringen oder zu senden.[163]

Die CPR sehen darüber hinaus weitere Möglichkeiten der Zustellung an eine Gesellschaft vor. So kann die *claim form* einem Mitarbeiter in leitender Stellung übergeben werden,[164] oder die Klageschrift kann statt der registrierten

---

159 Cheshire / North Kap. 12 I A (iii), S. 288f.

160 Vgl. *Okura & Co. Ltd v. Forsbacka Järnverks Aktiebolag* [1914] 1 KB 715, 718, C.A.; *The Theodohos* [1977] 2 Lloyd's Rep 428; Darstellung der obsoleten *Common Law-Regeln* bei Cheshire / North 11. Auflage, S. 190.

161 *Boocock v. Hilton International Co.* [1993] 1 W.L.R. 1065, C.A.; *Bethlehem Steel Corpn v. Universal Gas and Oil Co. Inc* (1978) Times Law Report , 3. 8. 1978.

162 Ergänzt durch SI 1992, Nr. 3179.

163 Companies Act 1985, s. 725 (1).

164 6.4. (4) i.V.m. CPR 6.2.(1)(a), PD 6,6.

Hauptgeschäftsstelle einer Zweigniederlassung zugestellt werden, die mit dem Klagebegehren in Zusammenhang steht.[165]

2. Ausländische Gesellschaften

Als ausländisch gelten solche Gesellschaften, die außerhalb des Vereinigten Königreiches oder Gibraltar gegründet sind (Gründungstheorie).[166] Die Zustellung im Inland ist möglich, wenn sie als anwesend *(present)* gelten.

Bis 1992 wurde eine ausländische Gesellschaft dann als anwesend betrachtet, wenn sie einen *place of business* in England etabliert hatte.[167] Diese Regel erlaubte also die Zustellung von Klagen an eine Geschäftsstelle in England und war leicht handhabbar.

Dann wurde aber durch eine Änderung des Companies Act 1985 zur Umsetzung der europäischen Richtlinie über Zweigniederlassungen[168] eine Differenzierung zwischen ausländischen Gesellschaften mit Zweigniederlassungen *(branches)* und solchen, die einen bloßen *place of business* im Sinne der alten Regeln in England haben, eingeführt.[169] Dies hat zu gewisser Verwirrung in Praxis und Literatur geführt.[170]

a) Ausländische Gesellschaften mit Zweigniederlassung in Großbritannien

Eine ausländische Gesellschaft, die eine Zweigniederlassung *(branch)* in Großbritannien unterhält, ist verpflichtet, diese Zweigniederlassung im Handelsregister *(registrar of companies)* eintragen zu lassen und die Adressen von allen in Großbritannien wohnhaften Personen anzugeben, die berechtigt sind, Klagen und andere Schriftstücke mit Wirkung für und gegen die Ge-

[165] CPR 6.5 (6), dies ist aber nur möglich, wenn die beklagte Gesellschaft dem Kläger keine bestimmte Adresse zur Zustellung angegeben hat. Zu den Sonderregeln für schottische Gesellschaften vgl. Companies Act 1985, s. 725 (2), (3).

[166] Vgl. Companies Act 1985 s. 690 A und Sch. 21 A , § 3 (e).

[167] Cheshire / North, Kap. 12 I A (iii), S. 289.

[168] Elfte Richtlinie des Rates vom 21. Dezember 1989 über die Offenlegung von Zweigniederlassungen, die in einem Mitgliedsstaat von Gesellschaften bestimmter Rechtsformen errichtet wurden, die dem Recht eines anderen Staates unterliegen (89/666/EWG).

[169] SI 1992, 3179.

[170] Vgl. Cheshire/North Kap. 12, III (A) (iii), S.290f; Briggs, S. 248f.

sellschaft entgegenzunehmen.[171] Klagen gegen die ausländische Gesellschaft können jedoch nur dann diesen Personen zugestellt werden, wenn sich ihr Streitgegenstand auf die Geschäfte der Zweigniederlassung bezieht. Wird die Eintragungspflicht verletzt oder sind die angegebenen Personen alle verzogen oder verstorben, kann die *claim form* wirksam an jedem *place of business* der Gesellschaft zugestellt werden.[172]

Im übrigen ist aber, im Gegensatz zu ausländischen Gesellschaften ohne Zweigniederlassung, die Zustellung unter den gleichen Voraussetzungen zulässig, wie bei inländischen. Es gelten also gemäß CPR 6.2(2)(c) die Regeln über Zustellung per Telefax etc.

Voraussetzung für die Anwendung dieser Regeln ist somit, dass eine echte Zweigniederlassung *(branch)* im Staatsgebiet Großbritanniens besteht und dass das zuzustellende Dokument sich auf die Geschäftstätigkeit dieser Zweigniederlassung bezieht *(...in respect of the carrying on of business of the branch)*.[173]

Entscheidende Bedeutung erlangt somit die Frage, was das Gesetz unter einer *branch* verstanden wissen will.

(1.) Begriff der branch

Der Companies Act 1985 erklärt in s. 698 (2) (b)[174] ausdrücklich, unter *branch* sei eine Zweigniederlassung im Sinne der Zweigniederlassungsrichtlinie[175] zu verstehen. Das erscheint naheliegend, da mit der Änderung des Companies Act 1985 diese Richtlinie umgesetzt werden sollte.

Die Richtlinie selbst gibt jedoch keine Definition des Begriffes Zweigniederlassung *(branch)*. Aus der Abgrenzung zur Tochtergesellschaft *(subsidiary company)* in der Präambel ergibt sich aber, dass unter *branch* nur eine Unternehmensuntergliederung verstanden werden kann, die nicht mit eigener

[171] Companies Act 1985 s. 690 A und Sch. 21 A , § 3 (e).
[172] Companies Act 1985 s. 694 A (3).
[173] Companies Act 1985 s. 694 A.
[174] eingefügt durch SI 1992/3179, Sch. 2 (13).
[175] 89/666/EWG.

Rechtspersönlichkeit ausgestattet ist und die nicht von einem selbständigen Handelsvertreter geführt wird.[176]

Im Hinblick auf Art. 5 Nr. 5 EuGVÜ hat der EuGH Auslegungskriterien für den Begriff *branch* gefunden. Vieles spricht dafür, diese auch für Zweigniederlassungen im Sinne der Niederlassungsrichtlinie anzuwenden.[177]

Nach europarechtlichem Verständnis wird für die Begriffe Zweigniederlassung *(branch)*, Agentur *(agency)* und sonstige Niederlassung *(other establishment)* einheitlich verlangt, dass eine dauerhaft eingerichtete Geschäftsstelle besteht, die zwar mit einer gewissen Selbständigkeit, aber gleichwohl weisungsgebunden und im Namen der ausländischen Gesellschaft handelt.[178] Damit dürften die meisten Vertretungen ausländischer Unternehmen in England als *branches* anzusehen sein.

(2.) Bezug zur Tätigkeit der branch

Weiter ist erforderlich, dass das zuzustellende Dokument sich auf die Tätigkeit der Zweigniederlassung bezieht. Es wird somit eine materielle Zuständigkeitsvoraussetzung im Gewand einer formalen Zustellungsregel aufgestellt. Dies ist problematisch, da hier indirekt der Streitgegenstand der Klage relevant wird, was dem *Common Law*-Verständnis der Jurisdiktionsbegründung allein aufgrund wirksamer Zustellung widerspricht.

Die Auslegung, durch die die englische Rechtsprechung dieses Tatbestandsmerkmal konkretisiert hat, ist entsprechend großzügig:

Eine saudiarabische Bank war in London von einer ihrer Kundinnen, einer schwedischen Gesellschaft, verklagt worden, indem die Klageschrift der Londoner Filiale zugestellt wurde.

Die Bank hatte behauptet, die Ressourcen und Fähigkeiten für weltweiten Aktienhandel zu besitzen. Dass dies nicht der Wahrheit entsprach, bekam die Klägerin schmerzlich zu spüren. Die Klägerin sah in den Anpreisungen der Bank, die Aktien weltweit zu vertreiben, eine Täuschung *(misrepresentation)*. Einen Bezug zu Großbritannien gab es nicht. Fraglich war, ob die Klage dem Londoner Büro zugestellt werden durfte.

---

[176] So Cheshire / North, Kap. 12 I A (iii), S. 290.
[177] Cheshire / North, Kap. 12 I A (iii), S. 290.
[178] Rs. C-14/76 (*De Bloos v. Bouyer*) EuGH Slg. 1976, 1497, 1510.

Die Londoner Filiale als *branch* anzusehen, bereitete keine Probleme. Aber wo lag der Bezug des Streitgegenstandes zur Geschäftstätigkeit der Londoner Zweigniederlassung?

Tuckey J. entschied, dass die Form der Zustellung und damit die Klage rechtmäßig sei, da der behauptete weltweite Aktienhandel zumindest auch die Londoner Zweigniederlassung beträfe.[179] Der *Court of Appeal* bestätigte dies. Es sei nicht erforderlich, dass sich der Klagegegenstand vollständig oder überwiegend auf die Tätigkeit der Zweigniederlassung beziehe. Die Klage sei nur dann unzulässig, wenn die Verbindung zur englischen Zweigniederlassung gänzlich unerheblich sei („of so little significance that it should be disregarded“).[180]

Die Prüfung des Tatbestandsmerkmals „in respect of carrying on of the business of the branch“ ist somit viel weniger streng als beim ähnlich gefassten Erfordernis des Art. 5 Nr. 5 EuGVVO / EuGVÜ. Dies führt dazu, dass Klagen gegen ausländische Gesellschaften in England viel leichter rechtshängig gemacht werden können, als in anderen europäischen Ländern. Als Korrektiv etwaiger exorbitanter Zuständigkeiten dient sodann die *forum non conveniens*-Doktrin.[181]

b) Ausländische Gesellschaften mit einem „established place of business“ in Großbritannien

Gelangt man zu dem Ergebnis, dass eine ausländische Gesellschaft keine *branch* in England unterhält, stellt sich die Frage, ob ein *place of business other than a branch* besteht. Die Regelungen zum *place of business* galten vor Umsetzung der Zweigniederlassungsrichtlinie für alle Geschäftsstellen. Sie gelten nun als Auffangtatbestand weiter, da sie nicht außer Kraft gesetzt wurden.

Eine ausländische Gesellschaft, die einen *place of business* in Großbritannien unterhält, ist ebenfalls gesetzlich gehalten, dem *registrar of companies* die ladungsfähige Anschrift von mindestens einer Person zu nennen, die berechtigt ist, Schriftstücke mit Wirkung für und gegen die Gesellschaft

---

[179] *Saab v. Saudi America Bank* [1998] 1 W.L.R. 937.

[180] *Saab v. Saudi America Bank* [1999] 1 W.L.R. 1861, C.A.

[181] Dazu unten, S. 84ff.

entgegenzunehmen.[182] Solange der Registereintrag nicht geändert wird, können Klagen gegen die ausländische Gesellschaft wirksam an diese Person zugestellt werden, selbst wenn die Gesellschaft keine Geschäftstätigkeit in Großbritannien mehr entfaltet und die Geschäftsstelle nicht mehr besteht.[183]

Diese Auslegung der Vorschriften soll verhindern, dass ausländische Gesellschaften Schulden in Großbritannien akkumulieren und sich dann durch Ende der Geschäftstätigkeit der Zustellung von Klagen entziehen.

Unter den gleichen Voraussetzungen wie bei Gesellschaften mit Zweigniederlassungen können Schriftstücke hilfsweise an jeden *place of business* zugestellt werden.

Somit stellt sich die Frage, unter welchen Voraussetzungen davon gesprochen werden kann, dass eine Gesellschaft einen *place of business* etabliert hat und wie eine solche Geschäftsstelle von den Zweigniederlassungen im obigen Sinne abzugrenzen ist.

Da, wie gesehen, die meisten Geschäftsstellen ausländischer Unternehmen bereits als *branch* im Sinne der eben besprochenen Regeln anzusehen sind, ist der verbliebene Anwendungsbereich der Vorschriften unklar.

Bisher haben die Gerichte keine eindeutige Definition geliefert, sondern die Frage kasuistisch betrachtet. Im Falle einer koreanischen Bank, die in London lediglich Büroräume unterhielt, die dazu dienten, die Zentrale mit Informationen zu versorgen und Kontakte zu anderen Banken zu halten, entschied der *Court of Appeal*, dass für einen *place of business* ausreiche, dass der Beklagte in England Räumlichkeiten unterhalte und dort Personal mit bestimmten geschäftsbezogenen Aufgaben beschäftige.[184]

Dieser Fall wurde allerdings vor 1992 entschieden, also vor der Ergänzung des Company Act 1985, die die Differenzierung zwischen *branch* und *place of business other than a branch* einführte. Es ist daher gut möglich, dass die in diesem Falle aufgestellten Kriterien auch zur Annahme einer Zweigniederlassung ausgereicht hätten. Welche Anforderungen an einen *place of*

---

[182] Companies Act 1985, s. 691.

[183] *Rome v. Punjab National Bank (No.2)* [1990] 1 All E.R. 58, [1989] 1 W.L.R. 1211; *Sabatier v. Trading Co.* [1927] 1 Ch 495.

[184] *South India Shipping Corpn. Ltd. v. Export-Import Bank of Korea*[1985] 2 All E.R. 219, C.A. per Ackner L.J.

business im Sinne von s. 690B Companies Act 1985 zu stellen sind, ist somit noch nicht eindeutig geklärt. Die Vorschrift wird selten angewandt, zumal meist eine Zweigniederlassung angenommen wird.[185] Am ehesten wird die Vorschrift bei ausländischen Gesellschaften anwendbar sein, die in England nur einen Handelsvertreter oder Verkaufsrepräsentanten beschäftigen, sofern dieser über ein fest etabliertes Büro verfügt.

Da die Regeln zur *branch* als *leges speciales* vorrangig anzuwenden sind, kann jedenfalls dann nicht auf diese Regeln rekurriert werden, wenn es lediglich an einem Bezug des Streitgegenstandes zur Tätigkeit der Zweigniederlassung fehlt. Im übrigen zeigt sich in den Rechtsfolgen bei näherer Betrachtung kein bedeutender Unterschied. Die Kompliziertheit der Regeln widerspricht dem Ziel der CPR und ist auch in der Literatur kritisiert worden.[186]

Die Umsetzung der europäischen Vorgaben erfolgte komplementär zu den bestehenden Regelungen. Zusammenfassend lässt sich jedoch festhalten, dass der europäische Begriff der *branch* den englischen des *place of business* unbemerkt weitgehend konsumiert zu haben scheint.

3. Insolvenz

Die Zustellung der Klage an insolvente Gesellschaften muss an den Insolvenzverwalter erfolgen und bedarf der besonderen Erlaubnis des Gerichts.[187]

4. Tochtergesellschaften

Im Inland eingetragene Tochtergesellschaften ausländischer Unternehmen sind selbständige inländische Gesellschaften, die hinsichtlich der Zustellung keinen Besonderheiten gegenüber solchen mit britischen Gesellschaftern unterliegen. Dies hat freilich zur Folge, dass die ausländische Muttergesellschaft nicht als „anwesend“ gilt, es sei denn, die Tochtergesellschaft handelte ausnahmsweise namens und in Vertretung ihrer Muttergesellschaft. Somit kann grundsätzlich weder ein ausländischer Mutterkonzern noch eine ausländische Holding-Gesellschaft auf dem Wege der Inlandsklage vor die englischen Gerichte gebracht werden.

---

185 Cheshire / North, Kap. 12 I A (iii), S. 293.

186 Collier, S. 83.

187 Insolvency Act 1968, s. 130 (2).

B. Zustellung bei Klagen in rem

Die Zustellung der *claim form* ist auch bei den *actions in rem* das wichtigste Element, das formal die *jurisdiction* der englischen Gerichte begründet.

1. Anbringung am Schiff

Traditionell wurde die Zustellung der Klage dadurch bewirkt, dass die Klageschrift an den Großmasten des Schiffes genagelt wurde. Diese Art der Zustellung scheitert heute jedoch zumeist bereits an der Abwesenheit eines Mastes. Auch das Nageln ist bei Decksaufbauten aus Metall ein schwieriges Unterfangen.

Deswegen sehen die CPR heute schlicht vor, dass die *claim form* oder eine Kopie derselben an der Außenseite des Schiffes zu befestigen ist. Der Ort des Anschlags ist so zu wählen, dass man vernünftigerweise damit rechnen kann, dass die *claim form* dort gesehen wird.[188]

2. Alternative Zustellungsmöglichkeiten

Die CPR sehen auch für *actions in rem* mehrere alternative Zustellungsformen vor.

So kann die Klageschrift, wenn die Person, in deren Gewahrsam sich das Schiff befindet (meist der Kapitän) die Anbringung nicht gestattet, zugestellt werden, indem eine Kopie der Klageschrift dieser Person übergeben wird.[189] Die Klageschrift kann auch einem besonders bevollmächtigten *solicitor* zugestellt werden.[190] Die Vorschrift enthält außerdem eine Öffnungsklausel für Zustellungsformen, die aufgrund von Spezialvorschriften zulässig sein können.[191]

3. Notice against arrest

Ein Schiffseigentümer hat die Möglichkeit, einen Registereintrag vornehmen zu lassen, der bewirkt, dass er (als sogenannter *caveator*) vor Arrest des Schiffes von der Registerbehörde benachrichtigt wird. Dies ermöglicht ihm, den

---

[188] CPR, Part 61, PD Part 61.3, 3.6 (1) (a).
[189] PD Part 61.3, 3.6 (2).
[190] PD Part 61.3, 3.6 (5).
[191] PD Part 61.3, 3.6 (7).

Arrest durch Sicherheitsleistung abzuwenden. Dieser Eintrag wurde bisher als *caveat* bezeichnet und heißt nach neuer Diktion offiziell ***notice against arrest.*** In Fällen, in denen ein *caveat* ausgestellt wurde, kann die Klageschrift der im *caveat* bezeichneten empfangsberechtigten Person zugestellt werden.[192]

Dem *caveat* muss in diesem Falle Name und Anschrift einer zustellungsbevollmächtigten Person beigefügt sein. Zur Abwendung der Arrestverfügung muss außerdem eine Sicherheitsleistung angeboten werden.[193]

4. Ort des Schiffes bei alternativer Zustellung

Wird die Klageschrift nicht auf dem Schiff zugestellt, ist nicht sichergestellt, dass sich das Schiff zum Zeitpunkt der Zustellung im Hoheitsgebiet des Gerichts befindet.

Das Schiff muss sich aber zum Zeitpunkt der Zustellung

> "so situated as to be within the lawful control of the State under the authority of which the court sits"[194]

befinden, also in englischen Hoheitsgewässern, da die Gerichte England als „state" in diesem Sinne ansehen. Die Beweislast trägt der Kläger. Dies kann im Einzelfall zu Beweisschwierigkeiten führen. Deshalb wird nach wie vor von der Möglichkeit der Klagezustellung an Bord des Schiffes reger Gebrauch gemacht.

---

[192] PD Part 61.3, 3.6 (4).

[193] CPR 61.6.

[194] *Castrique v. Imrie* [1870] Lloys's Rep. 4 HL 414, 429; *General Motor-Holdens Ltd. v. The Ship Northern Highway* [1982] 29 SASR 138.

Kapitel 4

JURISDICTION AUFGRUND DER ZUSTELLUNG DER KLAGE IM AUSLAND

Das alleinige Abstellen auf die Anwesenheit des Beklagten im Hoheitsbereich müsste dazu führen, dass falls der Beklagte sich ständig im Ausland aufhält, eine Klage unter Umständen niemals zulässig wäre. Dies erscheint dann nicht sachgerecht, wenn der Streitgegenstand eine Verbindung zu England aufweist oder eine Klage am Aufenthaltsort des Beklagten nicht möglich oder zumutbar ist.

Eine Klage gegen einen abwesenden Beklagten ist allerdings nur dann sinnvoll, wenn er Vermögen im Inland besitzt, das im Falle eines obsiegenden Urteils dem englischen Vollstreckungszugriff ausgesetzt ist, oder wenn das Urteil am Aufenthaltsort vollstreckbar ist.

Für diese Konstellationen sieht das englische Recht vor, dass eine Klage ausnahmsweise im Ausland zugestellt werden darf, wenn bestimmte Kriterien erfüllt sind.

Zu beachten ist dabei, dass die Zustellung gleichwohl der zentrale Anknüpfungspunkt der Zuständigkeitslehre bleibt. Es wird lediglich vom Erfordernis der Anwesenheit des Beklagten im Hoheitsgebiet abgesehen.

Die Möglichkeit, eine Klage erlaubtermaßen im Ausland zuzustellen, ist somit zugleich das maßgebliche, die Zuständigkeit der englischen Gerichte konstituierende Element. Die Frage, für welche Klagen die englischen Gerichte bei Beklagten im Ausland international zuständig sein sollen, wird also ausschließlich über das formelle Erfordernis der Klagezustellung gesteuert. Die Formalien werden zum Instrument einer materiellen Zuständigkeitsregelung.

Das Verfahren der Auslandszustellung wurde früher in RSC order 11 geregelt. Auch für diesen Bereich des Zivilverfahrensrechts gab es jedoch umfangreiche Änderungen durch die CPR.[195] Die von der Rechtsprechung

---

[195] Part 6.

zu RSC order 11 entwickelten Grundsätze bleiben aber auch für die Nachfolgeregelung anwendbar.[196]

A. Zustellung im Ausland ohne Zustimmung des Gerichts

In bestimmten Fällen ist die Zustellung einer Klage im Ausland ohne besondere Erlaubnis des Gerichts zulässig.

I. Zuständigkeit nach Europarecht

Eine *claim form* kann nach CPR 6.19 (1) dann ohne besondere Erlaubnis des Gerichts im Ausland zugestellt werden, wenn sich die Zuständigkeit des angerufenen englischen Gerichts aus dem Civil Jurisdiction and Judgments Act 1982 ergibt. Dieser enthält die Umsetzung von EuGVÜ und LugÜ, so dass in diesem Bereich keine Erlaubnis zur Auslandszustellung erforderlich ist. Dasselbe gilt nun auch für den Anwendungsbereich der EuGVVO, wie sich aus CPR 6.19 (1A) ergibt. Bei Anwendbarkeit des europäischen Zuständigkeitssystems ist also keine Erlaubnis zur Auslandszustellung erforderlich.

1. Umfasste Verfahrensarten

Fraglich war früher, ob alle Verfahrensarten umfasst sind, insbesondere, ob ein Begehren, das sich auf einstweiligen Rechtsschutz gemäß s. 25 Civil Jurisdiction and Judgments Act 1982 richtet, ausreichend ist.[197] Aus CPR 6.19 (1) und (1A) ergibt sich aber heute, dass die Regeln uneingeschränkt für alle Verfahren gelten, die von den Übereinkommen oder der EuGVVO umfasst werden.

2. Anderweitige Rechtshängigkeit

Weitere Voraussetzung der Zustellung ist, dass kein anderes Verfahren bezüglich des selben Streitgegenstandes vor Gerichten im Vereinigten Königreich oder anderen Vertrags- bzw. Mitgliedsstaaten anhängig ist.

---

[196] *Petroleo Brasiliero SA v. Mellitus Shipping Inc.* [2001] 1 All E.R. (Comm.) 993, C.A.

[197] *Mercedes-Benz AG v. Leiduck* [1996] A.C. 284, 302 PC; *Republic of Haiti v. Duvalier* [1990] 1 QB 202.

3. Wohnsitz des Beklagten

Ferner muss der Beklagte seinen Wohnsitz in einem Vertrags- oder Mitgliedsstaat haben, oder einer der ausschließlichen Gerichtsstände gemäß Art. 22 EuGVVO[198] muss einschlägig sein. Ausreichend ist auch das Bestehen einer Gerichtsstandsvereinbarung im Sinne von Art. 23 EuGVVO[199].

II. Ausschließliche Zuständigkeit aufgrund von Spezialregeln

CPR 6.19 (2) bestimmt, dass auch in anderen Fällen, in denen das Gesetz ausnahmsweise eine zwingende Zuständigkeit englischer Gerichte unabhängig vom Aufenthaltsort vorsieht, die Zustellung der Klage im Ausland ohne besondere Erlaubnis statthaft ist. Diese Vorschrift ist eine Öffnungsklausel für alle ausschließlichen Gerichtsstände, die sich aus internationalen Übereinkommen und Spezialgesetzen ergeben können.[200]

III. Mitteilung des Zustellungsgrundes

Eine im Ausland ohne Erlaubnis des Gerichts zugestellte Klage muss die Angabe der Gründe enthalten, aus denen sich die Berechtigung zur Auslandszustellung ergibt (CPR 6. 19 [3]).

IV. Bedeutung der Zustellung gem. CPR 6.19

Da im Bereich der Regelungen der CPR 6.19 die Zuständigkeit nicht an die Zustellung der Klage anknüpft, sondern unmittelbar aus dem Europarecht oder bestimmten Sonderregeln folgt, sind die hier vorgestellten Vorschriften systematisch gesehen, anders als die im folgenden zu besprechenden Normen zur Zustellung mit Erlaubnis des Gerichts, keine eigentlichen Zuständigkeitsregelungen, sondern lediglich Ordnungsvorschriften, die die Zustellung der Klage regeln.

B. Zustellung im Ausland mit besonderer Erlaubnis des Gerichts

Die CPR regeln in 6.20 das Verfahren für die Auslandszustellung nach den *Common Law*-Regeln. Es findet sich dort eine Aufzählung verschiedener Fall-

---

[198] Art. 16 EuGVÜ.

[199] Art. 17 EuGVÜ.

[200] Dazu unten, S. 112.

konstellationen, bei denen die Erlaubnis zur Auslandszustellung erteilt werden kann.

Soweit diese erfüllt sind, hat das Gericht ein Ermessen bezüglich der Frage, ob dem Kläger die Sondererlaubnis zu erteilen ist, seine *claim form* im Ausland zuzustellen.

Es obliegt dabei dem Kläger, darzulegen und glaubhaft zu machen, dass sein Fall unter einen Ausnahmetatbestand für die Auslandszustellung fällt. Diese Regeln sind immer dann anwendbar, wenn die Klage nicht in den Anwendungsbereich der EuGVVO und der Übereinkommen fällt, insbesondere also, wenn ein Beklagter mit Wohnsitz außerhalb des Geltungsbereiches dieser Vorschriften vor ein englisches Gericht gezogen werden soll.

Im Falle *Seaconsar Far East Ltd. v. Bank Markazi Jomhouri Islami Iran*[201] stellte das *House of Lords* (noch für das alte Recht der RSC order 11) eine Systematik auf, nach der die Erlaubnis zur Auslandszustellung geprüft wird. Die Systematik gilt auch für die CPR.[202]

I. Erfolgsaussicht der Klage

Der Kläger muss zunächst glaubhaft machen, dass die Klage Aussicht auf Erfolg *(reasonable prospect of success)* hat. Dies ergibt sich nun auch aus CPR 6.21 (1) (b).

II. Wichtiger Klagegegenstand

Ein von der Rechtsprechung entwickeltes weiteres Erfordernis ist, dass ein ernsthafter Klagegegenstand *(a serious issue to be tried)* besteht. Dies ist der Fall, wenn der Kläger ein berechtigtes Interesse an der gerichtlichen Durchsetzung bestimmter Ansprüche hat. Es bedarf einer

> „...substantial question of fact or law which the plaintiff bona fide desires to have tried."[203]

---

[201] [1994] 1 A.C. 438.

[202] Briggs, S. 99; *Petroleo Brasiliero SA v. Mellitus Shipping Inc.* [2001] I All E.R. (Comm.) 993, C.A.

[203] *Seaconsar Far East Ltd v. Bank Markazi Jomhouri Islami Iran*[1994] 1 A.C. 438, 452, H.L. per Lord Goff.

Diese Voraussetzung ist nicht gegeben, wenn die Klage offensichtlich unbegründet ist.

III. Voraussetzungen von CPR 6.20

Es muss außerdem einer der in CPR 6.20 genannten 20 Zustellungsgründe bestehen, deren wichtigste im Folgenden vorgestellt werden.

1. Beklagter mit gewöhnlichem Aufenthalt in England (CPR 6.20 [1])

Die Auslandszustellung kann gestattet werden, wenn ein Urteil gegen eine Person mit gewöhnlichem Aufenthalt *(domicile)* innerhalb des Hoheitsgebietes erstrebt wird. Diese Vorschrift stammt nicht aus dem *Common Law*, sondern wurde im Zuge der Umsetzung des EuGVÜ eingefügt.

a) Die Bedeutung von domicile im Sinne der Vorschrift

Der Begriff *domicile* in dieser Vorschrift verwirrt den im *Common Law* geschulten Juristen. *Domicile* bedeutet nämlich im ursprünglichen Sinne eine grundsätzliche Verbindung einer Person mit einer Rechtsordnung, die durch eine Verlegung des Wohnsitzes in das Ausland nicht ohne weiteres verändert wird.[204]

Domicile ist in CPR 6.20 (1) jedoch nicht im üblichen Sinne des *Common Law* gemeint. CPR 6.18 (g) bestimmt den Rechtsbegriff „*domicile*" hier im Sinne der ss. 41-46 Civil Jurisdiction and Judgments Act 1982[205] als gewöhnlichen Aufenthalt, wie er in EuGVÜ und EuGVVO gebraucht wird. Somit fällt unter CPR 6.20 (1) auch derjenige, der sein *domicile* im eigentlichen Sinne im Ausland hat, aber für eine bestimmte Zeit in England lebt und sich nur zur Zeit der geplanten Zustellung nicht dort aufhält. Umgekehrt sind aber keine Personen erfasst, die ihren gewöhnlichen Aufenthalt im Ausland, aber ihr *Common Law domicile* in England haben.

b) Anwendungsbereich

Die Einführung dieses Zustellungsgrundes im Zuge der Umsetzung des EuGVÜ in RSC order 11, r. 1 (1) bedeutete eine weitreichende Ausweitung der Möglichkeiten der Auslandszustellung von Klagen. Erstmals wurde die

---

[204] Siehe dazu unten, S. 119.

[205] Ergänzt durch den Civil Jurisdicition and Judegements Act 1991, sch. 2, §§ 16-21.

Zustellung an Beklagte im Ausland für jede Art von Begehren zulässig, sofern nur der Beklagte seinen gewöhnlichen Aufenthalt im Inland hatte.

Hierbei ist aber zu beachten, dass für Zivil- und Handelssachen nunmehr vorrangig die EuGVVO unmittelbar gilt. Im Anwendungsbereich dieser Vorschrift ist die Auslandszustellung bereits ohne Erlaubnis des Gerichts zulässig. Auch im Anwendungsbereich von EuGVÜ und LugÜ bestimmt, wie gesehen, CPR 6.19 (1), dass die Auslandszustellung ohne Zustimmung des Gerichts erfolgen darf. Somit beschränkt sich die Anwendbarkeit von CPR 6.20 (1) zumindest innerhalb Europas auf solche Fälle, die nicht in den Bereich der Zivil- und Handelssachen im Sinne des Art. 1 der Regelwerke fallen.[206]

2. Injunctions mit Inlandsbezug (CPR 6.20 [2])

Wenn mit der Klage eine *injunction* (Verfügung) erstrebt wird, die dem Beklagten auferlegt, etwas Bestimmtes innerhalb des Hoheitsgebietes zu tun oder zu unterlassen, kann die *claim form* im Ausland zugestellt werden.

Voraussetzung für die Anwendung dieser Regel ist, dass der Streitgegenstand sich tatsächlich auf den Erlass einer *injunction* für oder gegen eine bestimmte Handlung in England beschränkt. Man unterscheidet im englischen Recht zahlreiche verschiedene *injunctions*, die nicht alle die Voraussetzungen der Vorschrift erfüllen. *Injunctions* können nach englischem Recht einziger Gegenstand eines durch Klage begonnenen Hauptsacheverfahrens sein und decken sich daher nicht mit dem Begriff der einstweiligen Verfügung im deutschen Recht.

3. Mehrere Beklagte (CPR 6.20 [3])

Wenn einem Beklagten bereits wirksam eine Klageschrift im Inland oder im Ausland zugestellt wurde oder alsbald zugestellt wird, kann den weiteren Anspruchsgegnern in derselben Sache die Klage im Ausland zugestellt werden.

---

[206] *Bank of Dubai v. Abbas* [1997] I L Pr 308, C.A.

a) Mehrheit von Beklagten

Erforderlich ist, dass sich der Klaganspruch gegen mehrere Beklagte richtet, von denen sich mindestens einer im Hoheitsbereich aufhält. Ist beispielsweise einem von zwei Mittätern eines Delikts *(joint tortfeasors)* die Klage wirksam im Inland zugestellt worden, so ist es entsprechend dieser Regel zulässig, dem zweiten, im Ausland weilenden Beklagten, die Klage dort zuzustellen.[207] Eine Mittäterschaft oder andere Verbindung der Beklagten ist jedoch keine Voraussetzung dieses Tatbestandes.

b) Necessary or proper party

Neben das Erfordernis der wirksamen Zustellung an den Erstbeklagten tritt aber die Voraussetzung, dass der Zweitbeklagte eine „necessary or proper party to the claim" ist.[208] Zur dieser Feststellung werden die Regeln über die Streitgenossenschaft *(joinder of parties)* herangezogen.[209] Insbesondere fragt man, ob die Klage auch gegen den zweiten Beklagten Aussicht auf Erfolg hat.[210] Ferner müssen alle Anforderungen an eine ordnungsgemäße Zustellung erfüllt sein.[211]

c) Reihenfolge der Zustellung

Ursprünglich galt die Regel, dass dem ersten, im Inland oder Ausland befindlichen Beklagten bereits wirksam die Klage zugestellt worden sein musste, bevor gegen einen Zweitbeklagten im Ausland vorgegangen werden konnte.[212] Dies ist durch die Formulierung „or will be served" in CPR 6.20

---

207 *Croft v. King* [1893] 1 QB 419.

208 *Bank of New South Wales v. Commonwealth Steel Co. Ltd.* [1983] 1 NSWLR 69; *Westpac Banking Corporation v. Commonwealth Steel Co. Ltd.* [1983] 1 NSWLR 735; dazu: *Massey v. Heynes & Co.* [1888] 21 QBD 330; *Qatar Petroleum v. Shell International Petroleum* [1983] 2 Lloyd's Rep. 35; *ISC v. Guerin* [1992] 2 Lloyd's Rep. 430; *International Credit v. Adham* [1994] 1 BCLC 66; *Bouygues Offshore SA v. Caspian Shipping Co. (Nr. 3)* [1997] 2 Lloyd's Rep. 493.

209 *The Eras Eil Action* [1992] 1 Lloys's Rep. 570; *Arab Monetary Fund v. Hashim* (Nr. 4) [1992] 1 W.L.R. 1176, C.A.; *Freemont Insurance Co. v. Freemont Indemnity Co.* [1997] CLC 1428.

210 *Mulitnational Gas and Petrochemical Co. v. Multinational Gas and Petrochemical Services Ltd.* [1983] Ch 258, 273, 287, C.A.; *The Ines* [1993] 2 Lloyd's Rep. 492, 494; *The Kurnia Dewi* [1997] 1 Lloyd's Rep. 552, 564; *Borealis AB v. Stargas Ltd.* [1999]QB 863, C.A.

211 *Derby & Co. Ltd. v. Larsson*[1976] 1 All E.R. 401, 413.

212 *Kuwait Oil Tanker Co. SAK v. Al Bader* [1997] 1 W.L.R. 1410, C.A.; *The Xing Su Hai* [1995] 2 Lloyd's Rep. 15; *The Cienvik* [1996] 2 Lloyd's Rep. 395.

(3) entfallen. Es soll auch unschädlich sein, wenn der Antrag auf Auslandszustellung bereits vor der Inlandsklage gestellt wird, soweit nachträglich die ordnungsgemäße Zustellung an den im Inland befindlichen Beklagten festgestellt werden kann.[213] Die Reihenfolge der Zustellung ist mithin heute beliebig.

d) Umgehungsverbot

Die Rechtsprechung fordert weiter, dass die Klage gegen den ersten Beklagten nicht rechtsmissbräuchlich ist. Rechtsmissbrauch wird dann angenommen, wenn die Klage offensichtlich unbegründet ist oder nur den Zweck verfolgt, eine Klage gegen den ausländischen Zweitbeklagten zu ermöglichen.[214]

Die Klage ist insbesondere unzulässig, wenn sich der Anspruch hauptsächlich gegen die ausländische Partei richtet, so dass diese billigerweise allein zu verklagen gewesen wäre und der inländische Beklagte nur verklagt wird, um die Möglichkeit der Auslandszustellung gegen den anderen zu erwerben.[215]

Die Rechtsprechung hat sich bei der Anwendung dieser Vorschrift stets größter Zurückhaltung bedient und die eben beschriebenen Erfordernisse restriktiv ausgelegt. In vielen Fällen wurde die Zulässigkeit einer Auslandszustellung verneint.[216] Die Zurückhaltung bei der Anwendung der Vorschrift begründet *May* L.J. mit dem fehlenden Erfordernis eines unmittelbaren Inlandsbezuges:

> "It is anomalous that, different form the other sub-paragraphs, it is not founded upon any territorial connection between the claim, the subject of the relevant action and the jurisdiction of the English courts. This requires one

---

[213] vgl. CPR § 3.10; kritisch dazu Briggs BYBIL 68 (1997), 360.

[214] *ISC v. Guerin* [1992] 2 Lloyd's Rep. 430, 432; *The Ines* [1993] 2 Lloyd's Rep. 492, 493; *Grupo Torras SA und Thomas Hostench London Ltd. v. Sheikh Fahad Mohammed Al Sabah* [1995] 1 Lloyd's Rep. 374, 380; *New Hampshire Insurance Co. v. Aerospace Finance Ltd.* [1998] 2 Lloyd's Rep. 539, 542.

[215] *Rosler v. Hilbery* [1925] Ch 250, C.A.

[216] *Tyne Improvement Comrs. v. Armement Anversois SA, The Brabo* [1949] A.C. 326, HL; *Qatar Petroleum v. Shell International Petroleum* [1983] 2 Lloyd's Rep. 35; *Goldenglow Nut Food Co. Ltd. v. Commodin (Produce) Ltd. und Société Générale de Surveillance SA und New Hampshire Insurance Co. Ltd.* [1987] 2 Lloyd's Rep. 569, 576.

to look particularly closely at any application founded upon this sub-paragraph."[217]

Im Rahmen der ermessensabhängigen Entscheidung, ob eine Auslandszustellung aufgrund dieser Regel erteilt werden soll, werden die Gerichte also besonders sorgfältig prüfen, ob ein englisches Gericht aufgrund seiner Sachnähe der geeignete Ort für das Verfahren ist.

4. Counterclaim und Additional claims (CPR 6.20 [3A])

Die Vorschrift der CPR 6.20 (4) erlaubt die Auslandszustellung, wenn es sich um eine Widerklage *(counterclaim)* handelt. So wird ermöglicht, dass eine in England verklagte Partei die Widerklage auch im Ausland zustellen kann. Nach englischem Recht reicht es nämlich nicht aus, die Widerklage im Prozess anhängig zu machen. Befindet sich der Kläger und Widerbeklagte im Ausland muss ihm die Widerklage gesondert zugestellt werden.

Unter die Vorschrift fallen außerdem sogenannte *additional claims* des Beklagten gegen Dritte, also die Konstellation, dass der Beklagte im Unterliegensfalle Freistellungsansprüche gegen Dritte (*contribution* oder *indemnity*) geltend machen möchte und diese zum Gegenstand desselben Verfahrens macht. Diese Konstellation entspricht vielfach der Lage in der ein Beklagter vor deutschen Gerichten zur Streitverkündung (§§ 72ff. ZPO) greifen würde, etwa bei Gewährleistungsprozessen gegen den Verkäufer eines mangelhaften Produkts, der Regressansprüche gegen den Hersteller geltend machen möchte.

5. Einstweiliger Rechtsschutz (CPR 6.20 [4])

Wenn es sich um Verfahren des einstweiligen Rechtsschutzes im Sinne von s. 25 (1) Civil Jurisdiction and Judgments Act 1982 handelt, ist die Auslandszustellung statthaft.

Die Vorschrift der CPR 6.20 (4) in Verbindung mit s. 25 (1) Civil Jurisdiction and Judgments Act 1982 gibt den Gerichten in England die Kompetenz, einstweiligen Rechtsschutz auch in Bezug auf im Ausland anhängige Verfahren zu gewähren, für die das EuGVÜ bzw. das LugÜ anwendbar ist.

---

217 *Mulitnational Gas and Petrochemical Co. v. Multinational Gas and Petrochemical Services Ltd.* [1983] Ch 258, 273, 287, C.A.

6. Verträge mit Inlandsbezug (CPR 6.20 [5])

CPR 6.20 (5) erlaubt die Auslandszustellung zur Geltendmachung bestimmter vertraglicher Ansprüche.

Voraussetzung ist, dass der Streit einen Vertrag betrifft, der

(a) im Inland geschlossen wurde; oder

(b) durch einen im Inland wohnhaften oder tätigen Vertreter geschlossen wurde; oder

(c) englischem Recht unterliegt; oder

(d) eine Gerichtsstandsvereinbarung enthält, die festlegt, dass das englische Gericht über alle sich aus dem Vertrag ergebenden Ansprüche entscheiden soll.

a) Bestimmung des Vertragsstatuts

Hierbei ist zunächst Voraussetzung, dass es sich um einen Vertrag im Sinne der Vorschrift handelt. Diese Frage ist nach der englischen *lex fori* zu bestimmen.[218]

Art. 8 Abs. 1 EVÜ[219] sieht vor, dass die Wirksamkeit eines Vertrages nach dem Recht zu bestimmen ist, das nach dem EVÜ anwendbar wäre, wenn der Vertrag wirksam wäre. Dies ist nicht in jedem Falle die *lex fori*. Fraglich ist, ob das Vertragsstatut für die hier behandelte Zustellungsregel nach dem EVÜ bestimmt werden muss.[220] Selbst wenn aber für die Beurteilung der Wirksamkeit als Vorfrage einer Zustellungsregel das EVÜ nicht unmittelbar maßgeblich ist, ergibt sich dessen Anwendung nach englischem Recht aus der Umsetzung im Contracts (Applicable Law) Act 1990.

b) Vertragsparteien

Es ist nicht erforderlich, dass der Vertrag zwischen Kläger und Beklagtem geschlossen worden ist, sondern es reicht aus, dass eine der Parteien vertrag-

---

[218] *Chevron International Oil Co. Ltd. v. AS Sea Team, The T. S. Havprins* [1983] 2 Lloyd's Rep. 356.

[219] Umgesetzt im Contracts (Applicable Law) Act 1990.

[220] Zu den Auswirkungen des EVÜ sogleich, S. 63f.

liche Verpflichtungen oder Ansprüche gegenüber der anderen Partei von Dritten übernommen hat.[221]

c) Vertragsschluss im Inland

Der Vertrag muss für Variante (a) im Inland (*within the jurisdiction*) geschlossen worden sein, oder -Varinante (b)- von einem Vertreter, der im Inland lebt oder tätig ist.

Damit der Vertrag als im Inland geschlossen anzusehen ist, ist erforderlich und ausreichend, dass er im Wesentlichen dort zustande gekommen ist. Dabei wird auf die Gesamtheit der Umstände abgestellt.[222]

Die zweite Variante der Vorschrift erfordert, dass für die ausländische Vertragspartei ein Vertreter im Inland tätig geworden ist. Hierbei ist nicht notwendig, dass der Vertreter den Vertrag abschließt. Es reicht aus, wenn er zur Vertragsanbahnung tätig geworden ist und der Vertrag dann direkt mit der ausländischen Partei geschlossen wird.[223]

d) Englischem Recht unterliegende Verträge

CPR 6.20 (5) (c) erlaubt zum Dritten die Auslandszustellung, wenn der Vertrag englischem Recht unterliegt. Ob dies der Fall ist, kann problematisch sein, wenn keine ausdrückliche Rechtswahl getroffen wird.

Das *Common Law* hatte zur Bestimmung des Vertragsstatuts eine eigene Dogmatik entwickelt, die nach dem „*proper law of the contract*" fragte.[224] Diese Regelung ermöglichte eine stark auf den Einzelfall abstellende Wertung der Gesamtumstände. Dabei wurde kritisiert, dass dem Parteiwillen zu wenig Bedeutung beigemessen werde.[225]

Durch den Beitritt des Vereinigten Königreiches zum EVÜ ist hier fraglich geworden, ob die *Common Law*-Anknüpfung beibehalten werden kann, oder ob das Vertragsstatut ausschließlich anhand des EVÜ ermittelt werden muss.

---

[221] *DR Insurance Co. v. Central National Insurance Co.* [1996] 1 Lloyd's Rep. 74, 78; *DVA v. Voest Alpine* [1997] 2 Lloyd's Rep. 279, C.A.

[222] *BP Exploration Co. (Libya) Ltd. v. Hunt* [1976] 1 W.L.R., 788, 797f.

[223] *National Mortgage and Agency Co. of New Zealand Ltd. v. Gosselin* [1922] 38 TLR 832, C.A.; *Citadel Insurance Co. v. Atlantic Union Insurance Co. SA* [1982] 2 Lloyd's Rep. 543, C.A.

[224] *Amin Rashed Shipping Corporation v. Kuwait Insurance Co.* [1984] A.C. 50.

[225] Davis, NZULR 1966, 243, 245.

In der Literatur ist die Anwendbarkeit des EVÜ für diese Frage umstritten.[226] Gegen die obligatorische Anwendung des EVÜ und somit für die Möglichkeit des Rekurses auf die *proper law*-Doktrin spricht, dass das EVÜ ausdrücklich nicht für prozessuale Fragen gilt.[227] Das Vertragsstatut wird hier nicht im kollisionsrechtlichen Sinne relevant, sondern ist nur Voraussetzung für eine Zustellungsregel.

Somit ist die Anwendung des Übereinkommens hier nicht zwingend. Gleichwohl scheint es aus Gründen der Rechtsklarheit sinnvoll, hier von der stark wertungsabhängigen *proper law*-Doktrin abzukehren und die Frage anhand des EVÜ zu beantworten, wie dies in der Literatur angeregt wird.[228]

Dafür spricht auch, dass das EVÜ neben der kollisionsrechtlichen Regelung die Rechtseinheit mit anderen europäischen Staaten wahren soll und entsprechend integrationsfreundlich auszulegen ist.[229]

Auch die Rechtsprechung hat sich in dieser Frage auf das EVÜ gestützt.[230]

e) Rechts- und Gerichtsstandswahl

Keine Probleme ergeben sich bei den letzten beiden Varianten der Vorschrift, wenn der Vertrag eine ausdrückliche Rechtswahl trifft, oder eine Gerichtsstandsvereinbarung zugunsten des *High Court* enthält.[231]

7. Vertragsbruch im Inland (CPR 6.20 [6])

Wenn sich der Klageanspruch auf einen im Inland begangenen Vertragsbruch stützt, ermöglicht CPR 6.20 (6) die Auslandszustellung.

Hierfür muss ein nach englischem Recht gültiger Vertrag geschlossen worden sein. Dabei ist nicht erforderlich, dass der Vertrag englischem Recht unterliegt.

---

[226] Vgl. Morse, LMCLQ 1994, 560, 561ff.

[227] Art. 1 Abs. 2 lit. h EVÜ.

[228] Cheshire / North, Kap. 12 III (d) (iii), S. 304; Dicey/Morris I, r. 27, 11-162, S. 321.

[229] Vgl. dazu Junker, Rn. 342; ders., RabelsZ 55 (1991), 674, 683.

[230] *Bank of Baroda v. Vysya Bank Ltd.* [1994] 2 Lloyd's Rep. 87; *Egon Oldendorff v. Libera Corporation* [1995] 2 Lloyd's Rep. 64.

[231] Vgl. *Unterweser Reederei GmbH v. Zapata Off-Shore Co., The Charparral* [1968] 2 Lloyd's Rep. 158; *Citi-March Ltd. v. Neptune Orient Lines Ltd.* [1997] 1 Lloyd's Rep. 72.

Der Begriff des Vertragsbruchs ist hier weit auszulegen. Es kommt nicht darauf an, dass sich der Handlungsort im Inland befindet. Der Vertragsbruch muss sich nur im Inland auswirken. Dies ist auch dann der Fall, wenn dort ein Schaden eintritt.[232]

8. Deliktische Ansprüche (CPR 6.20 [8])

CPR 6.20 (8) greift ein, wenn es sich um einen Schadensersatzanspruch für eine unerlaubte Handlung (*tort*) handelt, soweit Tatort oder Erfolgsort im Inland liegen.

a) Qualifikation

Das Hauptproblem bei der Anwendung dieser Regel ist die Frage, wann sich ein Schadensersatzanspruch auf *tort* stützt.

Unstreitig ist nicht nur das englische Recht der *torts* gemeint, sondern auch jede ausländische Anspruchsgrundlage, die als deliktisch zu qualifizieren ist. Bei den auf römisch-rechtlichem Deliktsrecht basierenden kontinentaleuropäischen Ansprüchen aus unerlaubter Handlung ist die Qualifikation eindeutig möglich.

Bei zahlreichen ausländischen Rechtsinstituten ist aber fraglich, ob sie unter diese Regel fallen. Dies gilt beispielsweise für die Ansprüche aus der Verletzung der Privatsphäre nach französischem Recht.[233]

b) Inländischer Handlungs- oder Erfolgsort

Eindeutig ist die Vorschrift im Hinblick auf die Tatsache, dass es anstelle des Handlungsortes auch ausreicht, dass der Erfolgsort im Inland liegt. Dies entspricht der Regel von EuGVÜ und EuGVVO in Art. 5 Abs. 3.

c) Schadensort

Fraglich und umstritten ist aber, ob der Schaden sich unmittelbar im Inland auswirken muss, wie dies in EuGVVO und EuGVÜ der Fall ist.

---

[232] Vgl. zu dieser Regel grundlegend: *Oppenheimer v. Louis Rosenthal & Co. AG* [1937] 1 All E.R. 23.

[233] Vgl. Harris, MLR 61 (1998), 33; Cheshire / North, Kap. 12 III (f), S. 306.

Ein solches Erfordernis wurde angenommen, als der *High Court* einen in England eingetretenen Schaden für den Fall verneinte, dass eine inländische Muttergesellschaft indirekt durch die Schädigung ihrer ausländischen Tochter geschädigt wird; es fehle an der unmittelbaren Schadensauswirkung im Inland.[234]

In einem anderen Falle wurde jedoch ein mittelbar eingetretener Schaden als ausreichend angesehen: Beim Zusammenbruch mehrerer Tochtergesellschaften in Singapur wurde ein in England eingetretener Schaden der englischen Holding-Gesellschaft bejaht.[235]

Unstreitig ist nur, dass nicht der gesamte Schaden in England eingetreten sein muss. Es ist erforderlich und ausreichend, wenn „some significant damage has been sustained in England".[236]

Diese Fragen werden insbesondere in Fällen relevant, in denen ehrenrührige Tatsachen in Zeitungen veröffentlicht werden, die in mehreren Staaten erscheinen.

Als etwa das Forbes-Magazin einem russischen Geschäftsmann Verstrickung in organisierte Kriminalität vorwarf, sah dieser seinen Ruf vor allem in England gefährdet, wohin er häufig reiste. Von der Zeitschrift waren 785.000 Exemplare in den Vereinigten Staaten und Kanada und 1.900 Stück in Großbritannien, sowie 13 Exemplare in Russland verkauft worden. Das *House of Lords* erteilte die Erlaubnis zur Auslandszustellung und bejahte damit eine englische Zuständigkeit für eine auf den in England eingetretenen Schaden begrenzte Klage.[237]

---

[234] *Beecham Group plc v. Norton Healthcare Ltd.* [1997] FSR 81, 97f.

[235] *Barrings plc v. Fa. Coopers and Lybrand* [1997] I L Pr 12, 24f; bestätigt durch den C.A. in: [1997] I L Pr 576, 585.

[236] *Metall und Rohstoff AG v. Donaldson Luftkin and Jenrette Inc.* [1990] QB 391, 437 (Das overruling der Entscheidung in *Lonrho plc v. Fayed* [1992] 1 A.C. 448 betrifft nicht diesen Punkt.).

[237] *Berezovsky v. Michaels* [2001] 1 W.L.R. 1004, H.L., mit Anm. Harris, L.Q.R. 116 (2000), 562; vgl. auch *Chadha v. Dow Jones Co.* [1999] I.L.Pr. 829, C.A.

Spiegelbildlich dazu ist es auch bei der Frage, ob der Tatort einer unerlaubten Handlung in England liegt, ausreichend, dass „substantial and efficacious acts“ dort vorgenommen wurden.[238]

Allerdings genügt nicht, dass das einen Verlust geltend machende Unternehmen seinen Sitz in England hat, vielmehr muss sich der wirtschaftliche Schaden tatsächlich dort auswirken.[239]

Für diese Auslegungen der Regel blieb das EuGVÜ, das in Art. 5 Abs. 3 stets einen Gerichtsstand am Erfolgsort einer unerlaubten Handlung begründet, nicht ohne Einfluss.[240]

9. Liegenschaften

Wenn sich der Streit auf im Inland belegene Liegenschaften bezieht, ist die Zustellung im Ausland möglich.[241] Diese Regel umfasst nun alle Liegenschaftsstreitigkeiten, insbesondere Klagen auf Übertragung von Land *(recovery)*.[242] Hier haben die CPR eine erhebliche Vereinfachung gegenüber den Regeln der RSC gebracht.[243]

Auch bei Ansprüchen, die sich aus der Verwaltung des unbeweglichen Vermögens eines Verstorbenem mit Wohnsitz im Inland ergeben, ist die Auslandszustellung statthaft.[244]

Der im Original verwendete Begriff *domicile* ist hier laut CPR 6.18 (g) gemäß der Definition in s. 41ff. Civil Jurisdiction and Judgments Act 1982 im Sinne von Wohnsitz gemeint.[245] Eingeschränkt wird die Anwendbarkeit jedoch, wenn das Grundvermögen im Ausland belegen ist, da es dann nicht dem

---

[238] *Metall und Rohstoff AG v. Donaldson Luftkin and Jenrette Inc.* [1990] QB 391, 437; *Grupo Torras SA und Torras Hostench London Ltd. v. Scheich Fahad Mohammed Al-Sabah* [1995] 1 Lloyd's Rep. 374, 450.

[239] *The Eras Eil Action* [1992] 1 Lloys's Rep. 570.

[240] Vgl. etwa *James North and Sons Ltd. v. North Cape Textiles Ltd.* [1984] 1 W.L.R. 1428.

[241] CPR 6.20 (10).

[242] Vgl. exemplarisch *Agnew v. Usher* [1884] 14 QBD 78.

[243] Vgl. Dicey/Morris I, r. 27, 11R-193 bis 11-198, S. 332f. und Ergänzungsband 2001, r. 27, 11R-193 bis 11-198.

[244] CPR 6.20 (12).

[245] Vgl. zum domicile Begriff unten, S. 119.

englischen Vollstreckungszugriff unterliegt und englische Gerichte grundsätzlich nicht über ausländische Liegenschaftsstreitigkeiten entscheiden.[246]

10. Probate Action

Für die ***probate action*** besteht die Möglichkeit der Auslandszustellung.[247] Eine ***probate action*** ist eine Streitigkeit um die Gültigkeit eines Testaments.

Der Tatbestand umfasst die *action for a grant of probate*, also den Anspruch auf Erteilung eines Dokuments, das die Gültigkeit eines Testaments und die wirksame Einsetzung des Antragstellers als *executor* (Testamentsvollstrecker) bestätigt.

In unstreitigen Fällen wird dieses von der *Family Division* des *High Court* erteilt *(Probate in Common Form)*. Wird die Gültigkeit des Testaments von einer anderen Partei angezweifelt, findet das *probate* Verfahren als kontradiktorisches Verfahren vor der *Chancery Division* statt,[248] bei einem Nachlasswert von unter £30.000 vor dem *County Court*[249].

Die Regel erlaubt die Auslandszustellung in allen Fällen. Außerdem wird durch CPR 6.20 (13) erstmals klar, dass Klagen auf Berichtigung *(rectification)* eines fehlerhaft ausgefertigten Testaments ebenfalls unter die Vorschrift fallen.[250]

11. Trusts

CPR 6.20 (14) erlaubt, gegen einen *constructive trustee* im Ausland vorzugehen. Der *constructive trust* ist ein aus der *Equity* stammendes Rechtsinstitut, das ein Rückforderungsrecht bei ungerechtfertigter Bereicherung begründet. *Constructive trustee* ist etwa, wer zu Unrecht Zahlungen erhalten hat, oder wer aufgrund von Geschäftsführung für fremde Rechnung Gewinne erwirtschaftet hat. Soweit solche Ansprüche englischem Recht unterliegen, besteht eine Auslandszuständigkeit.

---

[246] vgl. Davis NZULR 1966 (2), 243, 244f; sowie unten S. 108.
[247] CPR 6.20 (13).
[248] Supreme Court Act 1981, s. 61 (1).
[249] Administration of Justice Act 1985, s. 51.
[250] Da es sich bei der *rectification* um ein Rechtsinstitut der *equity* handelt, ist hier ebenfalls die *Chancery Division* zuständig, Supreme Court Act 1981, s. 61.

Die Regel CPR 6.20 (11) bezieht sich auf *executed trusts*: Ein *executed trust* gewährt dem *trustee* einen gewissen Entscheidungsspielraum über die Verwendung des Trustvermögens. Diese treuhänderische Vermögensverwaltung bezeichnet man als *execution*. Erfolgt die *execution* nach englischem Recht, erlaubt die Regel, dem *trustee*, Klagen in Trustangelegenheiten auch im Ausland zuzustellen.

Durch die Regel wird verhindert, dass sich ein *trustee* durch Aufenthalt im Ausland der Verantwortung für seine Verwaltung des *trust* entzieht.[251] Es ist nicht erforderlich, dass sich das Trustvermögen in England befindet.[252]

12. Weitere Fälle

Auch für Ansprüche auf *restitution* besteht eine internationale Zuständigkeit der englischen Gerichte, wenn der Anspruch sich auf unerlaubte Handlungen stützt, die der Beklagte im Inland begangen hat.[253]

Der Begriff *restitution* bezeichnet Ansprüche auf Herausgabe von Sachen oder Wiederherstellung eines früheren Zustandes in natura, also abweichend vom Grundsatz des englischen Deliktsrechts, das regelmäßig als Folge eines *tort* keine Naturalrestitution, sondern Schadensersatz in Geld vorsieht.

Ferner ist die Auslandszustellung für ein Verfahren zur Durchsetzung eines nach englischem Recht wirksamen Schiedsspruches gestattet.[254] Weitere Zustellungsgründe der CPR 6.20 betreffen negative Feststellungsklagen,[255] Ansprüche der Steuerbehörden,[256] *admiralty claims* wegen Bergelohn bei Bergeleistungen im Hoheitsgebiet und gemäß ss. 153, 154, 175 Merchant Shipping Act 1995[257] sowie Kostenerstattungsansprüche aus Zivilverfahren.[258]

---

[251] Dicey/Morris I, r. 27, 11-200, S. 333f.
[252] Cheshire / North, Kap. 12 III (j)S. 310.
[253] CPR 6.20 (15).
[254] CPR 6.20 (9).
[255] CPR 6.20 (7).
[256] CPR 6.20 (16).
[257] CPR 6.20 (17A).
[258] 6.20 (17).

Der letzte Absatz der Vorschrift erlaubt, in *Practice Directions* weitere Fälle einer Auslandszuständigkeit zu regeln.[259]

IV. Verhältnis der Regeltatbestände zueinander

Es ist möglich, dass mehrere der Zustellungsgründe in CPR 6.20 kumulativ vorliegen. In diesem Falle ist es zulässig, sich auf alle einschlägigen Tatbestände zu berufen. Es ist aber nicht möglich, nach Gewährung der Auslandszustellung das Klagebegehren zu erweitern oder auf einen anderen Gegenstand zu erstrecken.[260]

V. Rechtsfolge: Ermessen

Es wurde oben[261] bereits dargelegt, dass die erste der drei Voraussetzungen für eine Erlaubnis zur Auslandszustellung ein wichtiger Klagegrund mit gewissen Erfolgsaussichten ist.

Bereits dort hat das Gericht also einen Beurteilungsspielraum. Diesem Beurteilungsspielraum auf Tatbestandsseite steht auf der Rechtsfolgenseite nun ein Ermessen gegenüber: Hat der Kläger erfolgreich dargelegt, dass er bezüglich eines wichtigen Verfahrensgegenstandes eine Klage im Ausland anhängig machen möchte und dass außerdem einer der Regeltatbestände der CPR 6.20 erfüllt ist, so bedeutet dies noch nicht, dass das Gericht seinem Antrag auf Erlaubnis zur Auslandszustellung entsprechen wird. Vielmehr muss der Kläger als dritte Voraussetzung noch darlegen, dass England der geeignete Ort für das Verfahren ist.

Dies ist dann vom Gericht durch eine Abwägung aller Umstände und der Interessen beider Parteien zu bestimmen. Mit anderen Worten, England muss das *forum conveniens* sein.[262] Erst dann wird dem Kläger die Zustellungserlaubnis erteilt.

---

[259] CPR 6.20 (18).
[260] *Waterhouse v. Reid* [1938] 1 KB 743; *The Siskina* [1979] A.C. 210, 254f.
[261] S. 56.
[262] Vgl. dazu S.84ff.

VI. Durchführung der Zustellung

Das Verfahren für die Auslandszustellung ist für die meisten Staaten im Haager Zustellungsabkommen geregelt.[263] Der Kläger muss sich in diesem Falle an die *Foreign Process Station*[264] wenden, die die Weiterleitung über den parlamentarischen Staatssekretär im Außenministerium *(Parliamentary Under-Secretary of State to the Foreign Office)* an die entsprechende Stelle im Empfängerland vornimmt.[265]

Für die Zustellung innerhalb der EU gilt die EG-Verordnung über die Zustellung gerichtlicher und außergerichtlicher Schriftstücke in Zivil- und Handelssachen in den Mitgliedsstaaten,[266] welche vorrangig vor dem Haager Übereinkommen anzuwenden ist. Dem Kläger steht jedoch auch frei, die Zustellung selbst im Parteibetrieb vorzunehmen.[267]

---

[263] Haager Übereinkommen über die Zustellung gerichtlicher und außergerichtlicher Schriftstücke im Ausland in Zivil- oder Handelssachen vom 15. November 1965.

[264] RCJ, Zimmer E02.

[265] Sime, 11.6.2, S. 122.

[266] Verordnung (EG) Nr. 1348/2000 v. 29. Mai 2000, Abl. EG Nr. L 160 v. 30. Juni 2000, S. 37.

[267] Dazu oben, S. 40.

Kapitel 5

BEGRÜNDUNG DER JURISDICTION IM COMMON LAW AUF SONSTIGE WEISE

A. Unterwerfung unter die englische Gerichtsbarkeit

Eine weitere Möglichkeit, durch die das Gericht *jurisdiction* über den Beklagten erhält, ist dessen Unterwerfung *(submission)* unter die Rechtsprechung des Gerichts. Nach Auffassung der englischen Rechtsprechung[268] und Literatur[269] hat jedermann die Möglichkeit, sich einem Gericht seines Vertrauens zu unterwerfen und damit dessen *jurisdiction* über sich zu begründen.

Der Beklagte kann sich auf vielfältige Weise unterwerfen. Das Verhalten muss jedoch eindeutig und bewusst erfolgen. Eine Unterwerfung (*submission*) aufgrund eines Irrtums oder einer Irreführung durch den Kläger ist unwirksam.[270]

Es ist Gegenstand mehrerer höchstrichterlicher Entscheidungen gewesen, welche Handlungen oder Unterlassungen des Beklagten eine Unterwerfung begründen.

I. Unterwerfung des Klägers unter die Widerklage

Jeder, der eine Klage in England einreicht, unterwirft sich zugleich der *jurisdiction* des Gerichts für etwaige Gegenansprüche des Beklagten, wenn dieser sie im Wege der Widerklage durchsetzten will. Der Kläger und Widerbeklagte kann sich in diesem Falle nicht auf die fehlende Zuständigkeit des von ihm gewählten Gerichts berufen.[271]

Fraglich ist, ob dies auch gilt, wenn die Gegenansprüche in einem separaten Prozess geltend gemacht werden, für den der Zustellungsgrund der *additional claims* gemäß CPR 6.20 (3A)[272] nicht gilt.

---

[268] *Feyerick v. Hubbard* [1902] 71 LJKB 509; *Copin v. Adamson* [1875] 1 Ex. D. 17, C.A.

[269] Pryles, ICLQ 25 (1976), 543; Kahn-Freund ICLQ 26 (1977), 825; Jaffey, S. 148; Cheshire / North, Kap. 12 III (B), S. 296; Thomas, LMCLQ 1992, 292.

[270] *Beecham Group plc v. Norton Healthcare ltd.* [1997] FSR 81, 88.

[271] Vgl. auch CPR 6.20 (3A), s.o. S. 61.

[272] Dazu o. S. 61.

Die Rechtsprechung hat dies in mehreren Fällen bejaht, da ein Kläger, der ein bestimmtes Gericht anrufe, sich dessen *jurisdiction* auch für Gegenansprüche unterwerfe. Erforderlich ist allerdings eine Konnexität der Ansprüche.[273]

II. Erscheinen vor Gericht

Das Erscheinen des Beklagten vor Gericht mit rügeloser Einlassung zur Sache wird grundsätzlich als *submission* angesehen.[274]

Um die Annahme einer *submissison* zu vermeiden, muss der Beklagte in diesem Falle ausdrücklich die Zuständigkeit rügen (*contest* bzw. nach neuer Diktion *„dispute" the jurisdiction*).[275]

Dabei ist erforderlich, dass der Beklagte sich ausschließlich aus dem Grunde auf das Verfahren einlässt, die *jurisdiction* des Gerichts zu bestreiten. Eine Einlassung zur Sache darf also grundsätzlich nicht erfolgen.

Es ist aber unschädlich, wenn der Beklagte ausdrücklich nur hilfsweise eine Verfahrensaussetzung aufgrund einer bereits im Ausland anhängigen Klage *(lis alibi pendens)* oder anderen Anwendungsfällen der *forum non conveniens*-Doktrin verlangt.[276]

III. Schweigen

Ein bloßes Schweigen oder Behalten einer vom Kläger eigenmächtig im Ausland zugestellten *claim form* reicht unstreitig nicht aus. Auch eine schlichte

[273] *Republic of Liberia v. Golf Oceanic Inc.* [1985] 1 Lloyd's Rep. 539, 544, 547, C.A.; *Metal Scrap Trade Corpn. Ltd. v. Kate Shipping Co. Ltd.* [1990] 1 W.L.R. 115, 130, H.L.; *Balkanbank v. Taher* (No. 2) [1995]1 W.L.R. 1076, C.A.; *Union Bank of the Middle East v. Clapham* S.J. 125 (1981), 862; zweifelhaft dagegen: *Soc. Commerciale de Réassurance v. Eras International Ltd. (No. 2)* [1995] 2 All E.R., wonach ein ausländischer Kläger auch einem von Dritten in das Verfahren eingebrachten Anspruch unterworfen sein soll.

[274] *Boyle v. Sacker* [1888] 39 Ch. D. 249; *Obikoya v. Silvernorth Ltd.*, The Times 6.7.1983.

[275] CPR 11; *Re Dulles' Settlement (No. 2), Dulles v. Vidler* [1951] Ch. 842, [1951] 2 All E.R. 69, C.A.; *Tallack v. Tallack and Broekema* [1927] P 211; *Razelos v. Razelos (No. 2)* [1970] 1 W.L.R. 392, 403.

[276] *Williams and Glyns Bank plc v. Astro Dinamica Cia Naviera SA* [1984] 1 All E.R. 760, [1984] 1 W.L.R. 438, HL; *The Messiniaki Tolmi* [1984] 1 Lloyd's Rep. 266, C.A.; *Finnish Marine Insurance Co. Ltd. v. Protective National Insurance Co.* [1990] 1 QB 1978, [1989] 2 All E.R. 929.

Empfangsquittung des Beklagten gegenüber dem Kläger bedeutet noch keine Unterwerfung unter die *jurisdiction* des Gerichts.[277]

IV. Anerkenntnis der Zustellung

Als *submission* zählt dagegen, wenn der Beklagte offiziell die Zustellung gegenüber dem Gericht anerkennt, ohne gleichzeitig dessen fehlende Zuständigkeit zu rügen.[278] Wer also als Beklagter eine *claim form* erhält und beabsichtigt, die Zuständigkeit des Gerichts zu rügen, muss sich des in CPR 11 geregelten Verfahrens bedienen. Danach ist dem Gericht ein besonderes formelles Empfangsbekenntnis *(acknowledgement of service)*, dessen Formular bereits mit der Klage übersandt wird, zurückzusenden und darin dessen Zuständigkeit zu rügen oder ein Antrag auf eine Verfahrensaussetzung *(stay of proceedings)*[279] zu stellen.

V. Rechtswahl

Eine schlichte Rechtswahl wird nicht als konkludente Verpflichtung ausgelegt, sich einem Verfahren im Mutterland der gewählten Rechtsordnung zu unterwerfen. Die Rechtswahl bezieht sich nur auf die Frage, welchen Staates Recht ein bestimmtes Rechtsverhältnis unterliegen soll. Eine Gerichtsstandsvereinbarung kann zwar ein Indiz für eine konkludente Rechtswahl zugunsten des Staates des gewählten Forums sein, dies lässt sich aber nicht umkehren.[280]

VI. Unzulässige Streitgegenstände

Für Streitgegenstände, für die dem Gericht bereits die sachliche Zuständigkeit fehlt, etwa ausländische Scheidungen oder Streitigkeiten über im Ausland belegene Grundstücke, kann selbst durch *submission* keine Zuständigkeit begründet werden.[281]

---

[277] *Carribean Gold Ltd. v. Alga Shipping Co. Ltd.* [1993] 1 W.L.R. 1100; *The Xing Su Hai* [1995] 2 Lloyd's Rep. 15.

[278] CPR 11 (5).

[279] dazu unten S. 83 ff.

[280] *Dunbee Ltd. v. Gilman & Co. (Australia) Pty. Ltd.* [1968] 2 Lloys's Rep. 394; *Acrow (Automation) Ltd. v. Rex Chainbelt Inc.* [1971] 1 W.L.R. 1676, 1683, C.A.

[281] Dicey/Morris I, r. 25, 11-114, S. 304.

B. Gerichtsstandsvereinbarungen

Häufig werden in internationalen Verträgen Rechtswahl- und Gerichtsstandsklauseln verwendet. Eine Gerichtsstandsvereinbarung zu Gunsten der englischen Gerichte kann, wie gesehen, im Bereich des *Common Law* eine Auslandszustellung ermöglichen, CPR 6.20 (5) (d). Außerdem kann eine Gerichtsstandsvereinbarung zu Gunsten der englischen Gerichte relevant werden, wenn der Beklagte die Aussetzung des Verfahrens nach der *forum non conveniens*-Doktrin beantragt.[282]

I. Dogmatische Einordnung

Schwierig ist die Frage zu beurteilen, wie eine Gerichtsstandsvereinbarung nach dem *Common Law* dogmatisch einzuordnen ist. Wie das Erfordernis der formalisierten Auslandszustellung zeigt, gründet die *jurisdiction* nicht auf der Vereinbarung selbst, sondern auch hier auf der Zustellung. Die Zuständigkeit des *forum prorogatum* wird also nicht bereits durch die Vereinbarung begründet.

Es wäre auch verfehlt, die Gerichtsstandsvereinbarung als antizipierte Unterwerfung unter die englische Gerichtsbarkeit anzusehen, da es, wenn dem Kläger die Erlaubnis zur Auslandszustellung erteilt worden ist, nicht mehr darauf ankommt, ob der Beklagte sich unterwirft.

Die Prorogation zu Gunsten eines englischen Gerichts ist vielmehr nur die Voraussetzung für einen bestimmten Anwendungsfall der Auslandszustellung (CPR 6.20 [5] [d]), die sodann die *jurisdiction* begründet.

Der Beklagte, der die Gerichtsstandsvereinbarung für unwirksam oder das Gericht aus anderen Gründen für unzuständig hält, muss wiederum ein *acknowledgement of service* einsenden und das Gericht dann von seinem Standpunkt überzeugen und dazu bewegen, sich für unzuständig zu erklären.[283]

---

[282] Dazu unten, S. 105.

[283] Dazu oben, S. 75.

II. Auf die Gerichtsstandsvereinbarung anwendbares Recht

1. Common Law

Die Frage der Gültigkeit einer Gerichtsstandsvereinbarung richtet sich im englischen Recht nach dem Vertragsstatut. Dieses wird –wie bereits erörtert– anhand der *proper law*-Doktrin bestimmt, die mangels einer Rechtswahl nach der natürlichen und engsten Verbindung des Vertrages mit einer Rechtsordnung fragt.[284] Ein Gerichtsstand muss somit nach dem auf den Vertrag anwendbaren Recht wirksam vereinbart sein.

2. EVÜ

Im Anwendungsbereich des EVÜ[285] ist das Vertragsstatut nach dessen Vorschriften zu ermitteln. Für die Anknüpfung von Zuständigkeitsvereinbarungen führt Art. 1 (2) (d) EVÜ allerdings über einen dogmatischen Umweg zu einer kollisionsrechtlichen Arabeske:

Die Vorschrift bestimmt, dass das Übereinkommen nicht auf Schieds- und Gerichtsstandsvereinbarungen anzuwenden ist. Somit kann das für die Gültigkeit der Prorogation maßgebliche Recht nicht unmittelbar anhand des EVÜ bestimmt werden. Vielmehr ist die Gültigkeit einer Gerichtsstandsvereinbarung stets nach dem aufgrund des autonomen staatlichen Kollisionsrechts, also dem Internationalen Privatrecht des *Common Law*, anwendbaren Recht zu beurteilen.

Anknüpfungsmerkmal für die Wirksamkeit von Gerichtsstandsvereinbarungen im Kollisionsrecht des *Common Law* ist das Vertragsstatut.[286]

Da das Vertragsstatut in den fraglichen Fällen mit Europabezug jedoch nach den Regeln des EVÜ zu ermitteln ist, wird die Systematik des EVÜ indirekt wieder maßgeblich. Im Ergebnis ist also im Anwendungsbereich des EVÜ die Wirksamkeit einer Gerichtsstandsvereinbarung stets nach dessen Regeln zu bestimmen.

---

[284] Dazu oben, S. 63.

[285] Umgesetzt im Contracts (Applicable Law) Act 1990.

[286] *Mackender v. Feldia AG* [1967] 2. Q.B. 590, 598; Dicey/Morris I, r. 32, 12-077, S. 426f.

III. Zustellung an Vertreter

Die Prorogation befreit den Kläger, wie gesehen, nicht von seiner Verpflichtung, bei Zustellung im Ausland die bereits besprochenen Vorschriften der CPR 6.20 zu beachten.[287] Er bedarf also einer ermessensabhängigen Sondererlaubnis des Gerichts, um seine Klage im Ausland zustellen zu können.

Häufig wird deshalb vereinbart, dass der ausländische Beklagte wirksam durch Zustellung der *claim form* an einen inländischen Vertreter, meist einen prozessbevollmächtigten *solicitor*, verklagt werden kann. Eine solche Vereinbarung ist ratsam, um sicherzustellen, dass eine Gerichtsstandsklausel zu Gunsten der englischen Gerichte auch durchsetzbar ist. Durch eine solche Zustellung wird die *jurisdiction* wirksam begründet.

IV. Rechtswahlklauseln

Enthält der Vertrag lediglich eine Rechtswahlklausel, bedeutet dies weder eine konkludente Gerichtsstandsvereinbarung, noch kann aus einer solchen eine Verpflichtung des Beklagten abgleitet werden, sich einer in England anhängig gemachten Klage zu unterwerfen.[288]

V. Derogation der englischen Gerichte

Gerichtsstandsvereinbarungen zugunsten eines ausländischen Forums haben nicht zwangsläufig den Ausschluss der englischen Zuständigkeit zur Folge. Zunächst ist zu differenzieren, ob die Gerichtsstandsvereinbarung exklusiv zu verstehen ist, also die ausschließliche Zuständigkeit des gewählten Forums begründen will, oder ob diese lediglich zusätzlich zu etwaigen anderen Gerichtsständen festgelegt werden soll. Anders als ihre Amtskollegen auf dem Kontinent gehen englische Richter selbst bei einer scheinbar eindeutigen Gerichtsstandsvereinbarung zu Gunsten eines ausländischen Forums nicht automatisch von ihrer Derogation aus. In der englischen Praxis sind nämlich seit langem Verträge bekannt, bei denen die Gerichts-

---

[287] CPR, 6.15 (2).

[288] *Dunbee Ltd. v. Gilman & Co. (Australia) Pty. Ltd.* [1968] 2 Lloys's Rep. 394; *Acrow (Automation) Ltd. v. Rex Chainbelt Inc.* [1971] 1 W.L.R. 1676, 1683, C.A.

standswahl –anders als bei Art. 23 EuGVVO[289] vorausgesetzt– keine ausschließende Bedeutung haben soll, sondern lediglich die Funktion hat, ein Forum festzulegen, mit dem alle Parteien in jedem Falle einverstanden sind, ohne dass dadurch die Klagemöglichkeit vor einem anderen zuständigen Gericht, etwa dem allgemeinen Gerichtsstand des Beklagten, abbedungen werden soll *(non-exclusive jurisdiction agreement)*.[290]

Dies hat insbesondere Bedeutung für Fälle, in denen der englische Kläger sich bei Ausländern die Option einer Klage in dessen Heimatstaat offen halten will, wenn er um die Vollstreckbarkeit eines englischen Urteils fürchtet oder nicht sicher ist, ob ihm die Erlaubnis zur Zustellung einer *claim form* im Ausland erteilt werden wird.[291] Solche Klauseln finden sich etwa in den Versicherungspolicen englischer Versicherer für Seeschiffe.

Nach Ansicht der englischen Gerichte liegt die Beweislast dafür, dass die Gerichtsstandsvereinbarung exklusiv sein soll, bei der Partei, die sich darauf beruft.[292]

Aber auch wenn die Derogation der englischen Gerichte feststeht, bedeutet dies noch nicht, dass ein englisches Gericht keine *jurisdiction* hätte. Es ist zwar unwahrscheinlich, dass ein englisches Gericht im Falle einer eindeutigen Vereinbarung eines anderen Gerichtsortes durch die Parteien eine Genehmigung zur Auslandszustellung erteilen würde, aber dies schließt nicht aus, dass der Kläger einen Aufenthalt des Beklagten in England dazu ausnutzt, ihm unter Missachtung der Vereinbarung eine englische *claim form* zuzustellen. In diesem Falle kommt ein Verfahren zunächst zustande, da ein ordnungsgemäßer *service of process* im Inland vorliegt. Jedoch handelt es sich um einen typischen Fall der rechtsmissbräuchlichen Klage, bei der das Gericht das Verfahren auf Antrag des Beklagten nach der *forum non conveniens*-Doktrin aussetzen wird.[293]

---

[289] Art. 17 EuGVÜ.

[290] Vgl. zum Ganzen Fentiman, CLJ 1992, 234; Thomas, LMCLQ 1992, 292.

[291] Die Vereinbarung eines englischen Gerichtsstandes ist jedoch ein Fall bei dem die Auslandszustellung möglich ist, vgl. oben S. 64, einen Unsicherheitsfaktor bildet aber der Ermessensspielraum des Gerichts.

[292] *Evans Marshall v. Bertola SA* [1973] 1 W.L.R. 349.

[293] *The Rothnie* [1996] 2 Lloys's Rep. 206; mehr dazu unten, S.84ff.

C. Bewegliches Vermögen des Beklagten in England

Die Frage, ob es für die Begründung der englischen *jurisdiction* ausreicht, dass der Beklagte bewegliches Vermögen in England hat, lässt sich nicht eindeutig beantworten. Es ist danach zu differenzieren, ob der Streitgegenstand der Klage einen unmittelbaren Bezug zu den im Inland belegenen Vermögenswerten hat, oder ob der Kläger aus diesen lediglich Befriedigung für einen anderen Anspruch sucht.

Das deutsche Recht kennt den besonderen Gerichtsstand des Vermögens (§ 23 ZPO). Auch dem angloamerikanischen Rechtskreis ist ein solcher Ansatz nicht fremd.

I. Arrestment ad fundandam jurisdictionem

Das schottische Recht kennt eine *doctrine of arrestment ad fundandam jurisdictionem*,[294] die jedoch nicht gegenüber Beklagten im Vereinigten Königreich oder dem Geltungsbereich des EuGVÜ gilt.[295] Diese Doktrin erlaubt dem Kläger, Klage gegen einen abwesenden Beklagten zu erheben, soweit er im Inland belegenes bewegliches Vermögen durch inländischen Vollstreckungszugriff in Beschlag nehmen könnte. Wenn also aufgrund anderer Vorschriften oder Klagen der Zugriff auf das inländische Vermögen eröffnet ist, erlaubt die Doktrin, auch mit diesem Vermögen nicht in Zusammenhang stehende Ansprüche durch Klage geltend zu machen, und sich aus ihnen zu befriedigen.

II. Jurisdiction quasi in rem

Ähnliches kennt das Recht der Vereinigten Staaten, wo die Doktrin als *jurisdiction quasi in rem* bezeichnet wird und noch weiter reicht, da allein die Anwesenheit von beweglichem Vermögen im Inland zur Zuständigkeitsbegründung ausreichen kann.[296]

---

[294] Civil Jurisdiction and Judgments Act 1982, Sch. 8 r. 2 (8); Anton & Beaumont, §§ 10.36ff.; Anton S. 106ff.

[295] Civil Jurisdiction and Judgments Act 1982, Sch. 8 r. 2 (8); Art. 3 EuGVÜ.

[296] 2nd Restatement, Conflict of Laws, S. 66; Hay ICLQ 1986 32, 35; *Shafer v. Heitner* 433 US 186, 210; *Rush v. Savchuck* 444 US 320.

III. Rezeption in England

Dem englischen Recht ist eine solche Form der Zuständigkeitsbegründung grundsätzlich fremd. Die erwähnten Regeln sind aber in Literatur und Rechtsprechung vielfach diskutiert worden. So hat etwa im *Siskina*-Fall[297] der *Court of Appeal* die Übernahme dieser Rechtsinstitute erwogen aber letztlich abgelehnt.

IV. Praktische Alternativen

Dieses Ergebnis wird jedoch dadurch abgemildert, dass die Möglichkeit besteht, eine *freezing injunction*[298] zu erwirken, mit der der Beklagte daran gehindert wird, solche Vermögenswerte außer Landes zu bringen, bis ein im Inland vollstreckbares Urteil des zuständigen Gerichtes ergeht.

Anders ist die Lage, wenn es sich bei den im Inland befindlichen beweglichen Vermögenswerten gerade um die streitbefangenen Sachen handelt. Hier greift nämlich in den meisten Fällen bereits einer der Tatbestände von CPR 6.20.

Sollte eine Auslandszustellung ausnahmsweise nicht zulässig sein, ist die Möglichkeit zu erwägen, einen inländischen Beklagten zu finden. In Frage kommt die inländische Person, die die beweglichen Sachen in Besitz oder Gewahrsam hat, etwa ein Lagerist, der auf Herausgabe verklagt werden kann.

Dieser Beklagte kann, um sich vor Ansprüchen anderer Anspruchsteller zu schützen, dann *interpleader relief* als sogenannter *stakeholder interpleader* beantragen.[299] Das bedeutet, er hat die Möglichkeit, ein Verfahren anzustrengen, bei dem gerichtlich geklärt wird, an welchen der Prätendenten er die Sachen herauszugeben hat. Zu diesem Verfahren erteilt das Gericht Genehmigung zur Auslandszustellung, so dass auf diesem Umweg der ursprüngliche Streitgegenstand anhängig gemacht werden kann.[300]

---

[297] *Siskina v. Distos Cia Naviera SA, The Siskina* [1979] A.C. 210.

[298] Nach dem Fall *Mareva Compania Naviera v. International Bulk Carriers Ltd.* [1980] 1 All E.R. 213, C.A. früher als Mareva injunction bezeichnet.

[299] CPR sch. 1, RSC order 17; CPR sch. 2, CCR order 33.

[300] CPR 6.20 (3); *Dubout v. Macpherson* [1889] 23 QBD 340.

D. Neue Zuständigkeitsgründe

Die Frage, ob die Gerichte das Recht haben, neue Grundlagen für die Begründung ihrer *jurisdiction* zu entwickeln ist von der Rechtsprechung verneint worden. Dazu bedürfe es einer gesetzgeberischen Entscheidung.[301]

---

[301] *Siskina v. Distos Cia Naviera SA, The Siskina* [1979] A.C. 210.

Kapitel 6

EINSCHRÄNKUNGEN DER JURISDICTION

Ein Prozess kommt im *Common Law*, wie oben dargestellt, bereits durch die ordnungsgemäße Zustellung der Klage zu Stande. Fragen der materiellen Gerechtigkeit und Zweckmäßigkeit eines Prozesses am vom Kläger gewählten Gerichtsort sind prozessualer oder auch materiellrechtlicher Natur und werden grundsätzich erst im Rahmen des Prozesses geklärt. Dabei können sich Einschränkungen der *jurisdiction* ergeben. Unter Umständen kommt eine Aussetzung des Verfahrens in Betracht.

A. Stay of proceedings

Ein Beklagter, der sich durch die Klageerhebung in England ungerecht behandelt fühlt, weil etwa ein Verfahren bezüglich des gleichen Streitgegenstandes bereits im Ausland rechtshängig ist, oder weil ein Bezug des Streitgegenstandes zu England fehlt, muss versuchen, das Gericht davon zu überzeugen, dass die zulässige Klage rechtsmissbräuchlich ist und das Gericht veranlassen, das Verfahren auszusetzen *(stay of proceedings)*.

Bei dem *stay* handelt es sich formell gesehen nicht um die Einstellung eines zulässigen Verfahrens durch Prozessurteil, sondern um eine Aussetzung, die das Ruhen des Verfahrens bewirkt. Ein Gericht, das einen *stay* anordnet, bleibt formell gesehen mit der Angelegenheit befasst *(seized)*. Dies soll ermöglichen, dass das Verfahren wieder aufleben kann, wenn die Klage an einem anderen Prozessort scheitert.[302] Es handelt sich also nicht um eine generelle Ablehnung der Zuständigkeit.

In praxi ist das Verfahren mit einem *stay* aber regelmäßig abgeschlossen. Insbesondere sollen ausländische Gerichte sich nicht durch die formell weiterhin bestehende Rechtshängigkeit an der Entscheidung gehindert sehen.[303]

Hauptanwendungsfälle für den Antrag des Beklagten, das Verfahren aus Billigkeitsgründen auszusetzen, ist die *forum non conveniens*-Doktrin, bei der

---

[302] *Rofa Sport Management AG v. DHL International (UK) Ltd.* [1989] 1 WLR 902, C.A.; Briggs, S. 87.

[303] Vgl. dazu Briggs, S. 87, sowie unten, S. 156f.

das Gericht überzeugt werden muss, dass ein zuständiges ausländisches Forum der geeignetere Ort für die Klage ist. Das Gericht hat einen gewissen Ermessensspielraum und muss zwischen den Interessen aller Parteien und der Gerechtigkeit abwägen.

Die *lis alibi pendens*-Doktrin, bei der das Verfahren deshalb eingestellt wird, weil in derselben Sache bereits ein ausländisches Verfahren rechtshängig ist, wird als Unterfall der *forum non conveniens*-Doktrin gesehen.

Dasselbe gilt für den *stay* bei Gerichtsstandsvereinbarungen zugunsten eines ausländischen Gerichts oder einer Schiedsvereinbarung.[304]

Die Berechtigung, einen *stay* zu verfügen, leiten die englischen Gerichte aus ihrer auch gesetzlich normierten Jurisdiktionsgewalt her.[305]

B. Die forum non conveniens-Doktrin

I. Entstehung im schottischen Recht

Die Ursprünge der *forum non conveniens*-Lehre lassen sich in Schottland aufspüren. Dort arbeiteten die Gerichte bereits seit dem frühen 17. Jahrhundert mit der sogenannten *forum non competens*-Lehre. Diese bezeichnete ursprünglich nur Fälle, für die die Zuständigkeit positiv ausgeschlossen war. Später kamen Fälle hinzu, in denen das Gericht die Klage für rechtsmissbräuchlich erachtete, weil dem Kläger ein anderer, geeigneterer Prozessort zur Verfügung stand, so dass die Klage am gewählten Ort den Beklagten unbillig belastete.[306]

In Schottland trat somit früh zum Erfordernis der Zustellbarkeit einer Klageschrift das Erfordernis der Billigkeit einer Klage daselbst.

Es wurde bald als unbillig angesehen, einen auf der Durchreise befindlichen Fremden vor die schottischen Gerichte zu ziehen. Es wurde verlangt, er müsse entweder einen Wohnsitz in Schottland haben, oder sich mindestens 40 Tage dort aufgehalten haben. Ausreichend war auch der Besitz eines

---

[304] Cheshire/North, *Kap.* 13 I., S. 333f.

[305] S. 49 (3) Supreme Court Act 1981; *European Asian Bank AG v. Punjab and Sind Bank* [1982] 2 Lloyd's Rep. 356, 360f.; *The Abidin Daver* [1984] A.C. 398, 417.

[306] z.B. *Clements v. Macaulay* [1866] 4 M. 583, 592, vgl. dazu Ingils, LQR 81 (1965), 380, 384; Darstellung der Entwicklung bei Anton, S. 90ff.; Morris/McClean, S. 117ff.

Grundstücks oder streitbefangenen beweglichen Vermögens in Schottland. Waren solche Anknüpfungspunkte vorhanden, sahen die Gerichte Schottland als *forum compentens* oder *forum conveniens* an, so dass der Prozess fortgesetzt und durch Sachurteil beendet werden konnte.[307] Diese Lehre gilt in weiterentwickelter Form noch heute.

Ist ein Gerichtsort außerhalb Schottlands wesentlich besser geeignet, kann ein schottisches Gericht das Verfahren aussetzen:

> "...the plea can never be sustained unless the court is satisfied that there is not some other tribunal, having competent jurisdiction, in which the case may be tried more suitably for the interests of all the parties and the ends of justice."[308]

Die *forum non conveniens*-Doktrin hatte sich entwickelt. Dabei ist die lateinische *convenientia* im Sinne der Doktrin aber nicht mit dem englischen Ausdruck *convenience* gleichzusetzen. Die Verfahrensaussetzung ist keine Frage der Bequemlichkeit oder reinen Praktikabilität, vielmehr soll nach dem gerechtesten und sachnächsten Forum gesucht werden.[309]

Ein ähnliches Prinzip etablierte sich bald in den Vereinigten Staaten.[310]

II. Entwicklung im englischen Recht

Das englische Recht stand einer solchen Einschränkung der *jurisdiction* unter Billigkeitsgesichtspunkten lange Zeit kritisch gegenüber. Man war der Ansicht, dass niemandem, der sich rechtssuchend an die Gerichte wendet, ohne weiteres ein Urteil verweigert werden dürfe, soweit der Beklagte oder sein Eigentum dem Gericht physisch unterworfen waren. Lord *Denning* M.R. äußerte sich noch 1973 wie folgt:

> "No one who comes to these courts asking for justice should come in vain (...). This right to come here is not confined to Englishmen. It extends to any friendly foreigner. He can seek the aid of our courts if he desires to do so.

---

[307] Anton, S. 91f.

[308] *Sim v. Robinow* [1892] 19 R. 665, per Lord Kinnear.

[309] *Sim v. Robinow* [1892] 19 R. 665, 668 per Lord Kinnear; *Société du Gaz de Paris v. Société Anonyme de Navigation "Les Armateur Francais "* [1926] S.C. 13, 18, 19, 22, H.L.

[310] Leflar, S. 152ff; *Gulf Oil Corp. v. Gilbert* 330 US 501 (1946); *Piper Aircraft Co. v. Reno* 454 US 235 (1981).

[310] *Sim v. Robinow* [1892] 19 R. 665, 668 per Lord Kinnear; *Société du Gaz de Paris v. Société Anonyme de Navigation "Les Armateur Francais "* [1926] S.C. 13, 18, 19, 22, H.L.

You may call this "forum shopping" if you please, but if the forum is England, it is a good place to shop in, both for the quality of the goods and the speed of service."[311]

Nur in bestimmten Ausnahmefällen konnte der englische Richter das Verfahren aussetzen. Die *forum non conveniens*-Doktrin wurde zunächst für solche Ausnahmen relevant, dann aber immer weniger restriktiv angewendet.

Dieser Prozess ist für die Rechtsentwicklung im *Common Law* exemplarisch. Die Rechtsprechung lässt zunächst fallbezogen und ergebnisorientiert Ausnahmen zu und lässt die Regel dabei ausdrücklich unberührt. Die Ausnahmen werden sodann zur Regel, die schließlich in einer neuen Leitentscheidung weiterentwickelt und sanktioniert wird. Lord *Diplock* beschreibt diesen Prozess in einer der Leitentscheidungen zur *forum non conveniens*-Doktrin wie folgt:

> "The progress of the Common Law is gradual. It is undertaken step by step as what has been stated in a previous precedent to be the law is re-examined and modified so as to bring it into closer accord with the changed conditions in which it falls to be applied today."[312]

1. "Vexatious and Oppressive ", die *St. Pierre*-Leitentscheidung[313]

Die erste Stufe der Entwicklung gestand einem Beklagten zumindest im Falle einer eindeutig rechtsmissbräuchlichen Klage zu, dass das Verfahren nicht durchgeführt werden müsse.

Ausgangspunkt des Problems waren Fälle, in denen der Kläger mehrere Klagen erhob und der Beklagte versuchte, das englische Gericht davon zu überzeugen, das Verfahren mit Rücksicht auf einen bereits rechtshängigen Prozess im Ausland auszusetzen. Bereits in 1882 hatte der *Court of Appeal* im Falle *McHenry v. Lewis*[314] entschieden, dass die ausländische Rechtshängigkeit nicht grundsätzlich zur Aussetzung eines englischen Verfahrens führt, sondern nur dann, wenn die doppelte Klageerhebung *vexatious* (schikanös) für den Beklagten sei, weil der Kläger kein berechtigtes Interesse daran habe.

---

[311] *The Atlantic Star* [1973] Q.B. 364, 381f., C.A.
[312] *MacShannon v. Rockware Glass Ltd.* [1978] A.C. 795, 811, H.L.
[313] *St.Pierre v. South American Stores (Gash and Chaves) Ltd.* [1936] 1 K.B. 382, 398, C.A.
[314] *McHenry v. Lewis* [1822] 22 Ch.D. 397 (C. A.).

Eine genauere Festlegung der Kriterien anhand derer die Gerichte die Möglichkeit der Verfahrensaussetzung prüfen sollten, nahm der *Court of Appeal* dann 1936 in der bekannten *St. Pierre*-Leitentscheidung[315] vor.

a) Tatbestand

Die Parteien stritten um den Mietzins für in Chile belegene Liegenschaften. Der auf Spanisch verfasste Vertrag enthielt eine Rechtswahlklausel zugunsten des chilenischen Rechts. Die Beklagte, ein Unternehmen mit Gründungssitz in England, betrieb die streitgegenständlichen Geschäfte ausschließlich in Chile. Der Sitz in England bestand nur formell.

Die Kläger verlangten, dass der Mietzins nicht in chilenischen Pesos, sondern in Gold zu zahlen sei. Die Beklagte hielt die Klage in England für rechtsmissbräuchlich *(vexatious and oppressive)* und verlangte eine Aussetzung des Verfahrens.

b) Entscheidung

Der Antrag wurde zurückgewiesen. Das Gericht verkannte nicht, dass aufgrund einer Abwägung der Umstände Chile das geeignetere und natürliche Forum für den Prozess sei. Mit der oben zitierten Argumentation, nach der die englischen Gerichte grundsätzlich jedem offenständen,[316] wurde für eine Verfahrensaussetzung jedoch deutlich mehr verlangt: Die gesamte Klage müsse sich als *vexatious or oppressive* (schikanös, rechtsmissbräuchlich) darstellen und den Beklagten unbillig benachteiligen. *Scott* L.J. formulierte die Kriterien für einen *stay* wie folgt:

> "A mere balance of convenience is not a sufficient ground for depriving a plaintiff of the advantages of prosecuting his action in an English Court if it is otherwise properly brought. The right of access to the King's Court must not be lightly refused.
>
> In order to justify a stay two conditions must be satisfied, one positive and the other negative:
>
> (a) the defendant must satisfy the Court that the continuance of the action would work an injustice because it would oppressive or vexatious to him or would be an abuse of the process of the Court in some other way; and
>
> (b) the stay must not cause an injustice to the plaintiff.

---

315 *St.Pierre v. South American Stores (Gash and Chaves) Ltd.* [1936] 1 K.B. 382, 398, C.A.

316 *The Atlantic Star* [1973] Q.B. 364, 381f., C.A.

On both the burden of proof is on the defendant."[317]

Diese strengen Kriterien, die eine Verfahrensaussetzung nur in wenigen Ausnahmefällen erlaubten, wurden nicht beibehalten.

2. The Atlantic Star[318]

Januar 1970: Über dem belgischen Flüsschen Schelde kam plötzlich dichter Nebel auf. Das holländische Containerschiff *Atlantic Star* versuchte trotzdem, ohne Hilfe eines Lotsen an einer Kaimauer anzulegen. Dabei klemmte die *Atlantic Star* das belgische Schiff *Hugo van der Goes* und die holländische *Bona Spes* zwischen sich und der Kaimauer ein. Beide Fahrzeuge sanken, zwei Seeleute ertranken.

Auf Betreiben der Eigentümer der gesunkenen Schiffe wurde vom Handelsgerichtshof in Antwerpen ein Gutachter bestellt, der die Ursachen des Unglücks zu untersuchen hatte. Er kam zu dem Ergebnis, dass der plötzlich aufkommende Nebel Ursache der Kollision gewesen sei und den Kapitän der *Atlantic Star* keine Schuld treffe.

Der Eigentümer und der Versicherer der *Hugo van der Goes* beschritten hiergegen den Rechtsweg in Belgien. Der holländische Eigentümer der *Bona Spes* wollte sich dagegen nicht auf die belgischen Gerichte verlassen:

Als die *Atlantic Star* im Juni 1971 in Liverpool erwartet wurde, erhob er beim *Admiralty Court* in London eine *action in rem*. Um sich vor der auf dem Kontinent drohenden Verjährung seiner Ansprüche zu schützen, erhob er überdies Klage in den Niederlanden.

Zu dieser Zeit waren in Belgien insgesamt schon fünf Klagen in Sachen *Atlantic Star* anhängig. Der Reeder der *Atlantic Star* erkannte die Zustellung der Klage an und leistete Sicherheit in Höhe der Klagforderung, um den Arrest seines Schiffes zu vermeiden. Sodann beantragte er aber, das Verfahren auszusetzen. England sei nicht der geeignete Prozessort für diesen Fall, der keinerlei Bezug zu England aufweise.

Der Kläger dagegen erinnerte an die *vexatious and oppresive*-Rechtsprechung und konnte glaubhaft machen, dass er mit seiner Klage nur lautere und

[317] *St.Pierre v. South American Stores (Gash and Chaves) Ltd.* [1936] 1 K.B. 382, 398, C.A.

[318] *The Atlantic Star* [1974] A.C. 436 HL.

legitime Ziele verfolge und ihm jede Schädigungsabsicht fern liege. Als Grund für seine Klage in England führte er an, dass die belgischen Gerichte ihrer Entscheidung in der Regel die Meinung des gerichtlich bestellten Gutachters zugrunde legten, während das englische Gericht die Gewähr für eine unvoreingenommene Prüfung des Sachverhalts böte.

Vor dem *Admiralty Court* fand der Kläger mit dieser Auffassung bei *Branden* J. noch Gehör. Zwar sei Belgien bei weitem das geeignetere Forum, die Klage sei jedoch nicht *vexatious* oder *oppresive.*[319]

Diese Auffassung wurde vom *Court of Appeal* bestätigt.[320] Anders aber das *House of Lords*: Mit knapper Mehrheit von 3 zu 2 Stimmen entscheiden sich die Lordrichter für eine extensivere Auslegung der Begriffe *vexatious* und *oppresive.*

> "I should be most reluctant, even if I were capable of replacing it [den *vexatious or oppressive test*] by some wider and more general principle. But too close and rigid an application of it may defeat the spirit which lies behind it. And this is particularly true of the words "oppressive and "vexatious". These words are not statutory words: (...) they are descriptive words which illustrate but do not confine the courts' general jurisdiction. They are pointers rather than boundary marks. They are capable of a strict, or technical application: conversely, if this house thinks fit, and as I think they should, they can in the future be interpreted more liberally (...)."[321]

Diese liberalere Interpretation beschreibt Lord *Wilberforce* wie folgt:

> „First a plaintiff should not lightly be denied the right to sue in an English court, if jurisdiction is properly founded. The right is not absolute. The courts are open, even to actions between foreigners, relating to foreign matters. But they retain a residual power to stay their proceedings. (...) Secondly, in considering whether a stay should be granted the court must take into account (i) any advantage to the plaintiff; (ii) any disadvantage to the defendant: this is the critical equation, and in some cases it will be a difficult one to establish. Generally this is done by an instinctive process – that is what discretion, in its essence, is. But there are perhaps some elements which it is possible to disengage and make explicit. In the first place, I do not think it would be right to say that any advantage to the plaintiff is sufficient to prevent a defendant from obtaining a stay. The cases say that the advantage must not be 'fanciful' –that a 'substantial advantage' is enough. I do not even think that one can say that the advantage must be substantive (i.e. in the existence

[319] *The Atlantic Star* [1972] 1 Lloyd's Rep. 534.

[320] *The Atlantic Star* [1973] Q.B. 364, C.A.

[321] *The Atlantic Star* [1974] A.C. 436, 468 per Wilberforce L.J.

in English law of some more favourable substantive rules than would apply elsewhere) rather than adjectival, though more weight might be given to the former."

Aus diesen Worten spricht die für das englische Recht charakteristische pragmatische und fallbezogene Denkweise. Die entwaffnende Aussage, dass *discretion* im wesentlichen mit Instinkt oder Judiz zu tun habe, würde sich in einem kontinentaleuropäischen Urteil zum Ermessen wohl kaum finden.

Zugleich weist diese Betrachtungsweise den Weg hin zu einer auf Abwägung der Interessen von Kläger und Beklagtem hinauslaufende Handhabung der Frage nach der Verfahrensaussetzung zugunsten eines ausländischen Prozessortes. Das Erfordernis einer *vexation* oder *oppression* des Beklagten durch die Klageerhebung in England wurde formell beibehalten. Jedoch sollte die Klageerhebung in England bereits dadurch *vexatious* sein, dass der Beklagte unangemessen benachteiligt wird.

Die der Zurückhaltung bei der Verfahrensaussetzung zugrunde liegende Auffassung, dass die englischen Gerichte schon aufgrund ihrer Qualität für jede Klage besonders geeignet seien, wurde insbesondere von Lord *Reid* kritisiert. Zur oben zitierten Auffassung von Lord *Denning* M.R.[322] merkte er an:

> "My Lords, with all respect, that seems to me to recall the good old days, the passing of which many may regret, when inhabitants of this island felt an innate superiority over those unfortunate enough to belong to other races."[323]

An anderer Stelle bezeichnet er die herrschende Zuständigkeitslehre als „a rather insular doctrine".[324] Er befürwortete somit eine Ausweitung des Anwendungsbereiches der Doktrin, im Sinne der *Comitas*, des freundlichen Entgegenkommens unter den Völkern, damit jeder Prozess am geeignetsten Ort stattfinden könnte. Er ahnte wohl nicht, dass gerade diese Ausweitung der *forum non conveniens*-Doktrin von kontinentaleuropäischer Seite als Eigenwilligkeit abgelehnt werden würde.[325]

Im Falle der *Atlantic Star* führte die Abwägung zu einer Verfahrensaussetzung. Die ausschlaggebenden Gründe waren, dass nicht nur die Parteien

---

[322] *The Atlantic Star* [1973] Q.B. 364, 381f C.A., s.o. Fn. 311.

[323] *The Atlantic Star*[1974] A.C. 436, 455, H.L.

[324] *The Atlantic Star*[1974] A.C. 436, 453G, H.L.

[325] Dazu unten, S. 139ff.

und der Schadensort sich in Belgien befanden, sondern dort auch bereits mehrere Klagen rechtshängig waren und der einzige Bezug des Falles zu England darin bestand, dass das streitgegenständliche Schiff gelegentlich englische Häfen anlief.

Hiermit war der Weg für eine Übernahme der schottischen *forum non conveniens*-Doktrin in das englische Recht geebnet.

3. Der "Mac Shannon" Test

Im *MacShannon*-Fall[326] wurden die bereits völlig ausgehöhlten und bedeutungslos gewordenen Begriffe *vexatious* und *oppressive* endgültig auch terminologisch verworfen.

Es ging um Schadensersatzklagen schottischer Arbeitnehmer gegen ihre Arbeitgeberin für mehrere Arbeitsunfälle. Arbeitgeberin war eine in England ansässige Gesellschaft. Der Geschäftsbetrieb, in dem die Kläger tätig waren, wurde jedoch in Schottland geführt. Ebenso waren alle Zeugen der Unfälle in Schottland wohnhaft. Die Beklagte wendete ein, der Prozess müsse sinnvollerweise in Schottland geführt werden. Die Klageerhebung in England sei rechtsmissbräuchlich, sie beantragte, das Verfahren auszusetzen.

In zwei Instanzen blieb sie mit diesem Begehren erfolglos. Sowohl der *High Court* als auch der *Court of Appeal* erkannten zwar an, dass Schottland das geeignetere Forum für den Prozess sei, wegen der Präjudizienbindung (*stare decisis*) sahen sie sich jedoch nicht in der Lage, die vor ihnen liegenden Hürde, die die Worte *vexatious* und *oppressive* bildeten, zu überwinden.

Hatte das *House of Lords* diese Hürde bisher mühsam umschlichen, so fasste es jetzt den Mut, sie endgültig niederzureißen. Lord *Diplock* postulierte, die Worte hätten bisher nur Verwirrung gestiftet, und regte einen neuen, von moralisierenden Begriffen befreiten Test an:

> „In order to justify a stay two conditions must be satisfied, one positive and one negative:
>
> (a) the defendant must satisfy the court that there is an other forum to whose jurisdiction he is amenable in which justice can be done between the parties at substantially less inconvenience or expense, and

---

[326] *MacShannon v. Rockware Glass Ltd.* [1978] A.C. 795, 811, H.L.

(b) the stay must not deprive the plaintiff of a legitimate personal or juridical advantage which would be available to him if he invoked the jurisdiction of the English court."[327]

Was besonders ins Auge sticht, ist das Erfordernis, dass an einem anderen Gerichtsort die Sache einfacher und billiger zu einem gerechten Abschluss gelangen kann, so dass also auch der Kläger die Möglichkeit hätte, auf andere Weise als durch Klageerhebung vor dem angerufenen englischen Gericht, leichter und schneller zu seinem Recht zu kommen. Der kontinentaleuropäische Jurist denkt bei diesen Worten mit Recht an den Begriff des Rechtsschutzbedürfnisses.

Freilich war man noch nicht soweit, die schottische *forum non conveniens*-Doktrin durch den neuen Test en passant ausdrücklich in das englische Recht zu transferieren. Zumindest nicht explizit, obwohl auch Lord *Diplock* zugeben muss:

> „If the distinction between this re-statement of the English law and the Scottish doctrine of forum non conveniens might on examination prove to be a fine one, I cannot think that it is any worse for that."[328]

Die neue Regel war im *House of Lords* nicht unumstritten. Lord *Keith* etwa sprach sich im selben Falle für einen ganz neuen Test der engsten Verbindung aus.[329] Schließlich aber kamen die Lordrichter im *MacShannon*-Fall zu dem Ergebnis, dass eine Verfahrensaussetzung angemessen sei.

4. The Abidin Daver[330]

Die in der *MacShannon*-Entscheidung von Lord *Diplock* aufgestellte neue Formel ließ jedoch mehrere Fragen offen.

Galt die *forum non conveniens*-Doktrin nun offiziell auch in England? Welche Anforderungen muss ein potentieller ausländischer Gerichtsort erfüllen, um als Vergleichsgrundlage für die Frage der *convenientia* überhaupt in Frage zu kommen? Welche Vorteile, die ein Kläger durch eine Klage in England hat, sind schützenswert? Wer muss beweisen, dass legitime Vorteile den Kläger zur Klage in England veranlasst haben?

---

[327] *MacShannon v. Rockware Glass Ltd.* [1978] A.C. 795, 812, H.L.
[328] *MacShannon v. Rockware Glass Ltd.* [1978] A.C. 795, 812, H.L.
[329] *MacShannon v. Rockware Glass Ltd.* [1978] A.C. 795, 829, H.L.
[330] *The Abidin Daver* [1984] A.C. 398, H.L.

All diese Fragen, die teilweise schon in der *MacShannon*-Entscheidung aufgeworfen worden waren, stellten sich im Falle des Arrests der *Abidin Daver.*

a) Tatbestand

Am 23. März 1982 ereignete sich eine Kollision zwischen dem türkischen Schiff *Abidin Daver* und dem kubanischen Frachter *Las Mercedes* in türkischen Hoheitsgewässern im Bosporus, wo beide Schiffe zum Schutze vor Sturm und Strömung vor Anker gegangen waren. Das kubanische Schiff wurde später auf Betreiben der Reeder des türkischen Schiffes in türkischen Hoheitsgewässern arretiert, nachdem diese eine Schadensersatzklage wegen der Kollision bei einem türkischen Gericht anhängig gemacht hatten. Zur gleichen Zeit befand sich ein anders Schiff der türkischen Kläger, die *Gazi Osman Pasha*, in einem walisischen Hafen.

Die Kubaner brachten eine *action in rem* gegen das Schwesterschiff[331] *Gazi Osman Pasha* vor dem *Admiralty Court* ein. Die beklagten türkischen Reeder leisteten Sicherheit, um einen Arrest abzuwenden, und beantragten sodann eine Abweisung der Klage, da bezüglich des Streitgegenstandes bereits eine Klage in der Türkei rechtshängig sei. Die Klage in London sei mithin rechtsmissbräuchlich, zumal keine Verbindung des Falles zu England bestehe.

b) Entscheidung

Der *Admiralty Court* entsprach dem Antrag und stellte das Verfahren ein, der *Court of Appeal* hob diese Entscheidung aus formalen Gründen auf,[332] das *House of Lords* bestätigte die Verfahrensaussetzung aufgrund der ausländischen Rechtshängigkeit nach der *forum non conveniens*-Doktrin.

War *in praxi* die *forum non conveniens*-Doktrin bereits seit der *Atlantic Star*-Entscheidung anerkannt, so hatte man sich dennoch gescheut, die schottische Lehre explizit zu übernehmen. Lord *Diplock* fasste nun den Mut, sich wie folgt zu äußern:

---

[331] Vgl. dazu oben, S. 34.

[332] *The Abidin Daver* [1983] 1 W.L.R. 884.

„My Lords, the essential change in the attitude of the English courts to pending or prospective litigation in foreign jurisdictions that has been achieved step-by-step during the last 10 years as a result of the successive decisions of this House in *The Atlantic Star* [1974] A.C. 436; *MacShannon* [1978] A.C. 795 and *Armin Rasheed* [1984] A.C. 50, is that judicial chauvinism has been replaced by judicial comity to an extent which I think the time is now ripe to acknowledge frankly is, in the field of law with which this appeal is concerned, indistinguishable from the Scottish legal doctrine of forum non conveniens."[333]

Damit war die *forum non conveniens*-Doktrin nun offiziell Teil des englischen Rechts. Auch die eingangs vorgestellten Fragen, die die *Atlantic Star*-Entscheidung offengelassen hatte, wurden geklärt:

Die Frage, ob das Gericht das Verfahren zu Gunsten eines ausländischen Prozessortes aussetzen solle, sollte nunmehr anhand einer zweistufigen Prüfung geklärt werden:

1. Es muss ein ausländisches Forum bestehen, an dem der Streit einfacher und angemessener einer gerechten Lösung zugeführt werden kann.

Die Grundvoraussetzung, dass ein anderer Prozessort zur Verfügung stehen musste, bestand bereits vor der *Atlantic Star*-Entscheidung, jedoch war ungeklärt, welche Voraussetzungen ein alternatives Forum erfüllen musste, um in Betracht zu kommen.

Bereits in *MacShannon* hatte sich eine von zwei möglichen Herangehensweisen offenbart: Als Ausgangspunkt wurde dort die Frage gewählt, ob am alternativen Prozessort die Sache „at substantially less inconvenience and expense" zu einem gerechten Abschluss gebracht werden könnte.[334]

Eine andere Möglichkeit besteht in der Frage nach dem natürlichen Forum und der engsten Verbindung des Sachverhalts. Diesen Ansatz verfolgt Lord *Keith*:

„I...observed that a distinction was to be drawn between a case where England is the natural forum for the plaintiff to bring his action and a case where it is not. By 'the natural forum' I mean that with which the action has the most real and substantial connection."[335]

---

[333] *The Abidin Daver* [1984] A.C. 398, 411F, H.L.

[334] *MacShannon v. Rockware Glass Ltd.* [1978] A.C. 795, 812, H.L., per Diplock L.J.

[335] *The Abidin Daver* [1984] A.C. 398, 415, H.L.

Beim Studium der Entscheidungen fällt jedoch auf, dass sämtliche Richter sich nicht auf die Exklusivität eines der Ansätze festlegen wollen, sondern dass vielmehr eine Gesamtschau der Umstände unter Zuhilfenahme beider Tests vorgenommen wird. Im Ergebnis besteht auch regelmäßig kein Unterschied zwischen der Frage nach der engsten Verbindung und der Frage nach dem Ort, an dem der Prozess einfacher und billiger zu einem gerechten Abschluss gebracht werden kann.

2. Wenn ein solcher ausländischer Prozessort zur Verfügung steht, muss das Gericht feststellen, ob der Kläger, wenn er an diesen verwiesen wird, solcher rechtlicher oder praktischer Vorteile verlustig wird, die ihm in England zuteil geworden wären und die ihm gerechterweise zustehen.

Dies gilt insbesondere, wenn am anderen Prozessort bereits eine Klage in der selben Sache rechtshängig ist.

> „Where a suit about a particular subject matter between a plaintiff and a defendant is already pending in a foreign court which is a natural and appropriate forum for the resolution of the dispute between them, and the defendant in the foreign suit seeks to institute as plaintiff an action in England about the same matter to which the person who is plaintiff in the foreign suit is made defendant, then the additional inconvenience and expense which must result from allowing two sets of legal proceedings to be pursued concurrently in two different countries where the same facts will be in issue and the testimony of the same witnesses required, can only be justified, if the would-be plaintiff can establish objectively by cogent evidence that there is some personal or judicial advantage that would be available to him only in the English action that is of such importance that it would cause injustice to him to deprive him of it."[336]

Diese Regel bezieht sich hier nur auf *lis alibi pendens* Fälle, wird sich später aber allgemein durchsetzen.[337]

Gelingt es dem Kläger, legitime Vorteile darzutun, die ihn zu einer Klage in England veranlassen, nimmt das Gericht eine umfassende Abwägung der Parteiinteressen vor. Andernfalls spricht bereits die Tatsache, dass es am Bezug des Streits zu England fehlt, für die Aussetzung.

---

[336] *The Abidin Daver* [1984] A.C. 398, 411 f., H.L. per *Diplock*, L.J.

[337] *Spiliada Maritime Corp. v. Cansulex Ltd.* [1987] 1 A.C. 460, H.L; dazu sogleich.

5. The Spiliada

Der *Spiliada*-Fall[338] bildet die Grundlage für die heutige Anwendung der *forum non conveniens*-Doktrin. Die bereits in *The Abidin Daver* für *lis pendens* Fälle anklingende zweistufige Prüfung wurde hier endgültig und allgemeinverbindlich für alle Fälle des *stay of proceedings* sanktioniert.

a) Tatbestand

Wiederum war ein Schiff Anlass für den Streit.

Die Revisionskläger, Gesellschafter einer liberianischen Gesellschaft mit Hauptverwaltungssitz in Griechenland, waren Eigentümer des unter der Flagge von Liberia fahrenden Frachters *The Spiliada.*

Die Revisionsbeklagte (*Cansulex*) war eine kanadische Gesellschaft mit Sitz in British Columbia, die Schwefel exportierte. Eine indische Mineralien- und Metallhandelsgesellschaft charterte die *Spiliada* von den Klägern, um eine Ladung Schwefel von Vancouver nach Indien zu transportieren. Der Chartervertrag enthielt eine Schiedsklausel zugunsten einer Schiedsstelle in London. Die Beklagten hatten den Schwefel f.o.b.[339] verkauft und entsprechend in Vancouver auf die *Spiliada* verladen. Das Konnossement, in dem die Beklagten als „*shippers*" bezeichnet wurden, enthielt eine Rechtswahlvereinbarung zugunsten des englischen Rechts.

Die Kläger behaupteten nach dem Transport, der Schwefel sei bei der Verladung feucht gewesen und habe daher erhebliche Rostschäden an den Laderäumen und -luken verursacht.

Die Kläger beantragten eine Erlaubnis zur Auslandszustellung einer Klage in England gemäß RSC order 11, r. 1(1)(f)(iii)[340], nach der die Auslandszustellung zulässig war, wenn es sich bei der Klage um einen Anspruch aus einem Vertrag handelt, der englischem Recht unterliegt.

Die Beklagten beantragten, die Erlaubnis zur Auslandszustellung zu versagen. In der ersten Instanz wurde die Erlaubnis zur Auslandszustellung erteilt. Hauptargument für *Staughton* J. dafür war, dass in England bereits ein

---

[338] *Spiliada Maritime Corp. v. Cansulex Ltd.* [1987] 1 A.C. 460, H.L.

[339] "Free on board".

[340] heute CPR 6.20 (5) (c).

anderes Verfahren gegen die Beklagten in einem ähnlichen Falle einer Schiffsbeschädigung anhängig war. Es handelte sich um einen anderen (englischen) Kläger, der aber durch die gleichen Anwälte vertreten wurde.

Der *Court of Appeal* hob diese Entscheidung auf, da der erstinstanzliche Richter dem in England anhängigen Parallelfall zu viel Bedeutung beigemessen habe und überdies irrtümlich davon ausgegangen sei, die Zeugen und Sachverständigen könnten allein deswegen in England leichter vernommen werden, weil sie bereits bei dem anderen Verfahren mitgewirkt hätten. Der Appellation wurde stattgegeben.

Im *House of Lords* legte Lord *Goff* sodann die neuen Regeln unter der Überschrift „The fundamental principle" fest:

> "In cases where jurisdiction has been founded as of right, i.e. where in this country the defendant has been served with proceedings within the jurisdiction, the defendant may now apply to the court to exercise its discretion to stay the proceedings on the ground which is usually called forum non conveniens. That principle has for long been recognised in Scots law; but it has only been recognised comparatively recently in this country. In *The Abidin Daver* [1984] A.C. 398, 411, Lord Diplock stated that, on this point English law and Scots law may now be regarded as indistinguishable."[341]

Lord *Goff* äußert sich anschließend zu der Frage, was eigentlich unter convenientia im Sinne dieser Doktrin zu verstehen sei:

> „I feel bound to say that I doubt whether the Latin tag forum non conveniens is apt to describe this principle. For the question is not one of convenience, but of the suitability or appropriateness of the relevant jurisdiction. However the Latin tag (sometimes expressed as forum non conveniens and sometimes as forum conveniens) is so widely used to describe the principle, not only in England and Scotland, but in other Commonwealth jurisdictions and in the United States, that it is probably sensible to retain it. But it is most important not to allow it to mislead us into thinking that the question at issue is one of "mere practical convenience".

Convenientia im Sinne des Prinzips ist also nicht mit Praktikabilität oder Bequemlichkeit *(convenience)* des Verfahrens zu verwechseln.[342]

---

[341] *Spiliada Maritime Corp. v. Cansulex Ltd.* [1987] 1 A.C. 460, 474, H.L.
[342] Vgl. auch oben S. 84.

b) Der Spiliada Test

Die maßgeblichen Regeln wurden allesamt bereits in den zuvor besprochenen Entscheidungen aufgestellt. Es fehlte jedoch noch an einer zusammenfassenden und griffigen Formulierung des *forum non conveniens*-Tests, der der Doktrin erst die nötige Autorität verleihen konnte, sich in der Praxis durchzusetzen.

Lord *Goff* fasste nun den Stand des *Common Law* bezüglich der Frage einer Verfahrensaussetzung wie folgt zusammen:

> „(a) The basic principle is that a stay will only be granted on the ground of forum non conveniens where the court is satisfied that there is some other available forum, having competent jurisdiction, which is the appropriate forum for the trial of the action, i.e. in which the case may be tried more suitably for the interests of all the parties and the ends of justice.
>
> (b) As Lord Kinnear's formulation of the principle indicates, in general the burden of proof rests on the defendant to persuade the court to exercise its discretion to grant a stay (...). It is however of importance to remember that each party will seek to establish the existence of certain matters which will assist him in persuading the court to exercise its discretion in his favour, and that in respect of any such matter the evidential burden will rest on the party who asserts its existence. Furthermore, if the court is satisfied that there is another available forum which is prima facie the appropriate forum for the trial of the action, the burden will then shift to the plaintiff to show that there are special circumstances by reason of which justice requires that the trial should nevertheless take place in this country. (...)
>
> (c) The question being whether there is some other forum which is the appropriate forum for the trial of the action, it is pertinent to ask whether the fact that the plaintiff has, ex hypothesi, founded jurisdiction as of right in accordance with the law of this country, of itself gives the plaintiff an advantage in the sense that the English court will not lightly disturb jurisdiction so established. (...)In my opinion, the burden resting on the defendant is not just to show that England is not the natural or appropriate forum for the trial, but to establish that there is another available forum which is clearly or distinctly more appropriate than the English forum. In this way, proper regard is paid to the fact that jurisdiction has been founded in England as of right (...); and there is the further advantage that, on a subject where comity is of importance, it appears that there will be a broad consensus among major Common Law jurisdictions. I may add that if, in any case, the connection of the defendant with the English forum is a fragile one (for example, if he is served with proceedings during a short visit to this country), it should be all the easier for him to prove that there is another clearly more appropriate forum for the trial overseas.

(d) Since the question is whether there exists some other forum which is clearly more appropriate for the trial of the action, the court will look first to see what factors there are which point in the direction of another forum. These are the factors which Lord Diplock described, in MacShannon's case [1978] A.C. 795, 812, as indicating that justice can be done in the other forum at 'substantially less inconvenience or expense.' Having regard to the anxiety expressed in your Lordships' House in the Société du Gaz case, 1926 S.C. (H.L.) 13 concerning the use of the word 'convenience' in this context, I respectfully consider that it may be more desirable, now that the English and Scottish principles are regarded as being the same, to adopt the expression used by my noble and learned friend, Lord Keith of Kinkel, in The Abidin Daver [1984] A.C. 398, 415, when he referred to the 'natural forum' as being 'that with which the action had the most real and substantial connection.' So it is for connecting factors in this sense that the court must first look; and these will include not only factors affecting convenience or expense (such as availability of witnesses), but also other factors such as the law governing the relevant transaction (...) and the places where the parties carry on business.

(e) If the court concludes at that stage that there is no other available forum which is clearly more appropriate for the trial of the action, it will ordinarily refuse a stay; (...).

(f) If however the court concludes at that stage that there is some other available forum which prima facie is clearly more appropriate for the trial of the action, it will ordinarily grant a stay unless there are circumstances by reason of which justice requires that a stay should nevertheless not be granted. In this inquiry, the court will consider all the circumstances of the case, including circumstances which go beyond those taken into account when considering connecting factors with other jurisdictions. One such factor can be the fact, if established objectively by cogent evidence, that the plaintiff will not obtain justice in the foreign jurisdiction; (...), on this inquiry the burden of proof shifts to the plaintiff."[343]

In diesen Worten wird einerseits die Frage nach der Vorgehensweise bei der Prüfung, ob eine Verfahrensaussetzung vorgenommen werden soll, deutlich, andererseits wird auch die Frage nach der Beweislastverteilung geklärt.

Ausgangspunkt verbleibt das in England durch Zustellung der Klageschrift ordnungsgemäß zu Stande gekommene und zulässige Verfahren.

Der Beklagte hat nun die Möglichkeit, das Gericht dazu zu bewegen, das Verfahren zugunsten eines ausländischen Prozessortes auszusetzen. Dazu hat er zunächst überzeugend darzulegen, dass ein solches ausländisches

[343] *Spiliada Maritime Corp. v. Cansulex Ltd.* [1987] 1 A.C. 460, 476ff., H.L.

Forum zur Verfügung steht und dass die Klage dort sowohl zulässig als auch praktisch möglich ist.

Ferner muss er glaubhaft machen, dass vor dem ausländischen Gericht die Sache einfacher zu einem gerechten Abschluss gebracht werden kann und dass der ausländische Prozessort das natürliche und am besten geeignete Forum für das Verfahren ist.

Sodann verlagert sich die Darlegungslast auf den Kläger: Will er, nachdem festgestellt wurde, dass der ausländische Prozessort der geeignetere ist, noch verhindern, dass das Gericht das Verfahren aussetzt, so muss er darlegen und das Gericht überzeugen, dass er aufgrund der Aussetzung legitimer Vorteile beraubt würde, die ihm bei einer Klage in England gerechterweise zustünden. Dies könnte etwa bei im Ausland bestehenden Prozesshindernissen der Fall sein. Möglich wäre auch, dass das ausländische Rechtssystem nicht die Gewähr dafür bietet, die Sache in angemessener Zeit zu einem Abschluss zu bringen oder dass gar am ausländischen Prozessort die Gefahr einer Diskriminierung des Klägers aufgrund seiner Nationalität oder sonstiger Eigenschaften besteht.

In jedem Falle reicht eine bloße dahingehende Behauptung des Klägers nicht aus, sondern es besteht eine Pflicht zur substantiierten Darlegung und zum Beweisantritt. Allerdings handelt es sich nicht um einen Strengbeweis, das Gericht muss lediglich überzeugt werden. Es wird auf dieser Stufe eine umfassende Abwägung der Interessen der Parteien und der Gerechtigkeit vorgenommen

Mit der *Spiliada*-Entscheidung schien die Frage der *jurisdiction* für *Common Law*-Fälle zunächst weitgehend geklärt.

6. Conelly

Im *Connelly*-Fall[344] wurde dann jedoch erneut die Frage relevant, welche Anforderungen ein alternatives Forum im Ausland erfüllen muss.

a) Tatbestand

Der Kläger, ein Schotte, lebte in Namibia und arbeitete dort in einer Uranmine, die von der namibischen Tochtergesellschaft der beklagten

[344] *Connelly v. RTZ Corpn. plc* [1998]A.C. 854, H.L.

englischen Gesellschaft betrieben wurde. Als beim Kläger eine Krebserkrankung festgestellt wurde, verklagte er die englische Muttergesellschaft und eine andere, englische Tochtergesellschaft auf Schadensersatz wegen *negligence* (fahrlässiger Schädigung), da er nicht ausreichend vor Radioaktivität geschützt worden sei.

Die Beklagten beantragten eine Aussetzung des Verfahrens aufgrund der *forum non conveniens*-Doktrin, da Namibia der geeignete Prozessort sei.

Der Kläger wandte ein, dass ihm in Namibia durch das Kostenrisiko eine Klage nicht möglich sei, da ihm nach dortigem Recht keinerlei Prozesskostenhilfe zur Verfügung stünde, während er in England Anspruch auf Prozesskostenhilfe *(legal aid)* oder ein sogenanntes *conditional fee agreement* habe. Bei letzterem handelt es sich um eine Vereinbarung mit dem Prozessvertreter, dass Rechtsanwaltsgebühren nur im Falle des Obsiegens verlangt werden.[345]

b) Entscheidung

Das Gericht der ersten Instanz stellte das Verfahren antragsgemäß ein, der *Court of Appeal* hob diese Entscheidung auf.[346]

Das *House of Lords* wies die hiergegen erhobene Revision der Beklagten zurück. Zwar sei Namibia *prima facie* der Ort, mit dem der Streitgegenstand die engste Verbindung aufwiese, so dass eine Verfahrensaussetzung grundsätzlich in Betracht käme. Die Frage sei jedoch, ob die Interessen der Gerechtigkeit in diesem Falle im Sinne der oben dargestellten zweiten Regel, die die Grundregel der engsten Verbindung konkretisiert, eine Einschränkung erheischten. Lord *Goff* stellte folgendes Prinzip auf:

> „...if a clearly more appropriate forum overseas has been identified, generally speaking the plaintiff will have to take that forum as he finds it, even if it is in certain respects less advantageous to him than the English forum."[347]

Daher müsse der Kläger sich grundsätzlich auch damit abfinden, dass dort finanzielle Hilfe nicht zu erhalten sei.[348]

---

[345] Mit Einschränkungen zulässig gemäß Courts and Legal Services Act, 1990, s. 58. In England sind Anwaltskosten der obsiegenden Partei nur von der unterlegenen zu tragen, wenn das Gericht dies aus Billigkeitsgründen anordnet.

[346] *Connelly v.* RTZ *Corpn. plc* [1997] I L Pr 643, C.A.

[347] *Connelly v.* RTZ *Corpn. plc* [1998]A.C. 854, 872, H.L.

Der vorliegende Fall stelle aber eine Ausnahme dar, da der Kläger zur Überzeugung des Gerichts dargelegt hatte, dass er mit seinen finanziellen Mitteln ohne Prozesskostenhilfe niemals in der Lage wäre, einen Prozess in Namibia überhaupt zu beginnen.

Dies führe dazu, dass „*substantial justice*" am im Übrigen geeigneten Prozessort nicht zu erhalten war. Somit scheiterte eine Verfahrensaussetzung an der zweiten Stufe des *forum non conveniens*-Tests.

Die Entscheidung stellt überdies erneut klar, dass auf dieser zweiten Ebene, die Beweislast wieder auf den Kläger verlagert wird, der nun dartun muss, warum er trotz eines *prima facie* geeigneter scheinenden ausländischen Forums auf eine Klage in England angewiesen ist.

7. Lubbe

Im *Lubbe*-Fall[349] wurde die Frage der Prozesskostenhilfe erneut relevant. Insgesamt über 3000 Kläger, Arbeiter und Angestellte einer Mine in Südafrika, klagten wegen Gesundheitsschäden, die sie auf mangelnde Schutzmaßnahmen vor Asbeststaub zurückführten.

Die Kläger traten dem Antrag des Beklagten, das Verfahren nach der *forum non conveniens*-Doktrin auszusetzen unter anderem mit dem Argument entgegen, dass Prozesskostenhilfe in Südafrika schwer zu erhalten sei und die Gerichte mit dem Umfang des Verfahrens überfordert seien.

Nur im Wege einer Sammelklage könne das Verfahren sinnvoll bewältigt werden, die südafrikanischen Gerichte hätten aber keine Erfahrung mit Sammelklagen in solch gewaltigem Umfang.

Mangels der Möglichkeit einer effektiven Prozessfinanzierung und einer effizienten Durchführung des Verfahrens, sei Südafrika kein geeignetes Forum, an dem die Kläger zu ihrem Recht kommen könnten.

Dies wurde vom *Court of Appeal* noch anders beurteilt. Auch in Südafrika sei Prozesskostenhilfe unter Umständen zu erlangen.

---

[348] *Connelly v. RTZ Corpn. plc* [1998]A.C. 854, 873, H.L.

[349] *Lubbe v. Cape plc.* [2000] 4 All ER 268, H.L.; dazu Muchlinski, ICLQ 50 (2001), 1ff.

Es wurde auch geprüft, inwieweit der Prozess durch Erfolgshonorare für die Klägeranwälte *(contingency fees)*, die nach südafrikanischem Recht zulässig sind, finanziert werden könnte. Allein die Tatsache, dass die Kläger nicht im selben Umfange Schutz zu erwarten hätten, mache England nicht zum *forum conveniens*.

Entscheidend für die Bestimmung des natürlichen Forums war, dass sich der Sachverhalt in Südafrika abgespielt hatte und dass sämtliche Beweismittel sich dort befanden und auch die Kläger fast ausschließlich dort wohnten.

Das *House of Lords* gab dagegen den Klägern recht, die inzwischen bereits vergeblich versucht hatten, ein Verfahren in Südafrika in Gang zu setzen. Es war ihnen mangels Kapitals nicht gelungen. Somit stand für die Lordrichter fest, dass ein gerechtes Verfahren in Südafrika nicht möglich wäre.

In diesem Falle wurde überdies die Frage relevant, inwieweit das EuGVÜ eine Anwendbarkeit der *forum non conveniens*-Doktrin ausschließt.[350]

C. Lis alibi pendens

Im *Common Law* bewirkt die ausländische Rechtshängigkeit einer den selben Streitgegenstand betreffenden Klage keine grundsätzliche Unzulässigkeit einer weiteren Klage in England. Wird die Klageschrift ordnungsgemäß zugestellt, kommt zunächst ein Prozess zu Stande. Unter dem Begriff *lis alibi pendens* fasst die englische Prozessrechtsdogmatik zwei Fallgruppen zusammen. Zum einen solche Fälle, die sowohl bezüglich des Streitgegenstandes, als auch der Parteien identisch sind, zum anderen aber auch solche Fälle, bei denen aus anderen Gründen eine so enge Konnexität besteht, dass eine gemeinsame Verhandlung geboten ist.[351]

Während das Europarecht und die meisten kontinentaleuropäischen Rechtsordnungen in Fällen der anderweitigen Rechtshängigkeit strikt nach dem Prioritätsprinzip vorgehen und die Zuständigkeit des später angerufenen Gerichts ausschließen, löst man das Problem in England mit Hilfe der *forum non conveniens*-Doktrin.

---

[350] Vgl. dazu unten S. 113ff.

[351] Huber, S. 217.

I. Anderweitige Rechtshängigkeit als *Convenientia*-Faktor

Außerhalb des Anwendungsbereiches der europäischen Zuständigkeitsregeln ist eine ausländische Rechtshängigkeit in erster Linie ein besonders starkes Argument dafür, dass eine weitere Klage in England rechtsmissbräuchlich ist.[352] Die zeitliche Priorität der Klage im Ausland ist dabei aber nicht allein ausschlaggebend. Vielmehr ist der Gedanke der Vermeidung konfligierender Urteile tragend, wenn das englische Gericht davon ausgeht, dass das ausländische Gericht ein Sachurteil fällen wird.

Im Übrigen sind die gleichen Leitentscheidungen und Rechtsgedanken, die bereits im Rahmen der *forum non conveniens*-Doktrin diskutiert wurden, für die Frage der Aussetzung eines englischen Verfahrens wegen ausländischer Rechtshängigkeit maßgeblich.

Lord *Goff* dehnt die im *Spiliada*-Fall[353] gefundenen Grundsätze ausdrücklich auf die Fälle der ausländischen Rechtshängigkeit aus. [354]

Der Beklagte muss daher auch in *lis pendens*-Fällen darlegen, dass sich das natürliche Forum im Ausland befindet. Die Beurteilung dieser Frage nimmt das Gericht im Lichte der Tatsache vor, dass dort bereits ein Verfahren anhängig ist.[355]

II. Kasuistik

In diesem Sinne wurde etwa im Falle *Cleveland Museum of Modern Art v. Capricorn Art International SA*[356] die Tatsache, dass in Ohaio bereits ein Verfahren rechtshängig war, ein entscheidendes Argument für die Aussetzung des englischen Prozesses.

Andererseits wurde in mehreren *lis alibi pendens*-Fällen kein *stay of proceedings* bewilligt, weil das englische Gericht bei einer Abwägung der Gesamtumstände zu dem Ergebnis kam, dass England trotzdem das *forum conveniens* sei.

---

352 Cheshire / North, Kap. 13, 1. (A), S. 347 ff.

353 *Spiliada Maritime Corp. v. Cansulex Ltd.* [1987] 1 A.C. 460, 476ff., H.L.

354 *De Dampierre v. De Dampierre* [1988] A.C. 92, 109.

355 *A.-G. v. Arthur Andersen & Co.* (United Kingdom) [1989] ECC 224; *Australian Commercial Research and Development Ltd. v. ANZ McCaughan Merchant Bank Ltd.* [1989] 3 All E.R. 65; *Doe v. Armour Pharmaceutical Co. Inc.* [1995] IL Pr. 148 (Irish Supreme Court).

356 [1990] 2 Lloys's Rep. 166.

Im Falle *Du Pont de Nemours & Co. v. Agnew and Kerr* [357] ging es um einen Versicherungsvertrag, der englischem Recht unterlag. Im Zusammenhang mit weiteren Faktoren, die England als das geeignete Forum erscheinen ließen, entschied der *Court of Appeal* hier, dass die Unbill einer Verfahrensmultiplizität in Kauf genommen werden müsse, da die Interessen der Gerechtigkeit noch weniger gewahrt wären, wenn der Kläger sich auf ein Verfahren in Illinois einlassen müsste.

Auch bei seerechtlichen Fällen, die Kollisionen auf hoher See zwischen Schiffen aus verschiedenen Ländern betreffen, so dass kein Staat ein natürliches Forum ist, wird eine Verfahrensaussetzung allein aufgrund ausländischer Rechtshängigkeit verneint. Unter anderem deshalb, weil der *Admiralty Court* das Verfahren in England als einem neutralen Drittstaat für besonders gerecht hält[358] und daher vorschnellen Klagen an einem womöglich klägerfreundlichen Forum keine Beachtung schenken will.[359]

D. Gerichtsstandsvereinbarungen als Einschränkung der Jurisdiction

Wie bereits oben erläutert,[360] bewirken eindeutige Gerichtsstandsvereinbarungen zugunsten eines ausländischen Forums im englischen Recht grundsätzlich nur, dass das englische Gericht das Verfahren auf Antrag des Beklagten aussetzen wird.[361] Außerdem wird in diesem Falle regelmäßig die Auslandszustellung nach CPR 6.20 verweigert.[362] Die Gerichtsstandsvereinbarung bewirkt aber keine Einschränkung der Entscheidungshoheit des Gerichts. Relevant wird die Frage einer Prorogation bei Begründung der *jurisdiction* durch Zustellung im Inland erst dann, wenn die Parteien die Gerichtsstandsvereinbarung beim Streit um die Zulässigkeit einer Verfahrensaussetzung vortragen. So ist etwa möglich, dass der Beklagte die Aussetzung des Verfahrens nach der *forum non conveniens*-Doktrin verlangt, da er einen ausländischen Prozessort für geeigneter hält. Der Kläger kann dann,

---

[357] [1987] 2 Lloyd's Rep. 585.

[358] In der Tat genießt der Admiralty Court in internationalen Schifffahrtskreisen hohes Ansehen.

[359] *The Coral Isis* [1986] 1 Lloyd's Rep. 413.

[360] S. 76ff.

[361] *The Nile Rhapsody* [1994] 1 Lloys's Rep. 382; *The Pioneer Container* [1994] 2 A.C. 324; vgl. zur englischen Praxis Büchner, RIW 1984, 180.

[362] *Mackender v. Feldia AG* [1967] 2 Q.B. 590.

wenn eine Gerichtsstandsvereinbarung zugunsten der englischen Gerichte besteht, sich auf diese berufen, um das Gericht von der Verfahrensaussetzung abzuhalten. Umgekehrt ist denkbar, dass der Beklagte die Vereinbarung eines ausländischen Forums gerade als Argument für die Verfahrensaussetzung vorträgt. Die Prorogation begründet jedoch lediglich ein besonders starkes Indiz dafür, dass das gewählte Gericht das *forum conveniens* ist.[363] Gerichtsstandsvereinbarungen stellen somit dogmatisch gesehen keine Einschränkung der *jurisdiction* englischer Gerichte dar.

E. Schiedsvereinbarungen

I. Rechtsgrundlage

Schiedsvereinbarungen können einen Grund für eine Verfahrensaussetzung darstellen. Dies ergibt sich bereits aus generellen *forum non conveniens*-Erwägungen, hat aber auch eine spezifische völkerrechtliche Grundlage im New Yorker UN-Übereinkommen über die Anerkennung und Vollstreckung ausländischer Schiedssprüche vom 10. 6. 1958.[364]

Im Anwendungsbereich dieses Übereinkommens haben seine Regelungen Vorrang vor den Regeln des *Common Law*, so dass das Gericht nicht auf die allgemeinen Grundsätze der *forum non conveniens*-Doktrin rekurrieren darf.

Nach dem New Yorker Übereinkommen ist eine Partei, gegen die ein Verfahren begonnen wird, das einen Streitgegenstand betrifft, über den die Parteien eine gültige Schiedsvereinbarung getroffen haben, berechtigt, vom angerufenen Gericht eine Aussetzung des Verfahrens zu verlangen.

II. Zustandekommen einer Schiedsvereinbarung

Die Frage der Wirksamkeit der Schiedsvereinbarung ist nach dem Vertragsstatut zu bestimmen.[365] Dasselbe gilt für die Frage der Auslegung einer Schiedsvereinbarung.[366]

---

[363] *The Rothnie* [1996] 2 Lloys's Rep. 206.

[364] New York Convention on the Recognition and Enforcement of Arbitral Awards, umgesetzt in s. 9 des Arbitration Act 1996.

[365] *Astro Venturoso Compania Naviera v. Hellenic Shipyards S.A, The Mariannina* [1983] 1 Lloyd's Rep. 12.

[366] *Nova (Jersey) Knit Ltd. v. Kammgarn Spinnerei GmbH* [1977] 1 W.L.R. 713, 718f., 730.

III. Anwendungsbereich der Schiedsklausel

Schiedsvereinbarungen im Sinne dieser Vorschrift beziehen sich meist auf sämtliche Streitigkeiten zwischen den Parteien („any dispute"). Im Hinblick darauf war unklar, ob eine Streitigkeit im Sinne einer solchen Schiedsvereinbarung vorliegt, wenn eine Partei lediglich eine Leistung verweigert, etwa eine Rechnung nicht bezahlt, ohne sich zur Sache einzulassen. Kann man also einen schlichten Vertragsbruch als „dispute" bezeichnen?

Es wurde entschieden, dass auch in einem solchen Falle eine Streitigkeit vorliegt, die ausschließlich im Sinne der Schiedsvereinbarung beizulegen ist. Auf einen bestimmten Vortrag der verklagten Partei oder eine Einlassung zur Sache kommt es nicht an.[367]

IV. Rechtsfolgen

Das Gericht hat bei Wirksamkeit der Schiedsklausel kein Ermessen bezüglich der Verfahrensaussetzung. Die Aussetzung kann, wenn der Beklagte sich auf die Schiedsvereinbarung beruft, nur dann verweigert werden, wenn das Gericht die Schiedsvereinbarung für nichtig oder unwirksam hält,[368] oder wenn das Gericht überzeugt ist, dass der Schiedsvereinbarung nicht Folge geleistet werden kann.[369]

Ein Fall, in dem der Schiedsvereinbarung nicht Folge geleistet werden kann, liegt jedoch nicht vor, wenn eine der Parteien nicht in der Lage wäre, die durch Schiedsspruch verlangte Zahlung zu leisten, sondern nur dann, wenn es gar nicht zu einem Schiedsspruch kommen kann, etwa weil das vereinbarte Schiedsgericht nicht mehr zur Verfügung steht.[370]

---

[367] *Al-Naimi v. Islamic Press Agency Inc.* [1999] CLC 212; *Halki Shipping Corpn. v. Sopex Oils Ltd.* [1998] 1 W.L.R. 726, C.A.; *Ellerine Bros. (Pty.) Ltd. v. Klinger* [1982] 1 W.L.R. 1375, C.A.; zust. Whiteley LMCLQ 1998, 164.

[368] *Inco Europe v. First Choice Distribution* [1999] 1 W.L.R. 270, C.A.; *The Merak* [1965] P 223, 239; *Astro Valiente Compania Naviera SA v. Pakistan Ministry of Food and Agriculture (No. 2)* [1982] 1 All E.R. 823; *Kaverit Steel and Crane Ltd. v. Kone Corpn.* [1992] 87 DLR (4th) 129.

[369] Arbitration Act 1996 s. 9 (4).

[370] *The Rena K* [1979] 1 Q.B. 377, 393; *Grupo Torras SA and Torras Hostench London Ltd. v. Sheikh Fahad Mohammed Al-Sabah* [1995] 1 Lloyd's Rep. 374, 451f, bestätigt: [1996] 1 Lloyd's Rep. 7, C.A.

F. Streitgegenstandsbezogene Beschränkungen der Jurisdiction

Die englischen Gerichte entscheiden grundsätzlich nicht über Klagen, die im Ausland belegenes Grundvermögen oder ausländische Immaterialgüterrechte betreffen.

I. Im Ausland belegenes unbewegliches Vermögen

Bereits im 19. Jahrhundert war anerkannt, dass englische Gerichte nicht über Streitigkeiten entscheiden, die im Ausland belegenes Grundvermögen betreffen. Hintergrund ist, dass ein entsprechendes Urteil ohnehin selten vollstreckbar wäre, da ausländischer Grund und Boden ausschließlich der Staatsgewalt des Belegenheitsortes unterworfen ist.

1. British South Africa Co. v. Companhia de Moçambique[371]

In der Leitentscheidung *British South Africa Co. v. Companhia de Moçambique*[372] wurde erstmals ausdrücklich entschieden, dass englische Gerichte grundsätzlich nicht über Eigentums- und Besitzrechte an ausländischen Liegenschaften entscheiden.

Die Beklagten hatten Land sowie mehrere Minen der Klägerin, einer englischen Minengesellschaft, gewaltsam in Besitz genommen. Die Kläger gingen aufgrund der wirksamen Zustellung von der Zuständigkeit der englischen Gerichte aus. Der *Court of Appeal* hatte ihnen noch Recht gegeben, das *House of Lords* dagegen wies die Klage mit dem Argument zurück, dass eine Zuständigkeit der englischen Gerichte für ausländische Liegenschaftsstreitigkeiten schon deshalb nicht gegeben sei, weil diese Grundstücke nicht dem Zugriff der englischen Vollstreckungs- und Verwaltungshoheit unterlägen und somit keine wirksamen Verfügungen ergehen könnten.[373]

2. Tragweite der Regel

Die Unzuständigkeit der englischen Gerichte erstreckt sich auf sämtliche Streitigkeiten, die ausländische Grundstücke und Grundstücksrechte

---

[371] [1893] A.C. 602.
[372] [1893] A.C. 602.
[373] *British South Africa Co. v. Companhia de Moçambique* [1893] A.C. 602, 629.

betreffen. So entschieden die Gerichte etwa, dass sie keine Kompetenz besäßen, über Fischereirechte in Nordirland zu entscheiden,[374] oder einen englischen Beklagten zur Herausgabe von Dokumenten zu verurteilen, mit deren Hilfe der Kläger Ansprüche auf Herausgabe von Land in Indien beweisen könnte.[375] Diese Entscheidung erscheint vor dem Hintergrund der neueren Rechtsprechung jedoch zweifelhaft, da es um eine persönliche Verpflichtung des Beklagten ging.

3. Ausnahmen

a) Persönliche Verpflichtung

Eine Ausnahme gilt für den Fall, dass der Beklagte durch die Klagforderung persönlich verpflichtet ist. Wenn es sich also um eine *action in personam* handelt, in welcher der Kläger vom Beklagten eine Handlung oder Unterlassung fordert, wird das Gericht entscheiden, selbst wenn die geforderte Handlung im Ausland belegene Grundstücke betrifft. Erforderlich ist lediglich, dass der Beklagte grundsätzlich der Rechtsprechungsgewalt des Gerichts unterworfen ist, dass also eine Klage wirksam zugestellt werden kann.[376]

Die im Urteil ausgesprochene Verpflichtung wirkt jedoch in diesem Falle nur persönlich. So kann der Beklagte etwa *in personam* verurteilt werden, die Inspektion seiner ausländischen Liegenschaften zu dulden.[377] Zwar kann die Besichtigung dann nicht gerichtlich durchgesetzt werden; im Falle der Weigerung befindet sich der Beklagte aber in *contempt of court*, macht sich also wegen Missachtung des Gerichts strafbar und schadensersatzpflichtig.

b) Equitable rights

Unter Umständen können jedoch auch noch weitergehende Rechte mit Bezug zu Grundstücken *in personam* gewährt werden. Und zwar dann, wenn

---

[374] *Toome Eel Fishery (Northern Ireland) v. Jangaard and Butler* [1960] CLY 1297.

[375] *Reiner v. Marquis of Salisbury* [1876] 2 Ch D 378.

[376] *Razelos v. Razelos (No. 2)* [1970] 1 W.L.R. 392, 403.

[377] *Cock Industries Inc. v. Galliher* [1979] Ch. 439.

die streitgegenständlichen Rechte *equitable rights* sind.[378] Historisch und formal gesehen, ist nämlich jede Rechtsprechung in *Equity* eine persönliche.

So können bestimmte vertragliche Ansprüche mit Bezug zu ausländischen Liegenschaften ohne weiteres vor die englischen Gerichte gebracht werden, weil die vertraglichen Pflichten den Schuldner persönlich treffen. Es ist jedoch nicht möglich, einen Titel, der sich unmittelbar auf das Land bezieht, zu erwirken.[379]

Dasselbe gilt für Grundpfandrechte, etwa *mortgages* (Hypotheken) an im Ausland belegenen Immobilien. Da das Recht des *mortagors*, auf Freigabe (*redemption*) ein *equitable right* ist, kann es prinzipiell in England geltend gemacht werden. Ebenso darf ein englisches Gericht eine Verfügung erlassen, die es dem Betroffenen untersagt, die Verwertung des ausländischen Grundstücks (*foreclosure*) vor den Gerichten im Belegenheitsstaat zu betreiben.[380]

c) Fraud

Umstritten war einst, ob bei deliktischen Ansprüchen aus *fraud* (Betrug), die sich auf im Ausland belegenes unbewegliches Vermögen beziehen, eine *jurisdiction* der englischen Gerichte gegeben ist. Bereits in einer frühen Entscheidung wurde dies grundsätzlich bejaht.[381] Bei treuwidrigen Verhalten des Beklagten fehle dessen Schutzwürdigkeit. Betrug sei so schwerwiegend und gefährlich, dass auch ein faires Verfahren dadurch beeinträchtigt würde.[382] Jedenfalls bei einem drohenden schweren Nachteil (*gross injustice*) für den Kläger wird daher das englische Gericht über die Klage entscheiden.[383]

d) Trust-Ansprüche

Bei *trust*-Ansprüchen, die sich auf ausländische Liegenschaften beziehen, besteht eine Zuständigkeit der englischen Gerichte, wenn und soweit die

---

[378] *Penn v. Baltimore* [1750] 1 Ves. Sen. 444.

[379] *Penn v. Baltimore* [1750] 1 Ves. Sen. 444; *Archer v. Preston*, zitiert in: *Arglasse v. Muschamp* [1682] 1 Vern. 76, 77.

[380] *Beckford v. Kemble* [1822] 1 Sim. & St. 7.

[381] *Arglasse v. Muschamp* [1682] 1 Vern. 76.

[382] *Duchess of Kingston's Case* [1776] 20 State Tr. 355, 544; *White v. Hall* [1806] 12 Ves. Jr. 321.

[383] *Cranstown v. Johnston* [1796] 3 Ves. Jr. 170; *Cook Industries Inc. v. Galliher* [1979] Ch. 439.

Ansprüche gegen einen *trustee* persönlich geltend gemacht werden können und die Klagezustellung an diesen nach den allgemeinen Regeln möglich ist.[384]

e) Trespass

Ursprünglich wurde der Ausschluss der Zuständigkeit für Konflikte, die ausländische Liegenschaften betreffen, auch auf Fälle des *trespass*, also widerrechtliches Betreten und andere deliktische Eingriffe in das Grundeigentum, ausgedehnt.[385]

Diese Praxis ist jedoch durch gesetzliche Neuregelung aufgehoben wurden. Der Civil Jurisdiction and Judgments Act 1982 sieht in s. 30 (1) ausdrücklich vor, dass Klagen, die sich auf *trespass* als Anspruchsgrundlage stützen, auch dann vor englische Gerichte gebracht werden können, wenn sich das Grundstück im Ausland befindet, es sei denn, der Streit bezieht sich im wesentlichen auf ein Eigentums- oder Besitzrecht an dem Grundstück.[386]

II. Ausländisches Patent- und Urheberrecht

Die Gerichte haben entschieden, dass sie nach *Common Law* keine Entscheidungskompetenz über die Gültigkeit ausländischer Patent- oder Urheberrechte besitzen.[387] Der Grund war, dass man der Ansicht war, dass solche Rechte durch Hoheitsakt des jeweiligen Staates verliehen würden und man daher nicht eingreifen könne. Fraglich und anhand der Entscheidungen unklar ist aber, ob dies wirklich einen Ausschluss der *jurisdiction* bedeuten soll, oder ob es sich, wie dies in der Literatur vertreten wird, um eine materiell-rechtliche Frage handelt.[388]

---

[384] *Kildare v. Eustace* [1686) 1 Vern. 437; *Razelos v. Razelos (No. 2)* [1970] 1 W.L.R. 392, im letzteren Falle erscheint jedoch unklar, worauf der *High Court* seine Zuständigkeit stützt. Vgl. Bespr. von Chesterman, MLR 33 (1970), 209, 212f.

[385] *St. Pierre v. South American Stores (Gath and Chaves) Ltd.* [1936] 1 K.B. 382, 396; *Hesperides Hotel Ltd. v. Aegean Turkish Holidays Ltd.* [1979] A.C. 508.

[386] Vgl. *Trawnik v. Lennox* [1985] 2 All E.R. 368.

[387] *Potter v. Broken Hill Pty. Ltd.*(1906) 3 CLR 479; *Norbert Steinhardt & Son v. Meth* (1961) 105 CLR 440; *Tyburn Productions Ltd. . Conan Doyle* [1991] Ch. 75.

[388] So Briggs, S. 49.

III. Gesetzliche Schranken

Mehrere Gesetze sehen einen Ausschluss der Zuständigkeit der englischen Gerichte vor. So schließt der Supreme Court Act 1981 in s. 23 die englische Zuständigkeit aus, wenn der Fall nach einem seerechtlichen Abkommen andernorts entschieden werden muss. Auch der Nuclear Installations Act 1965, der Carriage by Air Act 1961, der Carriage of Goods by Road Act 1965, der Carriage of Passengers by Road Act 1974 und der International Transport Conventions Act 1983 sehen jeweils einen Ausschluss der Zuständigkeit zugunsten bestimmter ausländischer Fora vor, zumeist als Umsetzung völkerrechtlicher Verträge.

IV. Anti-suit injunctions

Besondere Beschränkungen ergeben sich bei Klagen, die auf den Erlaß von sogenannten *anti-suit injunctions* gerichtet sind. Englische Gerichte können nicht unmittelbar in ausländische Prozesse eingreifen. Häufig wird jedoch von Parteien, die im Ausland verklagt werden oder verklagt zu werden fürchten, vor den englischen Gerichten um eine Verfügung ersucht, die dem potentiellen Kläger verbietet, einen Prozess im Ausland zu beginnen oder fortzusetzen. Die Rechtsprechung lässt solche *injunctions* nur in engen Grenzen zu.

Kapitel 7

COMMON LAW UND EUROPARECHT

A. Rechtsvereinheitlichung in Europa

Im Zuge der Einführung des europäischen Zivilprozessrechts im Vereinigten Königreich sind mehrere Regelwerke für die Bestimmung der Zuständigkeit neben das *Common Law* getreten.

I. Die europarechtlichen Regelwerke

1. EuGVÜ

Am 27. September 1968 trat das Brüsseler EWG-Übereinkommen über die gerichtliche Zuständigkeit und die Vollstreckung gerichtlicher Entscheidungen in Zivil- und Handelssachen (EuGVÜ) in Kraft, dem das Vereinigte Königreich 1978 beigetreten ist. Es enthält eine umfassende und für die Vertragsstaaten ausschließliche Regelung der internationalen Zuständigkeit.

Das EuGVÜ wurde für das Vereinigte Königreich im Civil Jurisdiction and Judgments Act 1982 umgesetzt.

Durch das Luxemburger Protokoll betreffend die Auslegung des EuGVÜ vom 3. Juli 1971 erhielt der EuGH die Zuständigkeit für die letztinstanzliche Entscheidung über alle Fragen der Auslegung des Übereinkommens nach Vorlage durch ein nationales Gericht.

Im Vereinigten Königreich sind nach Art. 2 Nr. 1 Spiegelstrich 15 EuGVÜ das *House of Lords* sowie die nach Art. 37 Abs. 2 oder Art. 41 EuGVÜ befassten Gerichte vorlageberechtigt, mithin in England der *High Court of Justice* und für Unterhaltssachen auch der *Magistrates' Court*.

2. Lugano-Übereinkommen

Das in weiten Teilen gleichlautende Lugano-Übereinkommen vom 16. September 1988 erweitert den Anwendungsbereich dieser Regeln weitgehend auf die EFTA-Staaten außerhalb der EU, also die Schweiz, Liechtenstein, Island und Norwegen sowie neuerdings auf Polen.[389]

Inhaltlich deckt sich das Übereinkommen weitgehend mit dem EuGVÜ.[390] Es wurde im Civil Jurisdiction and Judgments Act 1991 umgesetzt.

Größter Unterschied ist, dass keine Vorlagemöglichkeit an den EuGH besteht. Um gleichwohl zu einer möglichst einheitlichen Auslegung zu gelangen, bestimmt aber das ergänzende Protokoll II, Art. 2,[391] dass die Gerichte die Auslegung durch die Gerichte anderer Vertragsstaaten zu berücksichtigen haben. Damit sich die Rechtsprechung zu EuGVÜ und LugÜ nicht auseinanderentwickelt, haben die jeweiligen Mitgliedsstaaten in Zusatzerklärungen zugesagt, die Rechtsprechung zur jeweils anderen Konvention zu berücksichtigen.

3. Modified Convention

Die Modiefied Convention betrifft die Zuständigkeitsverteilung zwischen den Teilrechtsordnungen des Vereinigten Königreiches. Die Rechtsfolge einer Zuständigkeitsregelung durch die Übereinkommen ist die Zuständigkeit der Gerichte eines Vertragsstaates. Staat in diesem Sinne ist das Vereinigte Königreich von Großbritannien und Nordirland, das jedoch mehrere Teilrechtsordnungen (*jurisdictions* im geographischen Sinne) umfasst. Die Verteilung der Zuständigkeit innerhalb des Staates „Vereinigtes Königreich" ist Sache des autonomen staatlichen Rechts. Sie wird durch die sogenannte Modified Convention, normiert in sch. 4 Civil Jurisdiction and Judgments Act 1982,[392] geregelt.

Der Beitritt des Vereinigten Königreiches zu den Übereinkommen hätte eigentlich nur erforderlich gemacht, dass solche Regeln für internationale Fälle aufgestellt werden.

---

389 Seit 2000; vgl. dazu Martiny, IPRax 2001, 29.

390 Die Ausführungen zum EuGVÜ in diesem Werk gelten sinngemäß auch für das LugÜ, wenn kein besonderer Hinweis erfolgt.

391 s. 3 B(1) Civil Jurisdiction and Judgments Act 1982 i.V.m. s. 1 (1) Civil Jurisdiction and Judgments Act 1991.

392 Ergänzt durch Civil Jurisdiction and Judgments Order 2001, sch. 2; da die Modiefied Convention nicht die Internationale Zuständigkeit regelt, sei hier nur knapp auf ihren Anwendungsbereich verwiesen. Vertiefend: Chesire/North, S. 273ff.

Insbesondere auf Drängen Schottlands, das ohnehin eine Reform der Zuständigkeitsregeln anstrebte,[393] wurde aber ein anderer Weg gegangen: Das Zuständigkeitssystem des EuGVÜ wurde auch für reine Inlandsfälle übernommen, soweit die Frage der Zuständigkeit der Gerichte mehrerer Teilrechtsordnungen betroffen ist.

Zu diesem Zweck wurde die Modified Convention mit Geltung für das gesamte Vereinigte Königreich eingeführt.[394] Sie überträgt die im EuGVÜ aufgestellten Regeln auf die Frage der Zuständigkeitsverteilung zwischen den Teilrechtsordnungen des Vereinigten Königreiches. Eigenständige Rechtsordnungen sind England mit Wales, Schottland und Nordirland.

Die Anpassung der Regeln erfolgt im Wesentlichen, indem die Worte *„Contracting State"* durch *„Part of the United Kingdom"* ersetzt werden.

Für die nicht zum Vereinigten Königreich gehörenden Territorien der britischen Krone gilt die Modified Convention nicht. S. 52 (2) Civil Jurisdiction and Judgments Act 1982 bestimmt aber, dass durch königliche *order in council* der Geltungsbereich auf bestimmte andere Territorien ausgeweitet werden kann.[395]

Somit gilt das traditionelle englische System der internationalen Zuständigkeit, also das Abstellen auf die Zustellungsmöglichkeit, nicht mehr innerhalb des Vereinigten Königreiches, sondern nur noch im Verhältnis zu Staaten, die weder Unterzeichner eines der Übereinkommen noch Mitglieder der EU sind.

4. EuGVVO

Im Vertrag von Amsterdam wurde die Intensivierung der Zusammenarbeit der Justiz der Mitgliedsstaaten im Bereich des Zivilrechts beschlossen.[396] Zu diesem Zweck ist am 1. März 2002 die EuGVVO[397] in Kraft getreten (Art.

---

[393] Anton & Beaumont's Civil Jurisdiction in Scotland, §§ 1.33; 9.01ff.; der schottische Wunsch, sich territorial abzugrenzen mag mitgewirkt haben.

[394] Schedule 4 Civil Jurisdiction and Judgments Act 1982 ergänzt durch SI 1993, Nr. 603.

[395] Davon ist für folgende Territorien Gebrauch gemacht worden: Jeresy, Guernsey, Isle of Man; Zypern (Souvereign Base Areas).

[396] Art. 65 EG.

[397] Verordnung (EG) Nr. 44/2001 des Rates vom 22. Dezember 2000, Abl. EG Nr. L 12 v. 16. Jannuar 2001.

76 EuGVVO). Im Verhältnis zwischen dem Vereinigten Königreich und den übrigen Mitgliedsstaaten der EU tritt sie an die Stelle des EuGVÜ. Dies gilt jedoch nicht im Verhältnis zu Dänemark, das einen Vorbehalt erklärt hat.[398] Mit der Ratsverordnung steht nun unmittelbar anwendbares Gemeinschaftsrecht zur Verfügung. Die Umsetzungsakte des EuGVÜ sind daher weitgehend gegenstandslos geworden. Die Umsetzung des EuGVÜ im Civil Jurisdiction and Judgments Act 1982 hat folglich innerhalb der EU nur noch im Verhältnis zu Dänemark Bedeutung; das Gesetz bleibt aber in der Fassung des Civil Jurisdiction and Judgments Act 1991 als Umsetzung des LugÜ maßgeblich.

Im Gegensatz zu den Regelungen des Luxemburg-Protokolls, haben Instanzgerichte nach der EuGVVO nicht mehr das Recht, Auslegungsfragen dem EuGH selbst vorzulegen. Dies ergibt sich aus Art. 68 EG, nach dem nur die letztinstanzlichen nationalen Gerichte das Recht zur Vorlage haben.

Die Rechtsbegriffe der Verordnung sind grundsätzlich autonom auszulegen, das heißt, ihre Bedeutung muss im Lichte der Verordnung und nicht anhand der Begriffe der *lex fori* ermittelt werden.[399]

Aufgrund des Amsterdamer Vertrages trat außerdem bereits am 1. März 2001 die Verordnung über die gerichtliche Zuständigkeit und die Anerkennung und Vollstreckung von Entscheidungen in Ehesachen und in Verfahren betreffend die elterliche Verantwortung für die gemeinsamen Kinder der Ehegatten in Kraft.[400] Daran schloss sich mit Wirkung vom 31. Mai 2001 die Verordnung über die Zustellung gerichtlicher und außergerichtlicher Schriftstücke in Zivil- und Handelssachen in den Mitgliedsstaaten an.[401]

Am 31. Mai 2002 folgte die Verordnung über Insolvenzverfahren,[402] Schließlich ist am 1. Januar 2004 die Verordnung über die Zusammenarbeit

---

[398] Art. 1 Nr. 3 EuGVVO.

[399] Briggs, S. 54.

[400] Verordnung (EG) Nr. 1347/2000 des Rates vom 29. Mai 2000, Abl. EG Nr. L 160 v. 30. Juni 2000, S. 19.

[401] Verordnung (EG) Nr. 1348/2000 des Rates vom 29. 5. 2000, Abl. EG Nr. L 160 v. 30. Juni 2000, S. 37.

[402] Verordnung (EG) Nr. 1346/2000 des Rates vom 29. Mai 2000, Abl. EG Nr. L 160 v. 30. Juni 2000, S. 1.

zwischen den Gerichten der Mitgliedsstaaten auf dem Gebiet der Beweisaufnahme in Zivil- oder Handelssachen in Kraft getreten.[403]

Somit zeigt sich eine Tendenz zu immer weiter reichender Harmonisierung des Zivilprozessrechts. Für die Frage der internationalen Zuständigkeit der englischen Gerichte sind jedoch nur die EuGVVO und die Zustellungsverordnung von unmittelbarer Bedeutung.[404] Das europäische Zuständigkeitsrecht ist Gegenstand zahlreicher Darstellungen in der Literatur[405] und soll hier nicht inhaltlich vorgestellt werden.

II. Übersicht über die Anwendbarkeit

Vier verschiedene Regelwerke gelten nun also für die Frage der internationalen Zuständigkeit der englischen Gerichte in Zivil- und Handelssachen, wenn man das autonome *Common Law* hinzuzählt. Dieser Umstand ist geeignet, Verwirrung zu stiften. Im folgenden wird ein Überblick über die anzuwendenden Regelwerke gegeben.

Je nachdem, mit welchem anderen Staat der Streit im Zusammenhang steht, gelten die folgenden Regeln:

1. Mitgliedsstaaten der EU

Im Verhältnis Großbritanniens zu den Mitgliedsstaaten der EU außer Dänemark gilt die EuGVVO als unmittelbar anwendbares Gemeinschaftsrecht. Dies gilt jedoch gemäß Art. 66 Abs. 1 EuGVVO nur für solche

---

403 Verordnung (EG) Nr. 1206/2001 v. 28. Mai 2001, Abl. EG Nr. L 174 v. 27. Juni 2001, S. 1.

404 Vgl. zu letzterer oben S. 70f.

405 Vgl. aus dem umfangreichen Schrifttum: Baumbach/Lauterbach-Albers, EuGVVO (Anhang V C [A]); Bülow/Böckstiegel, Nr. 600-607; Donzallaz, La Convention de Lugano; Droz, Compétence judiciaire; Gaudemet-Tallon, Les Conventions de Bruxelles et de Lugano; Geimer/Schütze, Bd. I, 1. Halbbd.; Geimer, Das Zuständigeitssystem des EWG-Übereinkommens; Gothot/Holleaux, La Convention de Bruxelles; Kropholler, Europäisches Zivilprozessrecht; MüKo ZPO-Gottwald, Bd. 3, EuGVÜ/EuGVVO; Gottwald und Stadler, in: Gottwald, Revision des EuGVÜ; Piltz, NJW 1979, 1072; Jayme (Hrsg.), IZVR; Schack, IZVR, Rn. 73ff.; aus dem englischen Schrifttum: Cheshire/North, Kap. 11, S. 183ff.; Collins, Civil Jurisdiction and Judgments; Dashwood/Harcon/White, A Guide to the Civil Jurisdiction and Judgments Convention; Dicey/Morris, r. 24, S. 291ff.; Hartley, Civil Jurisdiction and Judgments; Kaye, Civil Jurisdiction; Kerr, LS Gaz 75 (1978) II, 1190f.; umfassende Bibliographie bei Kropholler, Europäisches Zivilprozessrecht, S. 20ff.

Klagen, die nach dem Inkrafttreten erhoben worden sind. Vorher rechtshängig gewordene Klagen werden noch nach dem EuGVÜ beurteilt.

2. EFTA Staaten

Die internationale Zuständigkeit im Verhältnis zu den EFTA Staaten, die nicht Mitglied der EU sind, richtet sich nach dem Lugano-Übereinkommen, umgesetzt im Civil Jurisdiction and Judgments Act 1982. Dies betrifft Island, Norwegen, die Schweiz und Liechtenstein.

3. Polen

Polen ist im Jahre 2000 dem Lugano-Übereinkommen beigetreten.[406] Somit richtet sich die Internationale Zuständigkeit auch in Bezug zu Polen nach dem Civil Jurisdiction and Judgments Act 1982.[407]

4. Dänemark

Im Verhältnis zu Dänemark ist die EuGVVO nicht anwendbar. Es gilt weiterhin das EuGVÜ, umgesetzt im Civil Jurisdiction and Judgments Act 1982.

5. Überseeische Territorien der Mitgliedsstaaten

Die EuGVVO gilt im Verhältnis zu den außereuropäischen Territorien der Mitgliedsstaaten für die der EG-Vertrag in Kraft gesetzt worden ist.[408]

Für die britischen Kanalinseln, die Isle of Man sowie die Hoheitszonen des Vereinigten Königreiches auf Zypern gilt die EuGVVO nicht.[409]

6. Übrige Staaten

Die internationale Zuständigkeit der englischen Gerichte richtet sich im Verhältnis zu allen übrigen Staaten nach den im 2. Kapitel dargestellten Regeln des *Common Law*. Diese Fälle spielen in der Praxis eine große Rolle,

---

[406] Vgl. dazu Martiny, IPRax 2001, 29.

[407] Umsetzung für das Vereinigte Königreich in SI 2000 /1824.

[408] Dies sind die französischen überseeischen Départements, Madeira, die Azoren, die Kanarischen Inseln (Art. 299 Abs. 2 EG); die Balearen, Gibraltar und die Ålandinseln (Art. 299 Abs. 5 EG); nicht jedoch die in Anhang II EG aufgelisteten assoziierten Hoheitsgebiete.

[409] Art. 299 Abs. 6 lit. b) und c) EG.

da in Großbritannien zahlreiche wirtschaftsrechtliche Streitigkeiten zwischen ausländischen Parteien etwa aus den Vereinigten Staaten und Staaten des Commonwealth ausgetragen werden. Hier ist zu beachten, dass bei Beklagten mit Wohn- oder Geschäftssitz im Vereinigten Königreich grundsätzlich das europäische Zivilprozessrecht vorrangig zur Anwendung gelangt. Der verbleibende Anwendungsbereich der traditionellen Regeln bezieht sich somit zumeist auf Fälle der Auslandszustellung gem. CPR 6.20 oder solche, bei denen einem ausländischen Beklagten eine Klageschrift auf Grund der *transient presence rule* bei einem Aufenthalt in England zugestellt und dadurch die Zuständigkeit der englischen Gerichte wirksam begründet wird.

B. Der Begriff des domicile

Das europäische Zuständigkeitsrecht hat den Wohnsitz (*domicile*) als zentralen Anknüpfungspunkt.

Der Ausdruck *domicile* in diesen Vorschriften ist für englische Juristen verwirrend. Im *Common Law* hat dieser Begriff nämlich eine besondere Bedeutung, die weit über die Begriffe des gewöhnlichen Aufenthalts oder Wohnsitzes nach kontinentaleuropäischem Verständnis hinausreicht.

I. Domicile im Sinne des Common Law

Im *Common Law* bezeichnet *domicile* eine dauerhafte Verbindung einer Person mit einer Rechtsordnung, die grundsätzlich durch Geburt erworben und nicht leicht aufgegeben wird.[410]

Nach diesem Verständnis erhält jeder Mensch mit der Geburt ein *domicile of origin*, das sich nach dem *domicile* des Vaters, bei nichtehelichen Kindern dem der Mutter richtet. Dieses *domicile* behält man grundsätzlich bei, es sei denn, dass man im Laufe seines Lebens eine neues *domicile of choice* begründet. Niemand kann jemals ohne *domicile* sein oder zwei *domiciles* haben.

An die Begründung eines neuen sogenannten *domicile* of choice werden strenge Anforderungen gestellt. So ist erforderlich, dass die betreffende

[410] Vgl. grundlegend Kreitlow, Das domicile-Prinzip im englischen Internationalen Privatrecht und seine europäische Perspektive, 2003.

Person die Absicht hat, auf Dauer oder doch auf unbestimmte Zeit in dem entsprechenden Land zu wohnen *(animus manendi)*. Es wird auch eine Eingliederung in die neue Kultur und Gesellschaft verlangt.[411] So wurde etwa bei einem Schotten, der 35 Jahre lang bis zu seinem Tode in England gewohnt hatte, die Frage, ob er in England ein *domicile of choice* angenommen habe, mit der Begründung verneint, dass er sich bis zu seinem Tode abfällig über Engländer geäußert und eine schottische Zeitung bezogen habe.[412]

II. Domicile im Sinne des europarechtlichen Wohnsitzbegriffs

Dieser Begriff des *domicile* ist jedoch nicht gemeint, wenn der Ausdruck in der EuGVVO, dem EuGVÜ und seiner Umsetzung im Civil Jurisdiction and Judgments Act 1982 verwendet wird.

Hier ist der Begriff autonom zu verstehen. Part V s. 41 Civil Jurisdiction and Judgments Act 1982 definiert *domicile* in diesem Sinne wie folgt:[413]

> Domicile of individuals
>
> (1) Subject to Article 52 (which contains provisions for determining whether a party is domiciled in a Contracting State), the following provisions of this section determine, for the purposes of the 1968 Convention and this Act, whether an individual is domiciled in the United Kingdom or in a particular part of, or place in, the United Kingdom or in a state other than a Contracting State.
>
> (2) An individual is domiciled in the United Kingdom if and only if-
>
> (a) he is resident in the United Kingdom; and
>
> (b) the nature and circumstances of his residence indicate that he has substantial connection with the United Kingdom.
>
> (3) Subject to subsection (5), an individual is domiciled in a particular part of the United Kingdom if and only if-
>
> (a) he is resident in that part;
>
> (b) and the nature and circumstances of his residence indicate that he has substantial connection with that part.

---

[411] Vgl. zum Ganzen Dicey/Morris I, Kapitel 6, S. 107ff.

[412] *Ramsay v. Liverpool Royal Infirmary* [1930] A.C. 588.

[413] Der Civil Jurisdiction and Judgments Act 1982 gilt nur für das EuGVÜ und das LugÜ. Die Civil Jurisdiction and Judgments Order 2001, Sch. 1, § 9 dehnt daher den europarechtlichen *domicile* Begriff der s. 41 Civil Jurisdiction and Judgments Act 1982 auf den Anwendungsbereich der Verordnung aus.

(4) An individual is domiciled in a particular place in the United Kingdom if and only if he-

(a) is domiciled in the part of the United Kingdom in which that place is situated; and

(b) is resident in that place.

(5) An individual who is domiciled in the United Kingdom but in whose case the requirements of subsection (3) (b) are not satisfied in relation to any particular part of the United Kingdom shall be treated as domiciled in the part of the United Kingdom in which he is resident.

(6) In the case of an individual who-

(a) is resident in the United Kingdom, or in a particular part of the United Kingdom ; and

(b) has been so resident for the last three month or more,

the requirements of subsection (2) (b) or, as the case may be, subsection (3) (b) shall be presumed to be fulfilled unless the contrary is proved.

(7) An individual is domiciled in a state other than a Contracting State if and only if-

(a) he is resident in that state; and

(b) and the nature and circumstances of his residence indicate that he has substantial connection with that state.

Diese Regelung entspricht im wesentlichen dem kontinentaleuropäischen Wohnsitzbegriff, dessen Voraussetzungen freilich von Staat zu Staat variieren.

III. Kritik an diesem Begriff

Somit hat das kontinentaleuropäische Verständnis des gewöhnlichen Aufenthalts Eingang in das englische Recht gefunden. Die Wortwahl *„domicile"* ist wegen der Verwechslungsgefahr mit dem Begriff des *domicile* nach dem *Common Law* unglücklich. Besser geeignet wäre etwa der Ausdruck *„habitual residence"* gewesen.

C. Einführung in das Spannungsverhältnis von forum non conveniens-Doktrin und Europarecht

Die parallele Anwendbarkeit zweier völlig verschiedener Zuständigkeitssysteme im selben Lande hat ein gewisses Spannungsverhältnis erzeugt.

Bereits in der Einleitung ist deutlich geworden, wie sehr sich die Rechtstraditionen und das Rechtsdenken auf dem Kontinent vom *Common Law* unterscheiden. Unklar ist, inwieweit neben den europarechtlichen Zuständigkeitsregeln noch Raum für die Anwendung bestimmter Rechtsinstitute des *Common Law* verbleibt.

Insbesondere ist zweifelhaft, ob ein englisches Gericht berechtigt ist, nach *Common Law*-Regeln ein Verfahren auszusetzen, wenn sich seine Zuständigkeit aus europarechtlichen Bestimmungen ergibt. Hier stellen sich nunmehr auch die Fragen, ob sich die Diskussion unter der Ägide der EuGVVO erledigen wird und ob die bisher für den Bereich des EuGVÜ und des LugÜ ins Feld geführten Argumente weiterhin gelten können.

Unproblematisch ist, dass ein Gericht nach Artt. 25-29 EuGVVO[414] die Möglichkeit bzw. die Pflicht hat, sich unter bestimmten Umständen von Amts wegen für unzuständig zu erklären.

Darüber hinaus hält das Europarecht aber keine der *forum non conveniens*-Doktrin vergleichbare Regelung bereit, die ein Gericht ausdrücklich ermächtigen würde, eine bestehende Zuständigkeit nicht wahrzunehmen oder das Verfahren mit der Begründung auszusetzen, ein ausländischer Prozessort sei geeigneter. Ob dies zur Folge hat, dass die englischen Gerichte die Doktrin in Fällen, in denen sich ihre Zuständigkeit aus europarechtlichen Regeln ergibt, aufgeben müssen, ist in Rechtsprechung und Literatur umstritten.

D. Die Entwicklung des Spannungsverhältnisses in der Rechtsprechung

I. Berisford v. New Hampshire Insurance[415]

Im *Berisford*-Falle wurde die Anwendbarkeit der *forum non conveniens*-Doktrin neben den Zuständigkeitsregeln des EuGVÜ erstmals problematisiert. Die Entscheidung ist von großem Respekt vor dem Europarecht geprägt und kommt zu ganz anderen Ergebnissen als die spätere Judikatur.

---

[414] Artt. 20-23 EuGVÜ.

[415] *S. & W. Berisford plc. v. New Hampshire Insurance Co.* [1990] 2. Q.B. 631.

1. Tatbestand

Die beiden Klägerinnen, eine englische Gesellschaft und ihre in New York ansässige Tochtergesellschaft hatten ihre New Yorker Lagerbestände bei der Beklagten versichert. Bei der Beklagten handelte es sich um eine Versicherungsgesellschaft mit Sitz in New Hampshire (USA). Die Versicherungsverträge wurden jedoch mit deren Londoner Niederlassung geschlossen. Aus dem Lagerhaus kamen Wertgegenstände abhanden. Die Klägerinnen machten einen Verlust an Gold, Edelsteinen und Uhrwerken durch Diebstahl in Höhe von insgesamt 54 Millionen U.S. Dollar geltend.

Als die Beklagte die Leistung aus den Versicherungspolicen verweigerte, erhoben die beiden Klägerinnen Klage in England. Die Beklagte beantragte eine Verfahrensaussetzung nach der *forum non conveniens*-Doktrin. Die Klägerinnen beriefen sich auf Art. 8 Abs. 2 EuGVÜ sowie eine Klausel im Vertrag mit dem Wortlaut „this insurance contract is subject to English jurisdiction".

2. Entscheidung

Der *Court of Appeal* entschied, dass die Gerichtsstandsvereinbarung nicht eindeutig dahingehend zu verstehen sei, dass die englischen Gerichte ausschließlich zuständig sein sollten. Vielmehr könne die Formulierung auch so verstanden werden, dass lediglich klargestellt werden solle, dass vor den englischen Gerichten geklagt werden könne, ohne dass damit eine Derogation anderer Fora verbunden sei (*non-exclusive jurisdiction agreement*).[416] Somit sei nicht bereits aufgrund von Art. 17 EuGVÜ eine eindeutige Zuständigkeit der englischen Gerichte begründet.

Allerdings ergebe sich aus Art. 8 Abs. 2 EuGVÜ eine ausschließliche Zuständigkeit der englischen Gerichte, da der Vertrag mit der englischen Zweigniederlassung zustande gekommen sei.

Neben dieser ausschließlichen Zuständigkeit, die sich aus dem Übereinkommen ergebe, sei ein englisches Gericht nicht befugt, eine Verfahrensaussetzung aufgrund der *forum non conveniens*-Doktrin zu gewähren. Die Argumentation von *Hobhouse* J. scheint eindeutig:

[416] Vgl. dazu auch oben, S. 76ff.

„It is clear that the Convention is designed (subject to article 4) to achieve uniformity and to 'harmonise' the relevant procedural and jurisdictional rules of the courts of the contracting states. The Convention leaves no room for the application of any discretionary jurisdiction by the courts of this country: the availability of such a discretion would destroy the framework of the Convention and create a lack of uniformity in the interpretation and implementation of the Convention."[417]

Diese Entscheidung erweckt den Anschein, es sei schlechthin ausgeschlossen, im Bereich der Anwendbarkeit des Übereinkommens auf die *forum non conveniens*-Doktrin zu rekurrieren.

Jedoch findet noch keine nach Fallkonstellationen differenzierte Prüfung statt und es wird nicht problematisiert, ob ein Gemeinschaftsbezug besteht, ob also das in Frage kommende alternative Forum in einem anderen Mitgliedsstaat oder aber in einem Drittstaat liegt.

Letztlich konnte in diesem Falle die Frage nach der Anwendbarkeit der *forum non conveniens*-Doktrin auch offen bleiben, da das Gericht feststellte, dass die Beklagte ohnehin nicht hinreichend glaubhaft gemacht hatte, dass New York das besser geeignete Forum für den Rechtsstreit sei. Somit sind die Ausführungen zur Anwendbarkeit der *forum non conveniens*-Doktrin neben dem EuGVÜ nicht Teil der *ratio decidendi*. Es handelt sich vielmehr um ein *obiter dictum*, auf das sich die Präjudizienbindung nicht erstreckt. Daher waren die Gerichte auch berechtigt, in späteren Entscheidungen von dieser Ansicht abzuweichen.

Die spätere Rechtsprechung zeigt, dass die Frage noch nicht abschließend geklärt war:

II. Arkwright[418]

1. Tatbestand

Die klagende amerikanische Versicherungsgesellschaft hatte für Schäden an einer bei ihr versicherten Turbine in einer Fabrik in Michigan (USA) Versicherungsleistungen in Höhe von 2, 87 Millionen U.S. Dollar erbracht. Sie begehrte von den beklagten Rückversicherern Zahlung der Rückver-

---

[417] *S. & W. Berisford plc. v. New Hampshire Insurance Co.* [1990] 2. Q.B. 631, 645.

[418] *Arkwright Mutual v. Bryanston Insurance Co. Ltd.*[1990] 2. Q.B. 649, m. krit. Anm. Collins, LQR 106 (1990), 535; vgl. dazu Briggs LMCLQ 1991, 10.

sicherungssumme. Sämtliche Rückversicherer hatten ihren Wohnsitz im Sinne des Art. 2 EuGVÜ in England.[419] Die Rückversicherer wendeten ein, das Verfahren müsse gerechterweise in den Vereinigten Staaten stattfinden und verlangten von dem englischen Gericht die Aussetzung des Verfahrens nach der *forum non conveniens*-Doktrin. Die Beklagten hatten in New York ein Verfahren anhängig gemacht, in dem sie *negative declaratory relief* begehrten, also die Feststellung, den Klägern im englischen Verfahren nichts zu schulden. Im Hinblick auf dieses Verfahren beriefen sich die Rückversicherer überdies auf *lis alibi pendens*. Da aber kein weiteres Gericht in einem Mitgliedsstaat betroffen war, war Art. 21 EuGVÜ nicht anwendbar. Vielmehr würde das amerikanische Verfahren nach englischem Recht nur im Rahmen der *forum non conveniens*-Doktrin relevant werden, da ausländische Rechtshängigkeit eine englische Zuständigkeit nicht *ab initio* ausschließt, sondern nur in die *forum non conveniens*-Prüfung einfließt.

2. Entscheidung

Auch in diesem Falle wurde ein Ermessen des Gerichts im Anschluss an die Entscheidung im *Berisford*-Falle[420] grundsätzlich abgelehnt und entschieden, dass auch die anderweitige Rechtshängigkeit nichts an der Tatsache ändere, dass eine durch das EuGVÜ begründete Zuständigkeit nicht durch den Rekurs auf die *forum non conveniens*-Doktrin ausgehebelt werden dürfe.

Hier findet ebenfalls noch keine ausgiebige Diskussion des Erfordernisses eines Gemeinschaftsbezuges mit Differenzierung zwischen Fällen, die sich auf das Übereinkommensgebiet beziehen, und solchen, die Drittstaaten betreffen, statt, obwohl die entsprechenden Argumente vorgetragen worden waren.[421] Wiederum war es aber so, dass die Umstände des Falles nicht auf die USA als natürliches Forum deuteten, zumal die dort erhobene negative Feststellungsklage offenbar nur dem Zweck diente, eine Handhabe gegen eine Klage in England zu gewinnen.

---

419 Artt. 7-12 EuGVÜ finden auf Rückversicherungsverträge keine Anwendung.

420 *S. & W. Berisford plc. v. New Hampshire Insurance Co.* [1990] 2. Q.B. 631.

421 Dazu sogleich, S. 128.

III. In Re Harrods (Buenos Aires) Ltd.

1. Tatbestand

Die Wende brachte die Entscheidung *In Re Harrods (Buenos Aires) Ltd.*[422] Die Antragstellerin, eine Gesellschaft mit Sitz in der Schweiz, hielt die Minderheit der Anteile der englischen Gesellschaft *Harrods (Buenos Aires) Ltd.*, die ihre Geschäftstätigkeit, den Betrieb eines Kaufhauses, ausschließlich in Argentinien entfaltete. Auch die Hauptverwaltung hatte ihren Sitz in Argentinien. Die Mehrheit der Anteile wurde von einer anderen schweizerischen Gesellschaft gehalten. Die Antragstellerin behauptete, die Geschäfte der *Harrods (Buenos Aires) Ltd.* würden in einer Weise geführt, die unfair gegenüber den Minderheitsaktionären und damit rechtswidrig sei. Sie beantragte eine Verfügung gemäß ss. 459, 461 Companies Act 1985, mit der die Mehrheitsaktionärin gezwungen werden sollte, die Aktien der Antragstellerin zu kaufen, oder, hilfsweise, die *Harrods (Buenos Aires) Ltd.* entsprechend den Bestimmungen des Insolvency Act 1986 aufzulösen. Antragsgegnerin war die Mehrheitsaktionärin, die *Harrods (Buenos Aires) Ltd.* war Verfahrensbeteiligte.

Die Vorschriften lauten:

> s. 459 Companies Act 1985:
>
> (1) A member of a company may apply to the court by petition for an order under this Part on the ground that the company's affairs are being or have been conducted in a manner which is unfairly prejudicial to the interests of some part of the members (including at least himself) or that any actual or proposed act or omission of the company (including an act or omission on its behalf) is or would be so prejudicial.
>
> s. 461 Companies Act 1985:
>
> (1) If the court is satisfied that a petition under this Part is well founded, it may make such order as it thinks fit for giving relief in respect of the matters complained of.

Bei dem zuzustellenden verfahrenseinleitenden Schriftstück handelte es sich nicht um einen *writ* (*claim form*), sondern um eine sog. *petition*. Die *petition* ist der statthafte Rechtsbehelf bei Verfahren, die Anträge auf Verfügungen nach dem Companies Act 1985 oder Insolvenzanträge zum Gegenstand haben.

---

[422] [1992] Ch. 72.

Für die Zustellung galt die Regel der RSC order 11 r. 1,[423] die im Zuge der Einführung des EuGVÜ geschaffen worden war. Die *petition* wurde ordnungsgemäß in der Schweiz zugestellt.

Die Antragsgegnerin beantragte per *summons*[424] die Zurückweisung des Antrags mit der Begründung, dass Argentinien das geeignetere Forum für das Verfahren sei und dass die Auslandszustellung zu Unrecht gestattet worden sei.

Dieser Antrag wurde mit der Begründung zurückgewiesen, England sei das geeignete Forum und eine Erlaubnis zur Auslandszustellung überdies gar nicht erforderlich, da die Verfahrensart nicht von der Ermessensentscheidung gem. RSC order 11[425] erfasst sei.

Auf die Frage der Anwendbarkeit des EuGVÜ ging das Gericht nicht ein.

Gegen diese Entscheidung richtete sich die Revision der Mehrheitsaktionärin. Sie trug vor, Argentinien sei eindeutig der natürliche und geeignetste Prozessort, da der Sachverhalt keine Verbindung zu England aufwiese, England sei *forum non conveniens*, so dass das Verfahren auszusetzen sei.

Die Revisionsbeklagte trug dagegen vor, das EuGVÜ sei anwendbar, so dass sich die Zuständigkeit der englischen Gerichte aus Art. 2 Abs. 1 EuGVÜ ergäbe. Neben dieser Vorschrift sei die *forum non conveniens*-Doktrin nicht anwendbar.

2. Entscheidung

Der *Court of Appeal* trennte die Frage der Anwendbarkeit der *forum non conveniens*-Doktrin von der Hauptsache ab und entschied zunächst allein über diese Vorfrage *(preliminary question)*.

Das Gericht urteilte, dass in Fällen, in denen sich die Zuständigkeit der englischen Gerichte aus dem EuGVÜ ergibt, die Anwendung der *forum non conveniens*-Doktrin nicht grundsätzlich ausgeschlossen sei. Dies gelte zumindest dann, wenn das in Frage kommende alternative Forum in einem

---

423 S. o., S. 57.

424 *Summons* ist im Verfahren vor dem *High Court* ein Antrag, mit dem der Beklagte oder Antragsgegner prozessuale Einwände gegen das Verfahren geltend macht.

425 Heute CPR 6.20.

Drittstaat liege, so dass kein Kompetenzkonflikt mit den Gerichten eines anderen Mitgliedsstaates bestünde.[426]

Diese Entscheidung stellt eine Abwendung von der vorherigen Rechtsprechung dar. Die beiden ein eigenes Votum abgebenden Richter *Bingham* L.J. und *Dillon* L.J. würdigten dabei nunmehr die sechs Argumente für eine Anwendung der *forum non conveniens*-Doktrin, die bereits im *Arkwright*-Fall vorgetragen und von *Potter* J. zusammengefasst[427] worden waren:

1. EuGVÜ und LugÜ hätten den Zweck, Kompetenzstreitigkeiten zwischen den Vertragsstaaten zu regeln. Es entspräche nicht diesem Zweck, Drittstaaten die Zuständigkeit in solchen Fällen zu nehmen, in denen diese eindeutig das geeignetste und natürliche Forum für den Prozess seien. Da die Übereinkommen den Zweck hätten, nach einheitlichen Kriterien zu definieren, welcher der Vertragsstaaten die Zuständigkeit besitze, könnten die Regeln nur für die inter se Beziehungen der Vertragsstaaten gelten. Es bestehe somit kein Konflikt mit den Regelungen des Übereinkommens, wenn ein Vertragsstaat das Verfahren zugunsten eines Drittstaates aussetze, der aufgrund anderer Vorschriften Zuständigkeit besäße.

2. Die Regel über den Wohnsitz in Art. 2 Abs. 1 EuGVÜ sei, wie die Ausnahmen in Artt. 5-6a, 16, 17 EuGVÜ zeigten, nicht als eine umfassende und für alle Fälle verbindliche Regel anzusehen. In Ausnahmefällen müsse ein Abweichen möglich sein. Die Wohnsitzregel gelte nur *prima facie*.

3. Es sei angemessen, die Übereinkommen so auszulegen, dass die *forum non conveniens*-Doktrin anwendbar bleibe. Die Möglichkeit, das Verfahren in bestimmten Fällen zugunsten eines ausländischen Gerichts auszusetzen, sei interessengerecht, entspreche der *Comitas* und verhindere ungerechtfertigtes *forum shopping*. Außerdem würden exorbitante Zuständigkeiten, doppelte Prozessführung und konfligierende Urteile vermieden.

4. Artt. 21 – 23 EuGVÜ träfen eigene Regeln, die exorbitante Zuständigkeiten und doppelte Prozessführung vermeiden sollen. Bemerkenswerterweise gölten diese strengen Regeln, die ein Gericht unter Umständen zwängen, sogar ohne jeden Ermessensspielraum das Verfahren zugunsten

---

[426] *In Re Harrods (Buenos Aires) Ltd.* [1992] Ch. 72.

[427] *Arkwright Mutual v. Bryanston Insurance Co. Ltd.*[1990] 2. Q.B. 649, 660f.

der Gerichte eines anderen Vertragsstaates einzustellen bzw. sich von Amts wegen für unzuständig zu erklären, jedoch nicht im Verhältnis zu Drittstaaten. Dies führe dazu, dass wenn man das Recht, das Verfahren nach der *forum non conveniens*-Doktrin auszusetzen, verneinte, unter Umständen das am Wohnsitz des Beklagten befindliche Gericht das Verfahren fortsetzen müsse, obwohl selbst nach den Regeln des Übereinkommens eine Aussetzung zugunsten eines anderen Gerichtsortes geboten wäre, wenn sich dieser andere Gerichtsort in einem Vertragsstaat befände.

Dillon L.J. und *Bingham* L.J., denen sich die anderen Richter anschlossen, waren sich in der rechtlichen Bewertung dieser Argumente weitgehend einig. Anders als in der Vorinstanz, wird eine umfassende Prüfung und Auslegung der Übereinkommen vorgenommen und eine übereinkommenskonforme Lösung des Problems gesucht.

Ausgangspunkt der Argumentation der Richter bildet Art. 220 des EG-Vertrages,[428] der die wechselseitige Anerkennung von Urteilen zwischen den Vertragsstaaten erleichtern soll. In Verbindung mit der Präambel leitet das Gericht hieraus den Gedanken ab, dass das Ziel des EuGVÜ die Vermeidung von Zuständigkeitskonflikten zwischen den Vertragsstaaten sei.

Hieraus schließen die Richter, dass bei Fällen, in denen die Zuständigkeit keines anderen Vertragsstaates in Rede stehe, das Regelwerk des Übereinkommens zumindest nicht mit der selben Rigorosität Anwendung finde, wie bei Fällen mit Gemeinschaftsbezug.

Da, wenn englische Gerichte die Zuständigkeit ablehnten, auch von vornherein ausgeschlossen sei, dass es zu einem englischen Urteil komme, das von anderen Vertragsstaaten anerkannt werden müsse, sei der mit dem Übereinkommen verfolgte Schutzzweck nicht berührt.

Die Richter machen auch deutlich, dass die Grundlage der Zuständigkeit die Souveränität der einzelnen Staaten sei. Wenn die Staaten zum Zwecke der Vereinheitlichung gemeinsame Regeln aufstellten, spräche dies dafür, dass das Verhältnis der Vertragsstaaten zu Drittländern unberührt bleiben solle.

> "Since the Convention is merely an agreement between the contracting states among themselves, I do not agree with Hobhouse J. that the framework of

---

[428] Heute Art. 293 EG.

the Convention would be destroyed if there were available to the English court a discretion to refuse jurisdiction, on the ground that the courts of a non-contracting state were the appropriate forum, in a case with which no other contracting state is in any way concerned."[429]

Der *Court of Appeal* setzte das Verfahren daher zu Gunsten eines Prozesses in Argentinien aus.

Die Revision zum *House of Lords* führte zu einem Vorlagebeschluss an den EuGH.[430] Die Lordrichter unterbreiteten folgende Fragen:

> „(1) Does the 1968 Convention apply to govern the jurisdiction of the courts of a Contracting State in circumstances where there is no conflict of jurisdiction with the courts of any other Contracting State?
>
> (2) (a) Is it inconsistent with the 1968 Convention where jurisdiction is founded on Article 2 for a court of a Contracting State to exercise a discretionary power available under its national law to decline to hear proceedings brought against a person domiciled in that State in favour of the courts of a non-Contracting State, if the jurisdiction of no other Contracting State under the 1968 Convention is in question?
>
> (b) If so, is it inconsistent in all circumstances or only in some and, if so, which?
>
> (3) (a) If the answer to question (2) is Yes, is it nevertheless consistent with the 1968 Convention for the court of a Contracting State to exercise a discretionary power available under its national law to decline to hear those proceedings against a co-defendant not domiciled in a Contracting State in favour of the courts of a non-Contracting State?
>
> (b) Is the answer to question (3) different if the effect of declining to hear those proceedings against a co-defendant is that the claim against the domiciled defendant would have to be dismissed?"

Bevor jedoch der EuGH über diese Fragen entscheiden konnte, legten die Parteien den Streit außergerichtlich bei.

Etwa gleichzeitig wurde die prinzipielle Anwendbarkeit der *forum non conveniens*-Doktrin bei alternativem Forum in einem Drittstaat vom *Court of Appeal* in einem weiteren Falle bejaht, in dem der Beklagte in einem Vertragsstaat (Italien) seinen Wohnsitz hatte.[431]

---

[429] *In Re Harrods (Buenos Aires) Ltd.* [1992] Ch 72, 97.

[430] Rs. C-314/92 (*Ladenimor v. Intercomfinanz S.A.*).

[431] *The Po* [1991] 2 Lloyd's Rep. 206, C.A.

IV. Lubbe[432]

Die Entscheidung *In Re Harrods* wurde von der nachfolgenden Rechtsprechung erweitert und aufgegriffen. Mehrere Entscheidungen bestätigten die Regel, dass bei Fällen, die keine Beziehung zu weiteren Vertragsstaaten aufwiesen, die *forum non conveniens*-Doktrin anwendbar bleibe.

Die *Lubbe*-Entscheidung wurde bereits oben behandelt, soweit in ihr die Frage der Bestimmung des natürlichen Forums eine Rolle spielte.[433] Vorgelagert war jedoch in der Revisionsinstanz in diesem Falle die Frage, ob und inwieweit die Regeln der Übereinkommen die Möglichkeiten eines *stay of proceedings* ausschlössen. Das *House of Lords* sah sich nicht gezwungen, die Frage der Anwendbarkeit erneut dem EuGH vorzulegen, da das Gericht zu dem Ergebnis kam, dass eine Aussetzung ohnehin nicht in Betracht kam, da ein Verfahren in Südafrika für die Kläger nicht durchführbar war.[434]

V. Eli Lilly & Co. v. Novo Nordisk A/S[435]

Bis zur *Eli Lilly* Entscheidung wurde davon ausgegangen, wenn und soweit überhaupt die Interessen eines weiteren Vertragsstaates betroffen sein könnten, sei die Anwendbarkeit der *forum non conveniens*-Doktrin ausgeschlossen.

Im *Eli Lilly*-Fall war die Klägerin ein US-amerikanisches Biochemie-Unternehmen, das mit der dänischen Beklagten um ein Patent für ein menschliches Wachstumshormon stritt.

Der *Court of Appeal* hielt die *forum non conveniens*-Doktrin trotz der Verbindung zu dem Vertragsstaat Dänemark für grundsätzlich anwendbar, da das alternative Forum in New Jersey in einem Drittstaat lag. Somit wurde davon ausgegangen, dass es für die Anwendbarkeit der *forum non conveniens*-Doktrin erforderlich aber auch ausreichend sei, dass das alternative Forum sich nicht in einem Vertragsstaat befinde. Allerdings wurde eine Aussetzung des Verfahrens im Ergebnis abgelehnt.

---

[432] *Schalk Willem Burger Lubbe and 4 others v. Cape Plc.* [2000] 4 All ER 268, H.L.; vgl. dazu Blobel/Späth, RIW 2001, 598ff.

[433] S. 102f.

[434] Dazu oben, S. 102.

[435] *Eli Lilly & Co. v. Novo Nordisk A/S* [2000] 1 L Pr 73.

VI. Ace Insurance S.A.-N.V. v. Zurich Insurance Co.[436]

In der neuen Leitentscheidung *Ace Insurance S.A.-N.V. v. Zurich Insurance Co.*[437] wurden die maßgeblichen Regeln für die Anwendbarkeit der *forum non conveniens*-Doktrin genauer festgelegt. Zur Zeit der Entscheidung *Eli Lilly & Co. v. Novo Nordisk A/S*[438] war dieses Verfahren bereits vor dem *High Court* rechtshängig. Als dann Revision zum *Court of Appeal* eingelegt wurde, war die *Eli Lilly*-Entscheidung bereits rechtskräftig und wurde ausdrücklich bestätigt.

1. Tatbestand

Die Klägerin, eine belgische Versicherung, war bei der Beklagten rückversichert. Begehren der in London eingereichten Klage war eine gerichtliche Feststellung, dass die Klägerin aus einem Rückversicherungsvertrag mit der Beklagten keine Zahlungsverpflichtung träfe.

Der Rückversicherungsvertrag war mit der U.S. amerikanischen Niederlassung der schweizerischen Beklagten geschlossen worden und enthielt eine Klausel, in der sich die Versicherungsnehmerin verpflichtete, sich der Rechtsprechung US-amerikanischer Gerichte zu unterwerfen („submit to U.S. jurisdiction").

Die Beklagte begann daraufhin -unter Berufung auf diese angebliche Gerichtsstandsvereinbarung im Versicherungsvertrag- ein Verfahren im U.S. Bundesstaat Texas. In London beantragte sie die Aussetzung des Verfahrens aufgrund der *forum non conveniens*-Doktrin unter Hinweis auf die Vertragsklausel, das in Texas anhängige Verfahren und die Tatsache, dass der Sachverhalt keinerlei Verbindung zu England aufweise.

Die Revisionskläger hatten einen schweren Stand. Ursprünglich bestand der Plan, der von der *Harrods*-Entscheidung ausgehenden Präjudizienbindung im Wege des *distinguishing* zu entgehen. Da die Beklagte ihren Sitz in der Schweiz –einem Unterzeichnerstaat des LugÜ– hatte, wollten die Prozessvertreter der Klägerin vortragen, dass im Gegensatz zum *Harrods*-Fall, hier ein weiterer Vertragsstaat betroffen sei, und daher die *Harrods*-Regel keine Anwendung finde.

---

[436] *Ace Insurance S.A.-N.V. v. Zurich Insurance Co.* [2001] 1 Lloys's Rep. 618.
[437] *Ace Insurance S.A.-N.V. v. Zurich Insurance Co.* [2001] 1 Lloys's Rep. 618.
[438] *Eli Lilly & Co. v. Novo Nordisk A/S* [2000] 1 L Pr 73.

Während des Verfahrens erging nun aber die Entscheidung *Eli Lilly & Co. v. Novo Nordisk A/S*[439], nach der ausdrücklich nur erforderlich war, dass sich das alternative Forum in einem Drittstaat befindet.

Die einzige Möglichkeit der Klägerin bestand nun darin, darzulegen, dass sowohl die *Harrods* als auch die *Eli Lilly* Entscheidung *per incuriam* ergangen seien.

Englische Gerichte haben nämlich nur dann die Möglichkeit, sich über die Präjudizien der eigenen Instanz hinwegzusetzen, wenn sie erklären, die damalige Entscheidung sei rechtsirrig oder fehlerhaft *(per incuriam)* ergangen. Dies setzt jedoch voraus, dass dem Gericht Nachlässigkeit in Bezug auf die Rechtsanwendung zur Last fällt, indem etwa einschlägige Gesetze oder anwendbare Präzedenzfälle missachtet wurden. Da der *Court of Appeal* aber das EuGVÜ eingehend und schulmäßig in der *Harrods*-Entscheidung geprüft hatte und lediglich zu einer rechtlichen Bewertung gelangte, die der kontinentaleuropäischen Auffassung teilweise widerspricht, waren die Chancen der Klägerin gering.

2. Entscheidung

Der *Court of Appeal* bestätigte ausdrücklich die Regel, dass das EuGVÜ keinerlei Regelungen über die Zuständigkeit der Vertragsstaaten in Bezug zu Drittstaaten enthalte und somit die Verfahrensaussetzung nach der *forum non conveniens*-Doktrin zulässig sei, wenn und soweit das alternative Forum sich nicht in einem Vertragstaat des EuGVÜ befände. Dies wurde auch in mehreren weiteren Entscheidungen bestätigt.[440]

VII. Owusu v. Jackson[441]

Im Falle *Owusu v. Jackson*[442] wurde die Europarechtskonformität der Doktrin jedoch erneut in Frage gestellt:

---

[439] *Eli Lilly & Co. v. Novo Nordisk A/S* [2000] 1 L Pr 73.

[440] *Canada Trust Co. v. Stolzenberg* [2000] 3 W.L.R. 1376; *Haji-Ioannou v. Frangos* [1999] 2 Lloyds's Rep. 337, *Mercury Communications Ltd. v. Communications Telesystems International Ltd.* [1999] 2 All ER (Comm.) 33.

[441] *Owusu v. Jackson and others* [2002] EWCA Civ 877, C.A.

[442] *Owusu v. Jackson and others* [2002] EWCA Civ 877, C.A.

1. Tatbestand

Der Kläger mietete von dem Beklagten Jackson (Beklagter zu 1) ein Ferienhaus auf Jamaika. Der Kläger und der Beklagte zu 1 hatten ihren Wohnsitz im Vereinigten Königreich. Der Mietvertrag sah vor, dass der Kläger Zugang zu einem nahe gelegenen Privatstrand haben sollte. Dieser Strand gehörte der Beklagten zu 3 (einer jamaikanischen Gesellschaft) und wurde von den Beklagten zu 4 und zu 6, zwei miteinander verflochtenen weiteren jamaikanischen Gesellschaften, betreut und beaufsichtigt.[443]

Der Kläger ging beim Baden bis zum Bauch ins Wasser vor, dann tauchte er nach unten und stieß mit dem Kopf gegen eine verborgene Sandbank, wobei er sich erhebliche Verletzungen zuzog.

Zwei Jahre zuvor hatte sich ein ähnlicher Unfall an der selben Stelle ereignet, weswegen vor den Gerichten in Jamaika gegen dieselben Beklagten bereits ein Verfahren einer anderen englischen Touristin anhängig war.

Die Klage wurde zunächst dem Beklagten zu 1 in England zugestellt und damit die Zuständigkeit der englischen Gerichte begründet. Das Gericht der ersten Instanz erteilte daraufhin die Erlaubnis zur Auslandszustellung der Klagen an die Beklagten zu 2 bis 6 in Jamaika, entsprechend der Regel der CPR 6.20 (3), da ja einer der Beklagten in England domiziliert war.[444]

Aufgrund der Tatsache, dass fünf der sechs Beklagten sowie sämtliche Zeugen und Beweismittel sich auf Jamaika befanden und überdies ein Ortstermin erforderlich werden könnte, beantragten die jamaikanischen Beklagten zu 2-6 eine Aussetzung des Verfahrens nach der *forum non conveniens*-Doktrin. Das Gericht erster Instanz lehnte dies ab. Richter *Bentley* fühlte sich durch die *Josi*-Entscheidung des EuGH[445] an der Anwendung der *forum non conveniens*-Doktrin gehindert, war selbst aber nicht zur Vorlage an den EuGH berechtigt und meinte deshalb, aus Gründen der Einheitlichkeit des Verfahrens, müsse zunächst gegen alle Beklagten in England verhandelt werden. Die Fragen der Anwendbarkeit der Artt. 16 Nr. 1 a) und b)

---

[443] Die Beklagten zu 2 und zu 6 beteiligten sich nicht an der Appelation und wurden deshalb nicht Partei dieses Rechtsstreits.

[444] Dazu oben, S. 58ff.

[445] EuGH Rs. C-412/98 (*Group Josi Reinsurance Company SA v. Universal General Insurance Company [UGIC]*) EuGH Slg. 2000-I, 5925.

EuGVÜ[446] (ausschließlicher Gerichtsstand am Belegenheitsort mit Sonderregelung für Feriendomizile) und 5 Nr. 1 EuGVÜ[447] (besonderer Gerichtsstand des Erfüllungsortes) werden in diesem Zusammenhang nicht behandelt.

2. Entscheidung

Der *Court of Appeal* beschloss eine erneute Vorlage der entscheidenden Fragen an den EuGH und legte folgende Fragen vor:

> 1. Is it inconsistent with the Brussels Convention on Jurisdiction and the Enforcement of Judgments 1968, where a Claimant contends that jurisdiction is founded on art 2, for a court of a Contracting State to exercise a discretionary power, available under its national law, to decline to hear proceedings brought against a person domiciled in that State in favour of the courts of a non-Contracting State:
>
> (a) if the jurisdiction of no other Contracting State under the 1968 Convention is in issue;
>
> (b) if the proceedings have no connecting factor to any other Contracting State?
>
> 2. If the answer to question 1(a) or (b) is yes, is it inconsistent in all circumstances or only in some and if so in which?

Der Entscheidung des EuGH in diesem Falle wäre größte praktische Bedeutung zugekommen, da sich das Gericht durch die Fragestellung hätte veranlasst sehen dürfen, nicht nur die Vereinbarkeit der *forum non conveniens*-Doktrin mit dem EuGVÜ, sondern auch die generelle Frage der Erforderlichkeit eines Gemeinschaftsbezuges zur Eröffnung des Anwendungsbereichs des Übereinkommens und der EuGVVO zu klären.[448] Das Verfahren wurde jedoch Ende 2003 ohne Entscheidung erledigt.[449]

VIII. Fazit

Die englische Rechtsprechung geht bisher davon aus, dass die *forum non conveniens*-Doktrin grundsätzlich auch bei europarechtlich begründeter

[446] Art. 22 Nr. 1 EuGVVO.
[447] Art. 5 Nr. 1 a) EuGVVO.
[448] Dazu unten, S. 172ff.
[449] Das Verfahren war beim EuGH unter dem Aktenzeichen Rs. C-281/02 anhängig.

Zuständigkeit im Verhältnis zu Drittstaaten Anwendung finden könne.[450] Seit der *Josi*-Entscheidung des EuGH[451] ist jedoch erneut Unsicherheit eingetreten.[452] Es wird eine Grundsatzentscheidung des EuGH für erforderlich gehalten, die noch aussteht.

E. Rezeption des Problems in der Literatur

Die *forum non conveniens*-Doktrin im Allgemeinen und insbesondere ihr Verhältnis zum EuGVÜ sind in der Literatur vielfach untersucht worden.[453] Während vor der Einführung europarechtlicher Zuständigkeitsregeln die Doktrin selbst im Vereinigten Königreich lediglich auf begrenztes Interesse der Gelehrten stieß, hat das Spannungsverhältnis welches sich aus ihrer Anwendung neben dem EuGVÜ ergeben hat, viele Autoren zu Beiträgen über das Thema veranlasst. Zumeist in diesem Zusammenhang hat die Doktrin auch Einzug in das Interessenspektrum des kontinentaleuropäischen Schrifttums gehalten.

An dieser Stelle sollen nur die wichtigsten Strömungen skizziert und die problematischen Konstellationen sodann im nächsten Kapitel nach Fallgruppen geordnet werden. Die Auseinandersetzung mit den einzelnen Argumenten erfolgt anhand dieser Fallgruppen.[454]

---

[450] vgl. auch *Sarrio SA v. Kuwait Investment Authority* [1996] 1 Lloys's Rep. 650, 654 per Mance J.; *Aiglon Ltd. v. Gau Shan Co. Ltd.* [1993] 1 Lloys's Rep. 164.

[451] EuGH Rs. C-412/98 (*Group Josi Reinsurance Company SA v. Universal Gereral Insurance Company [UGIC]*) EuGH Slg. 2000-I, 5925=ZEuP 2001, 943 m. Anm. Gebauer. S. 949; vgl. dazu unten, S. 173ff.

[452] Vgl. *Owusu v. Jackson and others* [2002] EWCA Civ 877, C.A.

[453] vgl. exemplarisch: Beaumont, ICLQ 36 (1987), 116; ders. in Fawcett, Declining Jurisdiction, S. 207ff.; Bernasconi/Gerber, IPRax 1994, 3ff.; Blum, Forum non conveniens, 1979; Briggs & Rees, S. 162ff.; Dorsel, Forum non conveniens; 1995; Droz, S. 108; Fawcett, Declining Jurisdiction, S. 10ff.; Erwand, Forum non conveniens und EuGVÜ, 1996; Fentiman, CILJ 26 (1993), 59; Gaudemet-Tallon, RCDIP 80 (Juli – September 1991), 3ff.; Geimer, IZPR, Rn. 1073ff.; Gothot & Holleaux, S. 83f; Hartley, ELR 17 (1992), 553; Hogan, ELR 20 (1995) 471; Huber, Die englische Forum non conveniens-Doktrin, 1994; ders. RIW 1993, 977; Juenger, FS-Schütze, 1999; S. 317ff.; Kennet, CLJ 54 (1995), 552, 563ff.; Mistelis/Grunert, ZVglRWiss 1994, 204; Hartwieg, JZ 1996, 109; Niegisch; Mehrspurigkeit, 1993; North, FS-Rigaux, S. 373; Tebbens, S. 47; Nygh, in FS-Siehr, S. 511ff.; Reus, RIW 1991, 542; Schack, RabelsZ 58 (1994), 40ff.; ders. IZVR, Rn. 493ff. ; Verheul, ICLQ 35 (1986), 413ff.; Wahl, S. 126ff.

[454] Siehe unten, S. 167ff.

1. Englische Literatur

a) Bewertung der Doktrin

Insgesamt wird die Doktrin in der englischen Literatur weitgehend positiv bewertet und in ihr ein legitimes und notwendiges Mittel gesehen, die rechtsmissbräuchliche Inanspruchnahme der englischen Gerichte zu begrenzen. Es wurde bereits vor den oben dargestellten maßgeblichen Präzedenzfällen die Übernahme der schottischen *forum non conveniens*-Doktrin in das *Common Law* angeregt.[455]

Einige Autoren begrüßen sodann ausdrücklich die Entscheidungen zur Aufgabe der alten *vexatious and oppressive*-Lehre und ihre Ersetzung durch die *forum non conveniens*-Doktrin,[456] wobei es jedoch auch aus dem Rechtsraum des *Common Law* nicht an Stimmen fehlt, die auf die Risiken der Prozessverzögerung und Rechtsunsicherheit für den Kläger hinweisen.[457]

Ein Grund für die positive Bewertung der Doktrin ist die These, sie unterbinde ungerechtfertigtes *forum shopping*.[458] Unter *forum shopping* versteht man das Bestreben des Klägers, den Gerichtsort mit Rücksicht auf das gewünschte Ergebnis auszuwählen.[459] Die *forum non conveniens*-Doktrin stelle ein flexibles Instrumentarium zur Vermeidung von *forum shopping* zur Verfügung.

Als Grundlage und Rechtfertigung der *forum non conveniens*-Doktrin wird außerdem die *Comitas*-Lehre herangezogen. Das freundliche Entgegenkommen gegenüber anderen Völkern gebiete, auf die Durchführung eines Verfahrens zu verzichten, wenn es vor einem ausländische Gericht besser aufgehoben sei oder in dessen Kompetenz eingreife.[460]

---

[455] Vgl. Inglis, LQR 81 (1965), S. 880, 884ff.

[456] Fawcett, OJLS 9 (1989), 205; Morris, S. 117ff.; sehr weitgehend Barma/Elvin, LQR 101 (1985), 48.

[457] Vgl. Slater LQR 104 (1988), 554, 555; Fawcett, OJLS 9 (1989) 205, 218ff.; Robertson, LQR 103 (1987)398, 399; Prince, ICLQ 47 (1998), 573, 574, 597.

[458] So bereits Lord Reid in der *Atlantic Star*-Entscheidung, [1974] A. C. 436, 454 D; vgl. Slater LQR 104 (1988), 554, 560f.; Barma/Elvin, LQR 101 (1985), 48, 59ff.

[459] Junker, Rn. 22.

[460] Fawcett, OJLS 9 (1989), 205, 209; krit. Slater, LQR 104 (1988), 554, 564ff.

b) Spannungsverhältnis zum Europarecht

Weniger einhellig sind die Ansichten der Gelehrten bei der Frage, ob neben dem Europarecht ein Anwendungsbereich für die *forum non conveniens*-Doktrin verbleibt.

Vor der *In Re Harrods*-Entscheidung[461] war das Problem der Anwendbarkeit der *forum non conveniens*-Doktrin bei europarechtlich begründeter Zuständigkeit noch nicht Gegenstand einer breiteren Diskussion in der Literatur. Es finden sich jedoch Stimmen, die eindeutig postulieren, dass im Anwendungsbereich der Übereinkommen die Verfahrensaussetzung nach der *forum non conveniens*-Doktrin unzulässig sei.[462]

Die *Harrods*-Entscheidung[463] hat im Schrifttum dann ein geteiltes Echo hervorgerufen.

Die englische Literatur ist sich weitgehend einig darüber, dass englische Gerichte nicht berechtigt sind, das Verfahren zugunsten eines anderen Vertrags- bzw. Mitgliedsstaates nach der *forum non conveniens*-Doktrin auszusetzen, wenn sich ihre Zuständigkeit aus den Übereinkommen bzw. der EuGVVO ergibt.[464]

Viele Rechtsgelehrte bejahen jedoch die Anwendbarkeit der *forum non conveniens*-Doktrin zugunsten von Gerichten in Drittstaaten.[465] Dabei wird nicht verkannt, dass ein Spannungsverhältnis zu den europarechtlichen Vorgaben besteht. Vor dem Hintergrund der Tatsache, dass das englische Recht andere Systembegriffe und Anknüpfungsmerkmale verwendet als die kontinentalen Rechtsordnungen, was zu einer überproportionalen und systemwidrigen Zuständigkeit der englischen Gerichte im Vergleich zu

---

461 [1992] Ch. 72.

462 Kaye, S. 487; Lawrence, LQR 106 (1990), 534, 536; Jacob 2.29, S. 49.

463 [1992] Ch. 72.

464 Dicey/Morris I, r. 31, 12-015, S. 392; Collins, Civil Jurisdiction and Judgements, S. 45; Mathers (1983) 3 Yb. Eur. L., 49, 61f.; Mennie Jur. Rev. 1989, 150; Kaye, 269, 1244; O'Malley & Layton, 368; Jaffey S. 125; Cheshire / North, Kap. 11, (H) (ii), S. 262ff.; so auch ausdrücklich Dillon L.J. in *In re Harrods (Buenos Aires) Ltd.* [1992] Ch. 72, 93 D.

465 Collins, LQR 106 (1990), 535, 538; Fentiman, CILJ 26 (1993), 59, 77ff.; Jaffey, S. 127f.; North, FS-Rigaux, 373, 385; Sime, 11.8.4, S. 124f.; Dicey/Morris, r. 31, 12-014, S. 392; Collins/Davenport LQR 110 (1994) 325, 326 sprechen sich für die Anwendung der *forum non conveniens*-Doktrin zumindest für Fälle im Anwendungsbereich der Modified Convention (Schedule 4 Civil Jurisdiction and Judgments Act 1982).

anderen Mitgliedsstaaten führen kann,[466] wird jedoch Bedarf für ein flexibles Instrumentarium gesehen, um systemwidrige und ungerechte Ergebnisse zu vermeiden. Es sei daher im Interesse des europäischen Integrationsprozesses und der *Comitas* geboten, dass die englischen Gerichte diesem Übermaß mit der *forum non conveniens*-Doktrin begegneten.

Es wird jedoch auch in der englischen Literatur teilweise vertreten, dass zumindest aus dem Geist der Übereinkommen die Verpflichtung erwachse, auch im Verhältnis zu Drittstaaten eine gemäß Art. 2 EuGVÜ/EuGVVO begründete Zuständigkeit stets bis zum Sachurteil auszuüben. Die daraus entstehenden Nachteile müssten aufgrund des Vorranges der europarechtlichen Regelung in Kauf genommen werden. Die *forum non conveniens*-Doktrin sei daher grundsätzlich nicht anwendbar, sobald sich die Zuständigkeit der englischen Gerichte aus den Übereinkommen ergebe.[467] Eine Auffassung differenziert dabei nach dem Wohnsitz des Klägers und bejaht die Anwendbarkeit der Doktrin nur, wenn auch dieser seinen Wohnsitz in einem Drittstaat hat.[468]

2. Kontinentaleuropäische Literatur

Die kontinentaleuropäische Literatur beleuchtet die englische *forum non conveniens*-Doktrin zumeist vor dem Hintergrund des Europarechts. Es finden sich jedoch auch allgemeinere Beiträge.[469] Dabei ist die Doktrin vielfach auf Unverständnis und Ablehnung gestoßen. Teilweise wird in ihrer Anwendung gar der Versuch gesehen, den Geist der europarechtlichen Regelungen zu untergraben. Kontinentaleuropäische Autoren werfen der *forum non conveniens*-Doktrin vor, nicht bestimmt genug zu sein und zur Verunsicherung der Kläger beizutragen.[470] Die Kritik entzündet sich zumeist daran, dass für die

---

[466] Vgl. dazu die Fallgruppen, S. 178ff.

[467] Roberston, LQR 103 (1987), 398, 413; Cheshire / North, Kap. 11 (H) (ii) (c), S. 266; einschränkend: North, IPRax 1992, 183, 184.

[468] Hartley, ELR 17 (1992), 553.

[469] Bernasconi/Gerber, IPRax 1994, 3; Blum, Forum non conveniens; Dorsel, Forum non conveniens; Juenger, FS-Schuetze, 1999, 317; Mistelis/Grunert, ZVglRWiss 1994, 204; Hartwieg, JZ 1996, 109; Nygh, FS-Siehr 2000, 511.

[470] Huber, S. 145ff., vgl. aber S. 220ff. 229; ders., IPRax 1996, 48, 52; Kronke, RIW 1977, 613; Gaudemet-Tallon, RCDIP 80 (Juli – September 1991), 3ff.; Gothot & Holleaux, S. 83f.; Hau, S. 227f, 230; Geimer, IZPR, Rn. 1075f. (zur Übernahme der Lehre in das deutsche Recht).

Beantwortung der formellen Frage nach der Zuständigkeit materielle Aspekte herangezogen würden. Es wird auch argumentiert, die *forum non conveniens*-Doktrin gefährde die Rechtssicherheit.[471] Teilweise wird jede Berechtigung der Gerichte der Vertragsstaaten bestritten, eine Zuständigkeit die sich aus dem EuGVÜ ergibt unter Anwendung autonomen staatlichen Rechts nicht auszuüben.[472]

Die Anwendbarkeit der *forum non conveniens*-Doktrin wird auch mit der Begründung abgelehnt, sie liefe dem Gedanken der Rechtsvereinheitlichung in Europa zuwider. Wenn in einigen Mitgliedsstaaten die Zuständigkeitsregeln verbindlich seien, während in anderen die Möglichkeit bestehe, das Verfahren auszusetzen, sei dies mit dem Harmonisierungsziel der Regelungen nicht vereinbar.[473]

Ein weiteres Argument ist, dass eine Zuständigkeit die durch das Europarecht begründet werde, auch nur durch dieses wieder beseitigt werden könne. *Fentiman* nennt dies ironisch "What the Convention giveth, the Convention taketh away."[474]

Geimer etwa lehnt jede Form der *forum non conveniens*-Doktrin im Anwendungsbereich des Europarechts ab und geht von einer Zuständigkeit des gem. Artt. 2ff. EuGVVO/EuGVÜ berufenen Forums „ohne Wenn und Aber“ aus.[475]

Droz erkennt zwar an, dass in gewissen Ausnahmefällen die Anwendung der Doktrin zu gerechten Ergebnissen führen könne, lehnt sie aber aus grundsätzlichen Erwägungen ab, um nicht ein Einfallstor für ausufernde Ermessensentscheidungen der nationalen Gerichte im Rahmen des

---

471 Huber, S. 145, 175f, vgl. aber dagegen S. 220f, 229; Gaudemet-Tallon, RCDIP 1991, 491, 520, 524; vgl. dazu unten, S. 158ff.

472 Schack, IPRax 1991, 270, 273; Jayme/Kohler, IPRax 1988, 133, 135; Kohler, Festschrift Matscher, 251; Bernasconi/Gerber, IPRax 1994, 3, 9; Droz, Compétence Judiciaire, Nr. 206; Geimer, IZPR, Rn. 1094b; ders., in: Internationale Zuständigkeit und Urteilsanerkennung in Europa, S. 35; Geimer/Schütze, EZVR, Art. 2, Rn. 42, 44.

473 Huber, S. 175; Gaudemet-Tallon, RCDIP 1991, 491, 520 f.

474 Fentiman, CILJ 26 (1993), 59, 70.

475 Geimer, IZPR, Rn. 1094b; ders., in: EuGH: Internationale Zuständigkeit und Urteilsanerkennung in Europa, S. 35; Geimer/Schütze, EZVR, Art. 2, Rn. 42, 44.

Europarechtes zu öffnen: „Il valait mieux tuer dans l'œuf cette source de chicane."[476]

Die europäische Kritik, in der die *forum non conveniens*-Lehre als angelsächsiche Idiosynkrasie erscheint, lässt die gegensätzlichen Sichtweisen von *Common Law* und *Civil Law* deutlich hervortreten. Wie gesehen, entwickelte sich die *forum non conveniens*-Doktrin in England gerade aus dem Gedanken der *Comitas*. Man wollte unter Aufgabe der früheren Anschauungen, nach denen die englischen Gerichte sich schlechthin für die geeignetsten der Welt hielten, auch wenn kein Zusammenhang der Klage mit England bestand, auf das Ausland zugehen.[477]

Nur teilweise wird auch auf dem Kontinent in der *forum non conveniens*-Doktrin ein unter gewissen Voraussetzungen sinnvolles Instrument zur Bestimmung des geeigneten Prozessortes gesehen.[478]

Schack wendet sich grundsätzlich gegen die Anwendung der Doktrin im Geltungsbereich des europarechtlichen Zuständigkeitssystems,[479] erkennt aber außerhalb desselben an, dass die *forum non conveniens*-Doktrin als Korrektiv exorbitanter Zuständigkeit erforderlich sein könne.[480]

Gaudemet-Tallon differenziert zwischen den speziellen Gerichtsständen gemäß Artt. 16, 17 EuGVÜ die aufgrund ihrer Bestimmtheit jede Anwendung der *forum non conveniens*-Doktrin ausschlössen und der allgemeineren Regel des Art. 2 EuGVÜ, die einen gewissen Spielraum für die Anwendung der Doktrin lasse, um den Besonderheiten des *Common Law* Rechnung zu tragen.[481]

Auch *Verheul* wendet sich gegen einen prinzipiellen Ausschluss der *forum non conveniens*-Doktrin durch das Europarecht.[482] Er bejaht die Anwendbarkeit bei

---

[476] Droz, Compétence Judiciaire, Nr. 206, S. 129.
[477] Vgl. etwa *The Abidin Daver* [1984] A.C. 398, 411 F, H.L., s.o. S. 94.
[478] Wahl, S. 126; Berger, RabelsZ 41 (1977), 39, 66f.
[479] Schack, IPRax 1991, 270, 273; ders. ZZP 103 (1990), 383, 385.
[480] Schack, IZVR, Rn. 495; ders. (für das deutsche Recht), RabelsZ 58, (1994), 40, 43; differenzierend auch ZZP 107 (1994), 279.
[481] Gaudemet-Tallon, RCDIP 80 (Juli – September 1991), 491, 513ff.; 518ff.
[482] Verheul, ICLQ 35 (1986), 413, 421f.

Rechtsmissbrauch und in Fällen, in denen der Beklagte durch die Klage unangemessen benachteiligt ist.[483]

Huber befürwortet die Anwendung der Doktrin ausnahmsweise bei anderweitiger Rechtshängigkeit in Drittstaaten, soweit diese nicht von den Regelungen des EuGVÜ erfasst wird.[484]

Erwand vertritt eine eingeschränkte Anwendung der Doktrin, wenn die Tatbestandsvoraussetzungen für ausschließliche Zuständigkeiten gem. Art. 16 EuGVÜ in einem Drittstaat erfüllt sind und das gem. Art. 2 EuGVÜ zuständige englische Gericht das Verfahren zu Gunsten dieses Staates aussetzt.[485] Dabei müsse jedoch auch die Prüfung der *forum non conveniens*-Kriterien dem Europarecht angepasst werden.[486] Im vollen Umfang soll die Doktrin dagegen bei Gerichtsstandsvereinbarungen zu Gunsten von Drittstaaten, die nicht unter Art. 17 EuGVÜ fallen, anwendbar sein.[487]

Diese vermittelnden Ansätze bestreiten folglich nicht grundsätzlich die Möglichkeit einer Verfahrensaussetzung bei einer Zuständigkeitsbegründung durch die Übereinkommen.[488]

F. Einfluss der EuGVVO

Fraglich ist, welchen Einfluss die Einführung der EuGVVO auf das Spannungsverhältnis zwischen *Common Law* und Europarecht hat und ob von der Verordnung neue Impulse für die Diskussion um die Anwendbarkeit der *forum non conveniens*-Doktrin innerhalb des europäischen Zuständigkeitssystems ausgehen.

I. Änderung englischer Bestimmungen

Da die EuGVVO nunmehr unmittelbar geltendes Recht geworden ist, ist der Civil Jurisdiction and Judgments Act 1982 als Umsetzungsakt des EuGVÜ

---

[483] Verheul, ICLQ 35 (1986), 413, 422.

[484] Huber, S. 220ff.; 229; ders., IPRax 1996, 48, 52 zu den einzelnen Fallgruppen sogleich, S. 184ff.

[485] Erwand, S. 228.

[486] Erwand, S. 229.

[487] Erwand, S. 230.

[488] Vgl. zu diesen Lösungsvorschlägen S. 178ff.

für die internationale Zuständigkeit innerhalb der EU (ohne Dänemark) weitgehend bedeutungslos geworden. Dieses Gesetz enthält jedoch neben der Umsetzung des EuGVÜ Bestimmungen über die Verteilung der Zuständigkeit innerhalb der Teilrechtsordnungen des Vereinigten Königreiches und weitere Regelungen, die die Eingliederung des neuen Zuständigkeitssystems in die Rechtsordnung des *Common Law* erleichtern sollen.[489] Nicht alle dieser Regelungen gelten auch im Anwendungsbereich der EuGVVO. Zur Verordnung wurden gesonderte Ausführungsbestimmungen erlassen, die sich nicht vollständig mit den im Civil Jurisdiction and Judgments Act 1982 enthaltenen Bestimmungen decken.[490]

1. Die Regel des s. 49 Civil Jurisdiction and Judgments Act 1982

Eine Regelung, die nicht in die Ausführungsbestimmungen übernommen wurde und daher für den Anwendungsbereich der EuGVVO nicht mehr gilt,[491] ist Part V, s. 49 Civil Jurisdiction and Judgments Act 1982. Die Vorschrift sieht vor, dass die europäischen Regeln die englischen Gerichte nicht davon abhalten sollen, ein Verfahren nach den traditionellen Regeln auszusetzen, wenn und soweit dies nicht den Übereinkommen widerspricht:

> „Nothing in this Act shall prevent any court in the United Kingdom from staying, sisting, striking out or dismissing any proceedings before it, on the ground of forum non conveniens or otherwise, where to do so is not inconsistent with the 1968 Convention or, as the case may be, the Lugano Convention."[492]

Diese Vorschrift bezog sich ursprünglich nur auf das EuGVÜ. Durch die Ergänzungen des Civil Jurisdiction and Judgments Act 1982 im Civil Jurisdiction and Judgments Act 1991 wurde der Geltungsbereich der Vorschrift auf das LugÜ ausgedehnt.

---

[489] Vgl. zum Civil Jurisdiction and Judgements Act 1982 und 1991 umfassend: Hartley, Civil Jurisdiction and Judgments; Kaye, Civil Jurisdiction and Enforcement of Foreign Judgments; Mathers, 3 Yb. Eur. L. (1983), 49; v. Rönn, S. 26 ff.

[490] Civil Jurisdiction and Jugdgments Order 2001, SI 2001 Nr. 3929.

[491] vgl. Civil Jurisdiction and Jugdgments Order 2001, SI 2001 Nr. 3929.

[492] Letzter Halbsatz ergänzt durch Civil Jurisdiction and Judgments Act 1991 s. 3, Sch. 2, § 24.

2. Bedeutung für die forum non conveniens-Doktrin

Durch die Bestimmung soll nach einheitlicher Auffassung nicht ausgedrückt werden, dass die *forum non conveniens*-Doktrin grundsätzlich mit dem Civil Jurisdiction and Judgments Act 1982 vereinbar sei, sondern lediglich klargestellt werden, dass durch das Gesetz die Doktrin nicht abgelöst werden soll. Es verbleibt somit Raum für die Anwendung der *forum non conveniens*-Doktrin, wenn und soweit die europarechtlichen Vorgaben nicht entgegenstehen.[493] Dass das autonome staatliche Prozessrecht anwendbar bleibt, wenn sich aus den Übereinkommen nichts anderes ergibt, ist jedoch europaweit unbestritten.

Mithin kommt der Vorschrift kein eigenständiger Regelungsgehalt zu, sie hat vielmehr lediglich deklaratorischen Charakter und dient der Klarstellung der Tatsache, dass das *Common Law* grundsätzlich an der *forum non conveniens*-Doktrin festhält, wenn und soweit die Übereinkommen nicht entgegenstehen.

3. Auswirkungen des Fortfalls

Im Geltungsbereich der EuGVVO gilt die Regel nun nicht mehr.[494] Fraglich ist, ob dadurch die Debatte um die Anwendung der *forum non conveniens*-Doktrin obsolet geworden ist.

Die Regelung hat, wie gesehen, nur deklaratorische Bedeutung. Ihr Fortfall im Anwendungsbereich des EuGVVO kann daran nichts ändern. Somit bleibt auch nach Einführung der EuGVVO die Frage offen, inwieweit Einschränkungen der *jurisdiction* nach Regeln des *Common Law* in ihrem Anwendungsbereich fortbestehen können.

Es ist auch bei subjektiv-teleologischer Interpretation nicht ersichtlich, dass der Gesetzgeber durch das Auslassen der Norm bewusst die Anwendung der *forum non conveniens*-Doktrin für den Bereich der EuGVVO ausschließen wollte. In diesem Falle hätte nichts näher gelegen als eine ausdrückliche Regelung.

---

[493] so (allein für die Übereinkommen) auch: Stone, ICLQ 1983, 477, 497; Niegisch, S. 207.

[494] Vgl. Civil Jurisdiction and Jugdgments Order 2001, SI 2001 Nr. 3929.

II. Übrige Auswirkungen der EuGVVO

Die Verordnung hat das Zuständigkeitssystem des EuGVÜ aufgegriffen und die meisten Vorschriften wortgetreu oder sinngemäß übernommen. Eine ausdrückliche Regelung der Drittstaatenproblematik enthält die Verordnung ebenfalls nicht.[495] Das Spannungsverhältnis zwischen Europarecht und *Common Law* im Bereich der internationalen Zuständigkeit der englischen Gerichte wurde daher nicht aufgelöst und die Debatte über die Anwendbarkeit einzelner Rechtsinstitute des *Common Law* hat sich nicht erledigt. Sinngemäß haben daher die in Literatur und Rechtsprechung entstandenen Probleme und Streitstände samt den dazu angeführten Lösungsansätzen und Hauptargumenten weiterhin Bestand.[496] Dies gilt „mit der gebotenen Vorsicht"[497] und unter Berücksichtigung der Änderungen im Wortlaut auch für die Übertragbarkeit der Entscheidungen des EuGH zum EuGVÜ.

[495] Dazu unten, S. 175f.
[496] So auch Briggs, The Conflict of Laws, S. 54; s. u., S. 175ff.
[497] Schack, IZVR, Rn. 106c.

Kapitel 8

LÖSUNGSMODELL

A. Forum conveniens als Sachurteilsvoraussetzung

Ist ein englisches Gericht zuständig, erwirbt der Kläger dadurch noch keinen Anspruch auf ein materielles Urteil in der Hauptsache. Die Frage, ob das Verfahren ohne Sachurteil, also –nach kontinentaler Diktion– durch Prozessurteil oder Beschluss eingestellt, oder ob beispielsweise das Ruhen des Verfahrens angeordnet wird, beurteilt sich nicht nach der EuGVVO oder dem EuGVÜ. Das Prozessrecht und das materielle Recht sind in Europa nicht harmonisiert. Von entscheidender Bedeutung ist daher die Frage, ob die *forum non conveniens*-Doktrin als reine Zuständigkeitsfrage anzusehen ist oder ob sie ausschließlich das Verfahren nach Begründung der Zuständigkeit betrifft, also nach kontinentalem Verständnis als weitere Sachurteilsvoraussetzung bzw. Prozesshindernis qualifiziert werden muss.

Im englischen wie im kontinentalen Zivilprozess ist die materielle Sachentscheidung von der prozessualen Frage nach der Zulässigkeit des Verfahrens zu trennen. Die Entwicklung des *Common Law* in Gestalt festgelegter Formularklagen *(writs)* hat jedoch dazu geführt, dass die Trennung prozessualer Fragen von materiellrechtlichen wesentlich weniger trennscharf möglich ist als in den kontinentalen Rechtsordnungen.[498]

I. Prozess- und Sachurteilsvoraussetzungen

1. Begriff

Die Begriffe der Prozess- und Sachurteilsvoraussetzungen werden in der deutschen Prozessrechtsdogmatik nicht einheitlich verwendet. Teilweise werden sämtliche Umstände, von denen es abhängt, ob das auf Sachentscheidung gerichtete Verfahren als solches zulässig ist, als Prozessvoraussetzungen bezeichnet, soweit sie von Amts wegen zu beachten sind und als Prozesshindernisse, soweit sie nur auf Rüge des Beklagten Beachtung

[498] Vgl. dazu oben, S. 8ff.

finden.[499] Teilweise werden die Begriffe Prozessvoraussetzungen und Sachurteilsvoraussetzungen auch synonym gebracht.[500]

Mit abweichender Diktion könnten auch solche Bedingungen als Prozessvoraussetzungen angesehen werden, die bereits zur Herbeiführung der Rechtshängigkeit des Verfahrens erforderlich sind, während nach Eintritt der Rechtshängigkeit für die Entscheidung in der Hauptsache maßgebliche Voraussetzungen als Sachurteilsvoraussetzungen bezeichnet werden.[501]

2. Bedeutung für das Zuständigkeitsrecht

Unabhängig davon, welcher Diktion man folgt, bestimmt sich nur die Frage der internationalen Zuständigkeit des Gerichts im Anwendungsbereich des Europarechts ausschließlich nach der EuGVVO bzw. den Übereinkommen. Die übrigen Prozess- bzw. Sachurteilsvoraussetzungen berühren die Frage der gerichtlichen Zuständigkeit nicht und unterfallen somit grundsätzlich nicht dem Regelungsgehalt dieser Normen, sondern dem autonomen staatlichen Recht.

Auch der EuGH hat in der sogenannten Hagen-Entscheidung[502] anerkannt, dass für Zulässigkeitsvoraussetzungen grundsätzlich das autonome staatliche Recht anwendbar bleibt, auch wenn sich die Zuständigkeit aus dem EuGVÜ ergibt. Allerdings steht die Anwendung nationaler Verfahrensregeln unter dem Vorbehalt, dass die praktische Wirksamkeit des Übereinkommens nicht untergraben wird.[503]

Ob die *forum non conveniens*-Doktrin auch unter der Ägide des Europarechts aufrechterhalten werden kann, hängt mithin grundsätzlich davon ab, ob es sich um eine Zuständigkeitsregel handelt. [504]

Wenn und soweit die *forum non conveniens*-Doktrin als (negative) Sachurteilsvoraussetzung bzw. Prozesshindernis außerhalb der Zuständigkeit zu qualifizieren ist, kann ihre Anwendung nicht prinzipiell ausgeschlossen sein.

---

[499] Rosenberg/Schwab/Gottwald, § 96 I, S. 535f.

[500] Zöller-Greger, vor § 253, Rn. 9.

[501] Vgl. zum Begriff auch Baumbach/Lauterbach-Hartmann, vor § 253, Rn. 13.

[502] Rs. C-365/88 (*Kongress Agentur Hagen GmbH v. Zeehaghe B.V.*) EuGH Slg. 1990-I, 1845= IPRax 1992, 310, m. Anm. Coester-Waltjen, IPRax 1990, 290.

[503] Zu den Einschränkungen unten, S. 155ff.

[504] Vgl. Huber, S. 183f.

Das Problem besteht darin, ein typisches *Common Law*-Rechtsinstitut, das Zuständigkeitsfragen genauso betrifft, wie Fragen der Zulässigkeit und des materiellen Rechts, unter die Rechtsbegriffe der den europäischen Zuständigkeitsregeln zu Grunde liegenden kontinentaleuropäischen Denkweise zu subsumieren. Für die Frage der Europarechtskonformität der *forum non conveniens*-Doktrin ist aber gerade dies notwendig.

II. Argumente für die Qualifikation als Zuständigkeitsvoraussetzung

1. Praktische Auswirkungen

Für die Einordnung der *forum non conveniens*-Doktrin als Zuständigkeitsfrage spricht die praktische Konsequenz ihrer Anwendung. Wird das Verfahren ausgesetzt, führt dies regelmäßig zu einer Verlagerung des Prozesses in einen anderen Staat. *De facto* kann die Aussetzung also einer Ablehnung der Zuständigkeit gleichkommen, wenn auch *de lege* die Zuständigkeit des englischen Gerichts unberührt bleibt und lediglich auf die Durchführung des Verfahrens zu Gunsten eines anderen Gerichts vorläufig verzichtet wird. Allerdings ist zu beachten, dass das Verfahren im Falle der Undurchführbarkeit am *forum conveniens* jederzeit in England fortgesetzt werden kann. Die englischen Gerichte bleiben während der Aussetzung *seized*.[505] Wie oben dargelegt, gründet sich die Zuständigkeit nach dem Verständnis des *Common Law* allein auf die wirksame Zustellung einer *claim form* bzw. das Vorliegen der Zuständigkeitsvoraussetzungen von EuGVÜ oder EuGVVO.[506] Die *forum non conveniens*-Doktrin greift erst nach Begründung der Zuständigkeit und Einleitung des Verfahrens auf Antrag des Beklagten ein. Es ist also nicht Folge, sondern Voraussetzung einer *forum non conveniens*-Prüfung, dass ein englisches Gericht zuständig ist. Dies spricht deutlich gegen die Qualifikation als Zuständigkeitsregel.

2. Forum non conveniens-Doktrin als Teilbereich der jurisdiction

Für die Einordnung als Zuständigkeitsregel könnte aber sprechen, dass die *forum non conveniens*-Doktrin in der englischen Literatur zumeist als Frage der

---

[505] *Rofa Sport Management AG v. DHL International (UK) Ltd.* [1989] 1 WLR 902, C.A.; Briggs, S. 87; vgl. dazu oben, S. 83f.

[506] Vgl. dazu Kapitel 3-5.

jurisdiction behandelt wird.[507] Vielleicht auch deshalb wird die Doktrin von kontinentalen Autoren zum Teil als Zuständigkeitsfrage angesehen[508] oder eine Einordnung vermieden, indem formuliert wird, die Zuständigkeit werde „nicht ausgeübt“[509] bzw. „nicht in Anspruch genommen“.[510]

Auch die englische Einordnung der Doktrin in den Bereich der *jurisdiction* führt jedoch nicht weiter. Wie oben bereits dargestellt,[511] ist der Ausdruck *jurisdiction* viel weiter als der Zuständigkeitsbegriff der EuGVVO. Insbesondere werden auch Fragen umfasst, die nach deutschem Verständnis zu den Sachurteilsvoraussetzungen zählen. So gehören etwa auch Fragen der Passivlegitimation sowie der Partei- und Postulationsfähigkeit zur *jurisdiction*.

Mithin bietet die englische Einordnung keine hinreichenden Gründe, die *forum non conveniens*-Doktrin als Zuständigkeitsregel zu qualifizieren.

3. Europarechtskonforme Qualifikation

Auch eine Auslegung im Lichte von EuGVÜ und EuGVVO kann nicht zur Qualifikation als Zuständigkeitsregel führen. Zwar mag Sinn und Zweck der europarechtlichen Zuständigkeitsregelungen gebieten, dass das Verfahren im zuständigen Staat nicht nur eingeleitet, sondern grundsätzlich auch bis zum Sachurteil durchgeführt werden muss.[512] Gleichwohl kann dies nicht bedeuten, dass sämtliche Regeln des nationalen Prozessrechts, die eine Beendigung des Rechtsstreits ohne Sachurteil bewirken, als Zuständigkeitsfragen gelten. Aus der *ratio conventionis* bzw. *ratio decreti* oder einem europäischen Justizgewährungsanspruch[513] können sich allenfalls Beschränkungen der Anwendbarkeit solcher Regeln ergeben, nicht aber deren Qualifikation als Zuständigkeitsvoraussetzung.

4. Ergebnis

Die Argumente, die für eine Einordnung der *forum non conveniens*-Doktrin als Zulässigkeitsvoraussetzung sprechen, überzeugen insgesamt nicht. Da die

---

507 Cheshire/North, S. 333ff.; Jaffey, S. 105ff.; Briggs, S. 94ff.; Dicey/Morris, S. 385ff.

508 Vgl. etwa Coester-Waltjen, IPRax 1992, 290, 292.

509 Schack, IZVR, Rn. 494.

510 Huber, S. RIW 1993, 977, 978.

511 Oben, S. 1ff.

512 Vgl. dazu unten, S. 155ff.

513 Dazu unten, S. 155ff.

Zuständigkeit eines englischen Gerichts Voraussetzung der Anwendung der *forum non conveniens*-Doktrin ist, kann diese nicht als Zuständigkeitsregel qualifiziert werden.

III. Argumente für die Qualifikation als weitere Sachurteilsvoraussetzung

1. Internationales Rechtsschutzbedürfnis

In der deutschen Literatur wurde der Begriff eines besonderen Internationalen Rechtsschutzbedürfnisses vorgeschlagen. Möglicherweise kann diese Lehre die Einordnung der *forum non conveniens*-Doktrin in die Nomenklatur der kontinentalen Prozessrechtsdogmatik erleichtern.

a) Wahls Thesen und ihr Echo

Nach Ansicht *Wahls* wäre eine Übernahme der *forum non conveniens*-Doktrin in das deutsche Recht eine sachgerechte Anwendung der Lehre vom Rechtsschutzbedürfnis im Bereich des internationalen Zivilprozesses.[514] Wenn in einer internationalen Streitigkeit von mehreren zur Verfügung stehenden Fora ein in Deutschland gegebener Gerichtsstand zu rechtsmissbräuchlichen Zwecken gewählt würde, soll es am internationalen Rechtsschutzbedürfnis fehlen, wenn und soweit der Kläger vor einem ausländischen Gericht leichter und schneller zu seinem Recht kommen könnte.[515] Auch *Schack* hält in Extremfällen der Zuständigkeitserschleichung *forum non conveniens*-Erwägungen in Deutschland unter Rekurs auf die Arglisteinrede für möglich.[516]

Diese Ideen sind in der deutschen Literatur teilweise auf Ablehnung gestoßen,[517] die Zuständigkeitslehre sei Ermessenserwägungen nicht zugänglich[518] es dürfe nicht zu einer Einführung der *forum non conveniens*-

[514] Wahl, S. 114 f.
[515] Wahl, S. 126.
[516] Schack, RabelsZ 58, (1994), 40, 43.
[517] Geimer, IZPR, Rn. 1075; Erwand, S. 99; Schack, IZVR, Rn. 516ff.; a. A. Jayme, StaZ 1975, 91, 94.
[518] Gamillscheg, Internationale Zuständigkeit und Entscheidungsharmonie, S. 38.

Doktrin „durch die Hintertür" kommen.[519] Begründet wird dies häufig damit, eine Klage sei an jedem formal zuständigen Gericht legitim.[520]

b) Bedeutung für das Spannungsverhältnis von forum non conveniens-Doktrin und Europarecht

Die Kritik richtet sich jedoch in erster Linie gegen die Befürchtung, die *forum non conveniens*-Doktrin solle in Deutschland etabliert werden und bezieht sich nicht auf die Besonderheiten, die sich aus der Kombination europarechtlichen Zuständigkeitsrechts mit dem *Common Law* ergeben.

Man mag der Idee einer Einschränkung der deutschen internationalen Zuständigkeit durch Einführung des Begriffes des internationalen Rechtsschutzbedürfnisses mit Recht kritisch gegenüberstehen. Für die hier relevante Frage sind die Thesen *Wahls* von begrenztem Nutzen. Ausgangspunkt der Frage der Vereinbarkeit der *forum non conveniens*-Doktrin mit dem Europarecht ist die Tatsache, dass die Doktrin in England *de lege lata* etabliert ist. Es ist daher mit der von den Gegnern des Begriffs „internationales Rechtsschutzbedürfnis" ins Feld geführten Argumentation allenfalls möglich, die englische Rechtslage zu kritisieren und ihren Nutzen in Zweifel zu ziehen, für die Frage der Vereinbarkeit mit dem Europarecht ist dadurch jedoch nichts gewonnen.

Die gegen den Begriff des internationalen Rechtsschutzbedürfnisses vorgebrachte Kritik trifft nicht den Kern des hier relevanten Problems, da sie sich durchweg gegen Bestrebungen richtet, *forum non conveniens*-Erwägungen in das deutsche internationale Zivilprozessrecht einzuführen. Daraus folgt jedoch auch, dass der Begriff des internationalen Rechtsschutzbedürfnisses nicht geeignet ist, die Qualifikation der *forum non conveniens*-Doktrin als Sachurteilsvoraussetzung zu sanktionieren.

2. Sachurteilsvoraussetzung des Common Law eigener Art

a) Einordnung

Möglicherweise gelingt eine Qualifikation der *forum non conveniens*-Doktrin als Sachurteilsvoraussetzung außerhalb der Zuständigkeitslehre gleichwohl

[519] Schack, IZVR, Rn. 517.
[520] Schack, RabelsZ 58 (1994), 40, 42.

durch eine vergleichende Annäherung an das Rechtsinstitut des Rechtsschutzbedürfnisses. Das Rechtsschutzbedürfnis fehlt, wenn der Kläger auf andere Weise leichter und schneller sein Begehren verfolgen kann als durch Klage vor dem angerufenen Gericht.[521]

Nicht wesentlich anders formuliert Lord *Diplock* die Voraussetzungen für eine Verfahrensaussetzung aufgrund der *forum non conveniens*-Doktrin, wenn er in der *MacShannon*-Entscheidung das Kriterium „justice can be done in the other forum at substantially less inconvenience or expense" aufstellt.[522]

Die *forum non conveniens*-Doktrin besagt lediglich, dass ein englisches Gericht das Verfahren aussetzen kann, wenn Kläger und Beklagter in einem anderen Land leichter und billiger zu ihrem Recht kommen, der Gegenstand des Verfahrens kaum Bezüge zu England aufweist und überdies kein berechtigtes Interesse an einer Klage in England besteht.

Der Unterschied zum Rechtsschutzbedürfnis liegt insbesondere darin, dass der englische Richter bei der Feststellung des *forum conveniens* die Interessen beider Parteien und der Gerechtigkeit abzuwägen hat, während sein kontinentaleuropäischer Kollege bei der Frage des Rechtsschutzbedürfnisses lediglich das Interesse des Klägers berücksichtigt. Der richterliche Spielraum bei der Anwendung der *forum non conveniens*-Doktrin ist überdies weiter.

Es wäre daher verfehlt, die *forum non conveniens*-Doktrin als Ausprägung des Rechtsschutzbedürfnisses zu bezeichnen. Die Systembegriffe der zivilistischen Nomenklatur lassen sich nicht auf das *Common Law* übertragen. Auch im rein funktionalen Sinne einer rechtsvergleichenden „Metasprache"[523] sollte man daher nicht von der *forum non conveniens*-Doktrin als internationalem Rechtsschutzbedürfnis sprechen.

Trotz der bei der Einordnung ausländischer Rechtsbegriffe in eine systemfremde Methodologie gebotenen Vorsicht, ist es aber statthaft, auf die Parallelen zum Begriff des Rechtsschutzbedürfnisses hinzuweisen und die *forum non conveniens*-Prüfung als Sachurteilsvoraussetzung außerhalb der

---

[521] Rosenberg/Schwab/Gottwald, § 92, S. 516; Müko-ZPO-Lüke, Vor § 253, Rn. 10; Creifelds, Rechtswörterbuch, S. 1077.

[522] [1978] A.C. 795, 812.

[523] Vgl. zu den terminologischen Schwierigkeiten in der Rechtsvergleichung Zweigert/Kötz, § 3 II, S. 34f.

Zuständigkeitsfrage zu qualifizieren. Dabei ist aber zu beachten, dass das *Common Law* eine weniger strikte Trennung von materiellem Recht und Prozessrecht vornimmt und daher auch der Begriff der Sachurteilsvoraussetzungen nur im Sinne einer Annäherung an das englische Verständnis der Doktrin begriffen werden kann. Nach englischem Verständnis handelt es sich bei der *forum non conveniens*-Doktrin um eine *procedural rule*,[524] was diese Einordnung stützt.

Die terminologischen Schwierigkeiten stehen jedoch einer Bewertung der *forum non conveniens*-Doktrin als Sachurteilsvoraussetzung nicht entgegen. Es ist für dieses Rechtsinstitut charakteristisch, dass es keine genaue Entsprechung im kontinentalen Prozessrecht hat. Gleichwohl ist es legitim und sachgerecht, in der Verhängung eines *stay* nach der *forum non conveniens*-Doktrin ein Prozesshindernis sui generis nach dem *Common Law* zu sehen, so dass in diesem Falle nicht die Zuständigkeit des Vereinigten Königreiches entfällt, sondern lediglich kein Sachurteil ergehen kann.

Somit lässt sich festhalten, dass die *forum non conveniens*-Doktrin keine Zuständigkeitsvoraussetzung darstellt. Die Zuständigkeit des englischen Gerichts ist Voraussetzung und nicht Folge einer *forum non conveniens*-Prüfung. Die Prüfung fällt in den Bereich der Sachurteilsvoraussetzungen und die Verhängung eines *stay* stellt ein Prozesshindernis sui generis dar. Somit richtet sich auch die Anwendung der Doktrin nicht unmittelbar nach dem EuGVÜ bzw. der EuGVVO.

b) Folgen

Betrachtet man die *forum non conveniens*-Doktrin als Rechtsinstitut, das dem Bereich der Sachurteilsvoraussetzungen angehört, stellt sich durch diesen Befund die Frage nach ihrem Anwendungsbereich neu.

Ausdrücklich stehen die europarechtlichen Zuständigkeitsregeln der Anwendung nun gar nicht mehr im Wege. Bedeutet dies, dass die englischen Gerichte berechtigt sind, eine uneingeschränkte Prüfung der *convenientia* wie in reinen *Common Law*-Fällen vorzunehmen? Gilt dies sogar, wenn sich das alternative Forum in einem Mitgliedsstaat befindet?

---

[524] North, IPRax 1992, 183, 184, Fn. 16.

B. Einschränkungen der Anwendbarkeit

Allein aus der Feststellung, dass die Doktrin keine Zuständigkeitsregel darstellt, folgt nicht, dass sie uneingeschränkt anwendbar wäre. Die europarechtlichen Zuständigkeitsregeln haben nämlich auch über ihren Wortlaut hinaus Einfluss auf die Rechtsanwendung. Der EuGH hat die Anwendbarkeit nationaler Zulässigkeitsvoraussetzungen außerhalb der Zuständigkeitsbegründung unter den Vorbehalt gestellt, dass die praktische Wirksamkeit des Übereinkommens nicht beeinträchtigt werden darf.[525] Insgesamt ergeben sich mehrere Gesichtspunkte unter denen zu untersuchen ist, ob die Anwendbarkeit der Doktrin eingeschränkt werden muss.

I. Vermeidung von Kompetenzkonflikten

EuGVÜ und EuGVVO haben das Ziel, Kompetenzkonflikte zu vermeiden.[526] Ein Aspekt, unter dem die Anwendbarkeit der *forum non conveniens*-Doktrin einzuschränken sein könnte, ist daher die Befürchtung, dass durch ihre Anwendung Kompetenzkonflikte entstehen könnten, was der Zielsetzung der europarechtlichen Zuständigkeitsregeln zuwiderliefe.

1. Negative Kompetenzkonflikte

Unter einem negativen Kompetenzkonflikt versteht man eine Situation, in der kein Gericht Zuständigkeit besitzt, so dass ein Verfahren nicht durchgeführt werden kann.[527] Die *forum non conveniens*-Doktrin könnte möglicherweise die Gefahr begründen, dass letztlich kein Gericht zuständig wäre, wenn ein englisches Gericht trotz Zuständigkeit nach EuGVVO oder EuGVÜ das Verfahren aussetzt.

a) Kompetenzkonflikt durch Abweisung am forum conveniens

Zwar wird im Schlosser-Bericht im Zusammenhang mit der *forum non conveniens*-Doktrin die Befürchtung geäußert, ein Gericht, zu dessen Gunsten das Verfahren ausgesetzt wird, könnte sich „ebenfalls für unzuständig

---

525 Rs. C-365/88 (*Kongress Agentur Hagen GmbH v. Zeehaghe B.V.*) EuGH Slg. 1990-I, 1845= IPRax 1992, 310, m. Anm. Coester-Waltjen, IPRax 1990, 290.

526 Geimer/Schütze, § 58, S. 347; für die EuGVVO ergibt sich dieses Ziel aus Erwägungsgrund 15.

527 Creifelds, Rechtswörterbuch, Stichwort Zuständigkeitsstreit, S. 1620.

halten", was zu einem negativen Kompetenzkonflikt führen könne.[528] Diese Befürchtung ist aber unbegründet. Wie oben dargestellt,[529] ist die Zuständigkeit und Erreichbarkeit eines ausländischen Gerichts die wichtigste Voraussetzung für eine Verfahrensaussetzung. Ein englisches Gericht kann sich also niemals „für unzuständig erklären", die Eröffnung des Verfahrens ablehnen, und es dem Kläger überlassen, einen geeigneten Verfahrensort zu suchen.

Vielmehr erfolgt eine Verfahrensaussetzung stets zugunsten eines bestimmten anderen Gerichts, bei dem entweder bereits ein Verfahren anhängig ist, oder das dem Kläger jedenfalls ohne Benachteiligung zur Verfügung steht. Somit ist die *forum non conveniens*-Doktrin mit einer Abgabekompetenz vergleichbar, wenn auch der Kläger freilich im Ausland erneut klagen muss. Kommt das Verfahren dort nicht zu Stande, wird der gewährte *stay* aufgehoben (*lifting*) und das englische Verfahren fortgesetzt. Die englischen Gerichte bleiben während der Aussetzung *seized* (angerufen). Es können sich also keine negativen Kompetenzkonflikte daraus ergeben, dass sich das Gericht zu dessen Gunsten die Aussetzung erfolgt, für unzuständig erklärt.[530]

b) Negativer Kompetenzkonflikt durch Fortbestand der Rechtshängigkeit

Gerade dadurch aber, dass die englischen Gerichte nach eigenem Verständnis *seized* bleiben, auch wenn das Verfahren nach der *forum non conveniens*-Doktrin ausgesetzt wird, könnten sich ausländische Gerichte veranlasst sehen, eine vorherige Rechtshängigkeit in England anzunehmen und ihre Zuständigkeit ablehnen.[531] Dieses Problem müsste sich dann aber auch bei rein innereuropäischen Fällen ohne Anwendung der *forum non conveniens*-Doktrin ergeben, denn auch auf den Fall des Art. 27 EuGVVO[532] reagieren die englischen Gerichte lediglich mit einem *stay*.

---

[528] Schlosser-Bericht, Nr. 78.
[529] Siehe oben, S. 98ff.
[530] So auch Hartley, Civil Jurisdiction and Judgments, S. 79.
[531] Dazu Briggs LQR 107 (1991)180f.
[532] Art. 21 EuGVÜ.

Auch hier gilt jedoch das Gegenargument, dass das englische Verfahren wieder aufleben kann. Die englischen Gerichte wollen mit dem Vorbehalt der Verfahrensfortsetzung erreichen, dass der Kläger, wenn das ausländische, sachnähere Gericht die Zuständigkeit ablehnt, nach England zurückkehren kann. Da dann die wichtigste Voraussetzung der Aussetzung, nämlich die Erreichbarkeit des anderen Gerichts, wegfällt, steht dem englischen Verfahren in der Regel nichts mehr im Wege. Bereits deshalb ist ein negativer Kompetenzkonflikt ausgeschlossen.

Das geht auch aus Art. 27 Abs. 1 EuGVVO[533] eindeutig hervor. Die Vorschrift bestimmt, dass ein später angerufenes Gericht das Verfahren wieder aufnehmen kann, wenn das zuerst angerufene Gericht sich für unzuständig erklärt. Die Praxis ist also von der Verordnung eindeutig erlaubt und vorgesehen. Es widerspricht daher der Systematik von EuGVVO und EuGVÜ zu befürchten, dass ausländische Gerichte bei einem in England verhängten *stay* von einer ihre Zuständigkeit hindernden englischen Litispendenz ausgehen könnten.

Auch Gerichte in Drittstaaten werden sich nicht dadurch an einer Entscheidung gehindert sehen, dass sich ein englisches Gericht nach einer Verfahrensaussetzung weiterhin für *seized* hält. Die Aussetzung soll ja dem ausländischen Forum den Prozess gerade ermöglichen.

Mithin können keine negativen Kompetenzkonflikte entstehen.

2. Positive Kompetenzkonflikte

Unter einem positiven Kompetenzkonflikt versteht man eine Situation, in der sich mehrere Gerichte für zuständig halten.[534] Einen positiven Kompetenzkonflikt könnte man ebenfalls nur annehmen, wenn man nach Aussetzung eines englischen Verfahrens von dessen fortgesetzter Rechtshängigkeit ausginge, nachdem das Verfahren im Ausland begonnen hat. Aus den eben genannten Gründen begründet ein *stay of proceedings* aber keine verfahrenshindernde Rechtshängigkeit. Auch eine Wiederaufnahme kommt nur in dem sogar von der EuGVVO ausdrücklich gestatteten Falle in

[533] Art. 21 Abs. 2 EuGVÜ.

[534] Creifelds, Rechtswörterbuch, Stichwort Zuständigkeitsstreit, S. 1620; dazu grundlegend Hau, Positive Kompetenzkonflikte im europäischen Zivilprozessrecht.

Betracht, dass das betreffende andere Gericht seine Zuständigkeit ablehnt. Auch ein positiver Kompetenzkonflikt kann sich bei Anwendung der *forum non conveniens*-Doktrin folglich nicht ergeben. Dasselbe gilt auch, wenn sich das ausländische Forum in einem Drittstaat befindet, da ein englisches Gericht das Verfahren nicht fortsetzt, solange der Prozess im Ausland stattfindet.

Somit ergibt sich unter dem Gesichtspunkt der Vermeidung von Kompetenzkonflikten keine Einschränkung der Anwendung der *forum non conveniens*-Doktrin.

II. Rechtssicherheit und Einheitlichkeit

Ein weiterer Gesichtspunkt, unter dem die Anwendung der *forum non conveniens*-Doktrin eingeschränkt werden könnte ist der der Rechtssicherheit und der Einheitlichkeit der Rechtsanwendung im Geltungsbereich der europäischen Zuständigkeitsregeln. Gegen die Doktrin wird angeführt, die ermessensabhängige Verfahrensaussetzung gefährde die Rechtssicherheit[535] und widerspreche auch dem Grundsatz einheitlicher Anwendung der europarechtlichen Zuständigkeitsregeln.[536]

In der Tat ist es für den Kläger unangenehm, wenn er sich bei der Klageerhebung nicht sicher sein kann, ob das angerufene Gericht das Verfahren tatsächlich durchführen wird oder ihn an ein anderes Gericht verweist. Die Notwendigkeit einer zweiten Klage ist mit erneutem Kosten- und Zeitaufwand verbunden. Auf der „Tatbestandsseite" namentlich den Fragen, ob ein anderes Forum bereitsteht, ob dieses „clearly more appropriate"[537] ist und ob eine Klage im Ausland den Kläger nicht legitimer Vorteile beraubt, besteht ein erheblicher Beurteilungsspielraum. Ob die hier von englischen Gerichten ausgeübte *discretion* zu Lasten der Rechtssicherheit des Klägers geht, hängt nicht zuletzt davon ab, wie man diesen Begriff versteht.

---

[535] Huber, S. 145, 175f; Gaudemet-Tallon, RCDIP 1991, 491, 520, 524.
[536] Huber, S. 175.
[537] *Spiliada Maritime Corp. v. Cansulex Ltd.* [1987] 1 A.C. 460, 477 E, H.L. per Goff L.J.

1. Begriff der Rechtssicherheit

Unter Rechtssicherheit versteht man die Beständigkeit der Rechtsordnung hinsichtlich des Eintritts bestimmter von ihr vorgesehener Rechtsfolgen im Falle des Vorliegens ihrer Voraussetzungen. Die Rechtssicherheit ist ein wesentlicher Grundwert einer Rechtsordnung. Sie ermöglicht den Rechtssubjekten eine vorausschauende Planung ihres Handelns.[538] Versteht man die Rechtssicherheit folglich in diesem Sinne als Garantie, dass Rechtsfolgen nur in Übereinstimmung mit den von der Rechtsordnung im Voraus aufgestellten objektiven und generellen Regeln bewirkt werden, erheischt das Gebot der Rechtssicherheit nur, dass diese Regeln konsequent und ohne unvorhersehbare Ausnahmen Anwendung finden.

Die oben zu Grunde gelegte Definition der Rechtssicherheit als Garantie, dass Rechtsfolgen nur anhand im Voraus aufgestellter objektiver und genereller Regeln eintreten, bedeutet bezogen auf die *forum non conveniens*-Doktrin, dass eine Einschränkung der Rechtssicherheit in dem Maße zu befürchten ist, in dem ihre Anwendung nicht anhand objektivierter, abstrakt-genereller Kriterien erfolgt. Solche Kriterien nämlich könnte der Kläger bei seiner Entscheidung, ob er trotz schwachem Inlandsbezug seine Klage in England einreicht, im voraus berücksichtigen. Er muss das Risiko der Verfahrensaussetzung dabei gegen die Vorteile abwägen, die er sich von einer Klage in England verspricht. Die manchmal scharfe europäische Kritik scheint teilweise durch die Befürchtung motiviert, englische Gerichte könnten sich neben den bisher vom *House of Lords* anerkannten Anwendungsfällen der *forum non conveniens*-Doktrin ein generelles Ermessen über ihre durch die Verordnung angeordnete Zuständigkeit anmaßen.[539] Dies ist jedoch im Hinblick auf die durch die Präjudizienbindung sichergestellte Kontinuität des *Common Law* und die Unterwerfung unter die Rechtsprechung des EuGH nicht zu erwarten.

Die Möglichkeit des Beklagten, eine Aussetzung des Verfahrens zu Gunsten eines anderen Gerichtsorts erwirken zu können, soll diesen vor unbilliger Belastung durch einen Prozess in England schützen. Für den Kläger ist mit dieser Möglichkeit allerdings ein Unsicherheitsfaktor verbunden. Es geht

[538] Vgl. grundlegend zum Begriff: Scholz, S. 3ff.
[539] Vgl. etwa Droz, Compétence Judiciaire, Nr. 206, S. 129.

also, wie bei vielen Rechtsproblemen, um eine Abwägung zwischen Rechtssicherheit und Einzelfallgerechtigkeit. In der amerikanischen Prozessrechtsdogmatik wird diese Balance unter dem Schlagwort der *power theories* im Gegensatz zu den *fairness theories* diskutiert.[540] Eine Beeinträchtigung der Rechtssicherheit ist also nicht auszuschließen.

2. Rechtssicherheit durch den gesetzlichen Richter

Das Grundgesetz gewährt in Deutschland in Art. 101 Abs. 1 S. 1 GG ein Recht auf den gesetzlichen Richter, der im voraus abstrakt-generell festgelegt sein muss.[541] Dies ist bei Anwendung der *forum non conveniens*-Doktrin nicht gewährleistet, worauf auch in der englischen Literatur verwiesen wird.[542] Ein so weitgehender europarechtlicher Anspruch auf Entscheidung durch einen bestimmten gesetzlichen Richter wird allerdings auch in der Literatur nicht vertreten.[543] Das Europarecht regelt nur die internationale, nicht aber die örtliche und sachliche Zuständigkeit, so dass sich unter diesem Gesichtspunkt keine Einschränkung der Anwendbarkeit der *forum non conveniens*-Doktrin ergeben kann.

3. Dogmatische Einordnung des Arguments

Selbst wenn man der Ansicht folgt, eine Anwendung der *forum non conveniens*-Doktrin neben dem Europarecht gefährde die Rechtssicherheit, begründet dies noch keine Unzulässigkeit derselben, sondern stellt lediglich ein Argument in der Debatte um ihren Anwendungsbereich dar. Die Anwendung der Doktrin ist unter dem Aspekt der Rechtssicherheit durch das Europarecht nur insoweit ausgeschlossen, als dieses Rechtssicherheit für einen bestimmten Bereich garantiert. Daraus folgt, dass Rechtssicherheit von EuGVÜ und EuGVVO im Hinblick auf die Durchführung des Verfahrens ausschließlich in dem Umfang gewährt wird, in dem diese Regelwerke die Anwendung der Sachurteilsvoraussetzungen nach autonomem staatlichen Prozessrecht ausschließen. Will man also mit dem Argument der Rechtssicherheit die Anwendung der *forum non conveniens*-Doktrin schlechthin

---

540 Taylor von Mehren, BULR 63 (1983) 279ff. m.w.N.
541 BVerfGE 6, 45, 50f; 63, 77/79; 82, 286/298.
542 Fentiman, CILJ 26 (1993), 59, 71.
543 Ablehnend auch Kohler, FS-Matscher, S. 261.

ausschließen, bedeutet dies eine *petitio principii* da das Europarecht Rechtssicherheit nur insoweit herstellen kann, als die jeweilige Rechtsfrage in seinen Anwendungsbereich fällt. Dasselbe gilt sinngemäß für den europarechtlich garantierten Grad der Einheitlichkeit der Rechtsanwendung.

Jedoch kann sich möglicherweise eine Einschränkung der Anwendung der *forum non conveniens*-Doktrin im Hinblick auf die europarechtlich garantierte Rechtssicherheit und Einheitlichkeit aus der *ratio* der entsprechenden Regelwerke ergeben.

Das Europarecht will zwar durch klar definierte Zuständigkeitsregeln Rechtssicherheit schaffen, inwieweit aber diese Zielsetzung die Anwendung von Sachurteilsvoraussetzungen des autonomen staatlichen Prozessrechts, wie der *forum non conveniens*-Doktrin ausschließt, lässt sich allein hieraus nicht entnehmen.

Der europarechtlich garantierte Umfang der Rechtssicherheit und Einheitlichkeit hinsichtlich einer Sachentscheidung reicht nur so weit, wie dem Kläger ein europarechtlicher Justizgewährungsanspruch zusteht. Ob und inwieweit ein solcher besteht, ist umstritten. Der nächste Abschnitt widmet sich dieser Frage.

III. Europarechtlicher Justizgewährungsanspruch

In der Literatur wird das Ziel der Rechtsprechung des EuGH, die „praktische Durchführbarkeit" des Übereinkommens sicherzustellen[544] unter dem Begriff eines besonderen „europäischen" Justizgewährungsanspruchs diskutiert.[545] Auch wenn man die *forum non conveniens*-Doktrin somit nicht als Zuständigkeitsregel ansieht, wäre ihre Anwendung ausgeschlossen, wenn aus dem Europarecht ein allgemeiner Justizgewährungsanspruch folgte, der die Durchführung des Verfahrens bis zum Sachurteil geböte.

Als Argument gegen eine ermessensabhängige Möglichkeit der Verfahrensaussetzung wird in der Literatur angeführt, dass es einem solchen

[544] Rs. C-365/88 (*Kongress Agentur Hagen GmbH v. Zeehaghe B.V.*) EuGH Slg. 1990-I, 1845= IPRax 1992, 310, m. Anm. Coester-Waltjen, IPRax 1990, 290.

[545] Droz; RCDIP 1987, 251, 258f.; Geimer/Schütze, § 42, S. 285ff.; Geimer, FS-Kralik, S. 179, 180 f.; ders. FS-Stiefel, S. 219, 231; ders. WM 1976, 830, 835 f.; MüKo ZPO-Gottwald, Art. 2 EuGVÜ, Rn. 9.; Huber, S. 171ff.; Kohler, ICLQ 34 (1985), 563, 571; Kropholler vor Art. 2 EuGVÜ, Rn. 2; Schlosser, EuGVÜ, Art. 2 EuGVÜ, Rn. 6.

Justizgewährungsanspruch zuwiderliefe, wenn eine aufgrund der einschlägigen europarechtlichen Vorschriften begründete Zuständigkeit eines Gerichts für dieses disponibel wäre.[546]

1. Herleitung einer Justizgewährungspflicht

Zumindest für den Bereich des EuGVÜ lässt sich eine Justizgewährungspflicht aus der völkerrechtlichen Verpflichtungswirkung eines Staatsvertrages ableiten. Kann der Kläger aufgrund einer völkerrechtlichen Vereinbarung die Gerichte eines Staates in Anspruch nehmen, so erwächst diesem Vertragsstaat gegenüber den übrigen Vertragsstaaten eine völkerrechtliche Verpflichtung, auch tatsächlich einen Gerichtsstand zur Verfügung zu stellen. Die Gerichte können sich also nicht unter Berufung auf das autonome staatliche Recht weigern, die Zuständigkeit anzunehmen.[547] Außerdem wird ein solcher Anspruch aus systematischer und historischer Interpretation des EuGVÜ abgeleitet.[548]

Für den Bereich der EuGVVO ergibt sich eine entsprechende Verpflichtung aus ihrem Sinn und Zweck in Verbindung mit der Normenhierarchie. Das Europarecht beansprucht unmittelbare Geltung und verdrängt das autonome staatliche Zuständigkeitsrecht, so dass die Durchführung des Verfahrens *de facto* für die nationalen Gerichte nicht disponibel sein kann, selbst wenn die Zuständigkeit auch bei einer Aussetzung formell bestehen bleibt.

2. Pflicht und Anspruch

Inhalt eines europäischen Justizgewährungsanspruches soll zunächst sein, dass die europarechtlichen Regeln nicht nur die internationale Zuständigkeit in einem bestimmten Staat eröffnen, sondern auch dazu verpflichten, diese Zuständigkeit in Anspruch zu nehmen, indem ein Gericht zur Sachentscheidung bereitgestellt wird.[549] Insoweit lässt sich von einer Justizgewährungspflicht der Staaten sprechen. In diesem Zusammenhang wird für das EuGVÜ teilweise vertreten, dass diese Verpflichtung nicht nur

---

[546] Geimer/Schütze, § 42, S. 287; Huber, S. 174; Droz; RCDIP 1987, 251, 258f.; Schlosser, EuGVÜ, Art. 2 EuGVÜ, Rn. 6.

[547] Vgl. dazu Kohler, FS-Matscher, S. 252; Geimer, WM 1976, 830, 836; Jenard-Bericht, S. 69; Schlosser-Bericht, Nr. 78.

[548] Geimer, WM 1976, 830, 835f.; Geimer/Schütze, § 42, S. 285.

[549] Geimer, WM 1976, 830, 835f.; Huber, S. 169, m. w. N.

gegenüber den anderen Vertragsstaaten bestehe, sondern auch ein persönlicher Anspruch des Klägers auf Justizgewährung durch die Gerichte des zuständigen Staates begründet werde.[550]

Dies soll nach Auffassung von *Geimer* selbst dann gelten, wenn der Kläger keinen Wohnsitz im Geltungsbereich des EuGVÜ hat.[551] Es herrscht in der Literatur jedoch keine Einigkeit darüber, ob ein solcher Anspruch tatsächlich besteht[552] und welchen Umfang er gegebenenfalls hat.

Für die Frage, ob und mit welchen Einschränkungen die englischen Gerichte an der *forum non conveniens*-Doktrin festhalten können, kommt es jedoch nicht darauf an, ob einer etwaigen europarechtlichen Justizgewährungspflicht ein subjektiver Anspruch des Klägers gegenübersteht. Bereits eine Justizgewährungspflicht schränkt die englischen Gerichte in der Anwendung der *forum non conveniens*-Doktrin ein.

3. Umfang der Justizgewährungspflicht

Art und Umfang einer solchen Justizgewährungspflicht lassen sich durch Auslegung der europarechtlichen Zuständigkeitsregeln ermitteln. Hierbei sind die vier klassischen Auslegungsmethoden der Jurisprudenz in angepasster Form maßgeblich.[553]

a) Grammatikalische Auslegung

Ausgangspunkt der grammatikalischen Auslegung ist der Wortsinn.[554] Art. 2 EuGVVO/EuGVÜ spricht nur davon, dass Personen vor den Gerichten eines bestimmten Staates „zu verklagen“ sind (shall be sued). Auch die übrigen Zuständigkeitsregeln der Regelwerke stellen entweder auf die

---

550 Geimer, WM 1976, 830, 835f.; Geimer/Schütze, § 42 II, S. 285f. Huber, S. 169; MüKo ZPO-Gottwald, Art. 2 EuGVÜ, Rn. 9.

551 Geimer/Schütze, § 42 II, S. 286.

552 Ablehnend etwa Fentiman, CILJ 26 (1993), 59, 76; Hartley, Civil Jurisdiction and Judgments, S. 79.

553 Schack, IZVR, Rn. 90; Kropholler, EZPR, Einl., Rn. 42; zu den Auslegungsmethoden, Larenz, S. 320ff.

554 Vgl. Larenz, S. 320.

Möglichkeit des „Verklagens" ab („to sue" bzw. „to bring proceedings")[555] oder sprechen ausdrücklich von „Zuständigkeit" (jurisdiction).[556]

Aus diesen Ausdrücken im Wortlaut der Übereinkommen und der EuGVVO lässt sich nicht entnehmen, dass mit einer Zuständigkeitsbegründung auch eine Pflicht des Gerichts zur Sachentscheidung unter allen Umständen oder sogar ein Anspruch des Klägers auf ein Sachurteil verbunden sein soll. Man mag der Auffassung zustimmen, dass aus dem Wortlaut des Art. 2 EuGVÜ folge, ein nach der Verordnung zuständiges Gericht könne kein Ermessen darüber ausüben, ob es die Zuständigkeit annehmen wolle.[557] Daraus lässt sich jedoch nicht schließen, dass mit einer Zuständigkeitsbegründung ein Verbot der Prüfung weiterer Sachurteilsvoraussetzungen nach autonomem staatlichen Prozessrecht verbunden sein soll. Die grammatikalische Interpretation führt insoweit nicht weiter.

b) Systematische Auslegung

Auch aus der systematischen Interpretation der europarechtlichen Vorschriften lässt sich eine Sachentscheidungspflicht oder ein subjektiver Anspruch des Klägers auf ein Sachurteil nicht verbindlich ableiten. Hier wird in der Literatur vertreten, die in Art. V des Protokolls zum EuGVÜ vom 27. 9. 1968 für Deutschland vorgesehenen Ausnahmen von den in Art. 6 Nr. 2 und Art. 10 festgelegten Zuständigkeiten ließen auf deren Verbindlichkeit schließen, woraus sich der Justizgewährungsanspruch ergäbe.[558] Dieser Argumentation ist jedoch nur hinsichtlich ihrer ersten Schlussfolgerung beizupflichten. Zweifellos haben die Zuständigkeitsregeln verbindlichen Charakter. Allerdings folgt aus der systematischen Interpretation der Zuständigkeitsregeln nicht, dass nach der obligatorischen Begründung einer Zuständigkeit das Verfahren auch bis zu einem Sachurteil durchzuführen sei.

c) Historische Auslegung

Die historische Auslegung des EuGVÜ spricht jedoch für eine Verpflichtung der Gerichte, die durch das Übereinkommen begründeten Zuständigkeiten

---

[555] Etwa Art. 5, 6, 9, 10, 16, 19, 20 EuGVVO.

[556] Etwa Art. 7, 8, 15, 18, 22, 23, 24 EuGVVO.

[557] Huber, S. 171.

[558] Geimer, WM 1976, 830, 835; zustimmend Huber, S. 171.

grundsätzlich in Anspruch zu nehmen. Hierzu äußert sich der Schlosser-Bericht knapp:

> "Im übrigen wurde geltend gemacht, das EuGVÜ berechtige die Vertragsstaaten nicht nur, unter den Voraussetzungen seines zweiten Titels Gerichtsbarkeit auszuüben, es verpflichte sie auch dazu. Ein Kläger müsse Sicherheit über das zuständige Gericht haben. Er dürfe nicht Zeit und Kosten auf die Gefahr hin aufwenden müssen, dass sich das angegangene Gericht für weniger geeignet als ein anderes halte."[559]

Wenn auch unklar bleibt, von wem diese Position „geltend gemacht“ wurde und ob sie unwidersprochen blieb, lässt sich im Zusammenspiel mit dem Sinn und Zweck des Übereinkommens doch festhalten, dass eine grundsätzliche Verpflichtung der Vertragsstaaten bestehen muss, die durch das Übereinkommen begründete Zuständigkeit auch auszuüben. Allerdings beziehen sich die Ausführungen Schlossers offenbar nur auf Binnensachverhalte und die Aussetzung des Verfahrens zu Gunsten eines kontinentalen Vertragsstaates. Im selben Absatz heißt es nämlich:

> " Die Gefahr negativer Kompetenzkonflikte sei zudem nicht von der Hand zu weisen: Der *kontinentale*[560] Richter könne sich der Entscheidung des Gerichts des Vereinigten Königreichs zum Trotz ebenfalls für unzuständig halten."[561]

Sachverhalte in denen die Aussetzung zu Gunsten außereuropäischer Gerichte erfolgt, sind somit offenbar nicht gemeint. Eine Verpflichtung zur tatsächlichen Ausübung der Zuständigkeit bedeutet außerdem nur eine Garantie dafür, dass die europäischen Gerichte, soweit sie zuständig sind, ein Verfahren auch durchführen. Damit ist aber nicht ausgesagt, dass den Gerichten verwehrt wäre, nach ihrem eigenen Recht über das Vorliegen weiterer Sachurteilsvoraussetzungen zu entscheiden.

Ein so weitgehender Justizgewährungsanspruch kann mit den europarechtlichen Regelungen nicht verbunden sein. Andernfalls würden weite Teile des autonomen staatlichen Prozessrechts durch die Übereinkommen und die Verordnung ausgehebelt. Eine Prüfung sämtlicher Sachurteilsvoraussetzungen und Prozesshindernisse wäre dem Gericht verwehrt. Mag eine Harmonisierung des Prozessrechts in der Europäischen Union auch im

---

[559] Schlosser-Bericht, Nr. 78.
[560] Hervorhebung diesseits.
[561] Schlosser-Bericht, Nr. 78.

Sinne der engeren Zusammenarbeit auf dem Gebiet der Justiz *de lege ferenda* beschlossen und wünschenswert sein, so kann eine derart weitgehende Ausschaltung des autonomen Prozessrechts der Mitgliedsstaaten jedoch ohne ausdrückliche Regelung nicht angenommen werden.

d) Teleologische Auslegung

Allerdings führt eine konsequente teleologische Interpretation der Übereinkommen und der EuGVVO dazu, von einer grundsätzlichen Verpflichtung der europarechtlich zuständigen Gerichte auszugehen, das Verfahren selbst durchzuführen und nicht zugunsten eines ausländischen Gerichts auszusetzen.

Sinn und Zweck der Übereinkommen ist nach Absatz 3 der Präambel, „innerhalb der Gemeinschaft den Rechtsschutz der dort ansässigen Personen zu verstärken." Auch für den Bereich der EuGVVO spricht die Zielsetzung der Bestimmung im Vertrag von Amsterdam, die justizielle Zusammenarbeit weiter auszubauen (Art. 65 EG), für eine möglichst definitive Bestimmung des Gerichtsortes und somit gegen die Möglichkeit der zuständigen Gerichte, das Verfahren zu Gunsten anderer Fora auszusetzen.

Daraus folgt jedoch noch kein generelles Verbot, die *forum non conveniens*-Doktrin anzuwenden, da ein *stay*, wie gesehen, keine generelle Ablehnung der Zuständigkeit begründet. Vielmehr gebietet die teleologische Auslegung der Bestimmungen lediglich eine restriktive Handhabe der *forum non conveniens*-Doktrin im Lichte *der ratio conventionis* bzw. *ratio decreti*.

Aus Übereinkommen und EuGVVO ergibt sich für die Rechtsanwendung der durch sie zuständig gewordenen Gerichte die Verpflichtung, alles zu unterlassen, was den Geist und die praktischen Ziele der europarechtlichen Regeln untergraben könnte. Dem Vereinheitlichungsziel würde es zuwiderlaufen, wenn die Durchführung eines Gerichtsverfahrens bei in England begründeter Zuständigkeit generell unter dem Vorbehalt einer richterlichen Ermessensentscheidung stünde. Die Voraussetzungen für die Anwendung der Doktrin müssen daher wesentlich strenger sein als in *Common Law*-Fällen. Ihre Anwendung muss sich auf solche Fälle reduzieren, in denen diese zur Vermeidung exorbitanter, systemwidriger Zuständigkeiten erforderlich ist. Dies entspricht auch der Forderung des EuGH, nationale Zulässigkeitsregeln nur insoweit anzuwenden, als sie die praktische Wirksamkeit des EuGVÜ nicht beeinträchtigen.[562]

Kern einer solchen Einschränkung der Anwendbarkeit ist die praktische Durchsetzung der von EuGVVO und den Übereinkommen vorgesehenen Gerichtsstände. Die Anwendung der *forum non conveniens*-Doktrin muss sich somit auf solche Fallkonstellationen beschränken, in denen die Umsetzung des europarechtlichen Zuständigkeitssystems in England ausnahmsweise zu unbilligen und unerwünschten Ergebnissen führt.[563]

IV. Exorbitante Zuständigkeiten

Das Argument, dass innerhalb und außerhalb Europas exorbitante Gerichtsstände zu vermeiden seien, wird von Gegnern wie Befürwortern der Anwendung der *forum non conveniens*-Doktrin ins Feld geführt. Zu Gunsten der *forum non conveniens*-Doktrin wird argumentiert, sie sei geeignet und erforderlich, solche exorbitanten Gerichtsstände zu vermeiden.[564] Gegen die Doktrin lässt sich argumentieren, gerade durch ihre Anwendung könnten sich exorbitante Zuständigkeiten ergeben, da abweichend von den Regeln des Europarechts durch die Aussetzung ein anderes Gericht Zuständigkeit erlange.

Nach der hier vertretenen Lösung ist die *forum non conveniens*-Doktrin nur ausnahmsweise in den im folgenden herauszuarbeitenden Fallgruppen anwendbar, in denen sie gerade der Vermeidung exorbitanter Zuständigkeiten dient.

C. Der verbleibende Anwendungsbereich der forum non conveniens-Doktrin

Bei der Ermittlung der Fallkonstellationen in denen die *forum non conveniens*-Doktrin zur Vermeidung exorbitanter Zuständigkeiten neben dem Europarecht Anwendung finden kann, hilft ein Blick auf die englische

---

[562] Rs. C-365/88 (*Kongress Agentur Hagen GmbH v. Zeehaghe B.V.*) EuGH Slg. 1990-I, 1845= IPRax 1992, 310, m. Anm. Coester-Waltjen, IPRax 1990, 290.

[563] Zu den Fallgruppen sogleich, S. 167ff.

[564] Fentiman, CILJ 26 (1993) 59, 77ff.; North, FS-Rigaux, 373, 385; Sime, 11.8.4, S. 124f.

Judikatur. Bei der Analyse der Fälle, in denen die englische Rechtsprechung die *forum non conveniens*-Doktrin neben dem Europarecht angewandt hat, lassen sich mehrere Fallgruppen unterscheiden. Bei dieser Systematisierung zeigt sich, dass der Konflikt zwischen *forum non conveniens*-Doktrin und Europarecht sich auf ganz bestimmte, eng umgrenzte Konstellationen beschränkt.

I. Alternatives Forum in einem Mitglieds- bzw. Vertragsstaat

Die erste Fallgruppe betrifft Prozesse, bei denen sich die Zuständigkeit der englischen Gerichte aus der EuGVVO oder den Übereinkommen ergibt und der Beklagte die Aussetzung des Verfahrens nach der *forum non conveniens*-Doktrin mit der Begründung beantragt, die Gerichte eines anderen Vertrags- bzw. Mitgliedsstaates seien das sachnähere Forum.

1. Literatur

In der Literatur herrscht grundsätzlich Einigkeit darüber, dass englische Gerichte nicht berechtigt sind, bei europarechtlich begründeter Zuständigkeit das Verfahren nach *Common Law* Regeln zugunsten eines anderen Mitglieds- bzw. Vertragsstaates auszusetzen.[565] Eine Ausnahme wird allenfalls in Fällen eklatanten Rechtsmissbrauchs im Sinne der alten *vexatious and oppressive*-Formel anerkannt.[566]

2. Rechtsprechung

Aus der englischen Rechtsprechung ist kein Fall bekannt, in dem das Verfahren nach der *forum non conveniens*-Doktrin zugunsten eines anderen Mitglieds- bzw. Vertragsstaates ausgesetzt worden wäre. In der *Harrods*-Entscheidung wird von Lord *Dillon* ausdrücklich hervorgehoben, dass eine Verfahrensaussetzung hier nicht in Frage kommt:

> "It is implicit in that section, [s. 49 Civil Jurisdiction and Judgements Act 1982] in my judgment, that the court cannot stay or strike out or dismiss any

---

[565] Dicey/Morris I, r. 31, 12-015, S. 392; Collins, Civil Jurisdiction and Judgements, S. 45; Huber, S. 168ff.; Mathers (1983) 3 Yb. Eur. L., 49, 61f.; Mennie Jur. Rev. 1989, 150; Kaye, 269, 1244; O'Malley & Layton, 368; Jaffey S. 125; Cheshire / North, Kap. 11, (H) (ii), S. 262ff.; Schlosser-Bericht, Nr. 78.

[566] Collins, Civil Jurisdiction and Judgments, S. 46; ders. LQR 106 (1990) 535, 538; Fentiman, CILJ 26 (1993), 59, 82; Slater, LQR 104 (1988), 554; kritisch: Huber, S.183ff.

prodeedings on the ground of forum non conveniens where to do so would be inconsistent with the Convention, and that covers all cases where the defendant in prodeedings in England is domiciled in Enland and the conflict of jurisdiction is between the jurisdiction of the English court and jurisdiction of the courts of some other contracting state."[567]

3. Stellungnahme

Im Bezug auf Mitglieds- bzw. Vertragsstaaten geht aus dem Geist der Verordnung eindeutig hervor, dass die Zuständigkeitsregeln abschließend und praktisch durchsetzbar sein sollen. Eine ermessensabhängige Möglichkeit der Verfahrensaussetzung stünde diesem Ziel entgegen. Hier greift das europarechtliche Zuständigkeitsystem vollständig, so dass kaum die Gefahr exorbitanter Zuständigkeiten besteht. Fällen ausländischer Litispendenz und der Prorogation innerhalb ihres Geltungsbereichs wird durch die europarechtlichen Regelungen selbst hinreichend Rechnung getragen, so dass es hier keines Rekurses auf die *forum non conveniens*-Doktrin bedarf, um konfligierende Urteile zu vermeiden oder dem Parteiwillen nach einem bestimmten Gerichtsstand zur Durchsetzung zu verhelfen.

Im übrigen dämpft das innerhalb der Gemeinschaft bestehende System der wechselseitigen Anerkennung und Vollstreckung auch die negativen Auswirkungen, die sich daraus ergeben, dass ein sachferneres Gericht entscheidet. Somit ergibt sich in der Regel kein Bedürfnis für die Anwendung der *forum non conveniens*-Doktrin. Daher muss nach der *ratio* der europarechtlichen Regeln ihre Anwendung hier grundsätzlich unterbleiben.

Jedoch wird die Doktrin wegen der hier zu Grunde liegenden Einordnung als Sachurteilsvoraussetzung durch das Europarecht nicht prinzipiell ausgeschlossen, so dass Ausnahmen selbst bei Fallkonstellationen ohne Drittstaatenbezug nicht schlechthin ausgeschlossen sind.

4. Ausnahmen

a) Rechtsmissbrauch

In Fällen eklatanten Rechtsmissbrauchs, etwa im Sinne der alten *vexatious or oppressive*-Prüfung[568] wäre eine Verfahrensaussetzung m. E. statthaft.

---

[567] *In re Harrods (Buenos Aires) Ltd.* [1992] Ch. 72, 93 D, C.A.

[568] Siehe oben, S. 86.

Autonome staatliche Regeln, nach denen eine Klage wegen Rechtsmissbrauchs oder Schikane abgewiesen werden kann, bleiben auch anwendbar, wenn sich die Zuständigkeit des Gerichts aus europarechtlichen Bestimmungen ergibt.[569] In der Praxis sind solche Fälle aber nur schwer vorstellbar. Allenfalls lässt sich an Fälle denken, in denen ein Beklagter arglistig dazu veranlasst wird, einen Wohn- oder Geschäftssitz in England zu begründen, nur um die Möglichkeit der Klage zu erhalten.

b) Gerichtsstandsvereinbarungen

Besteht eine Gerichtsstandsvereinbarung zugunsten der Gerichte eines Mitgliedsstaates bzw. Unterzeichnerstaates der Übereinkommen, herrscht Einigkeit darüber, dass die Prorogation nach Maßgabe des Art. 23 EuGVVO[570] wirksam und von englischen Gerichten zu beachten ist. Raum für die *forum non conveniens*-Doktrin bleibt hier auch nach englischem Verständnis nicht, da sich die Wirksamkeit und Verbindlichkeit der Gerichtsstandsvereinbarung unmittelbar aus dem europäischen Zivilprozessrecht ergibt.

c) Anderweitige Rechtshängigkeit in einem Mitglieds- bzw. Vertragsstaat

Ist bereits ein Verfahren in einem Mitglieds- bzw. Vertragsstaat rechtshängig, ist danach zu differenzieren, ob der Beklagte seinen Wohnsitz ebenfalls in einem solchen Staat oder aber in einem Drittstaat hat. Nur im ersteren Falle sind die europarechtlichen Regeln eindeutig.

Art. 27 EuGVVO[571] statuiert innerhalb der Gemeinschaft eindeutig das Prioritätsprinzip, nach dem das zuerst angerufene Gericht ausschließlich zuständig ist. Insoweit verbleibt hier nach wohl einhelliger Auffassung kein Raum für die Anwendung der *forum non conveniens*-Doktrin.[572]

Umstritten war die Anwendbarkeit der europarechtlichen Regeln zur Litispendenz in solchen Fällen, in denen der Rechtsstreit zwar in einem Mitglieds- bzw. Vertragsstaat rechtshängig ist, der Beklagte jedoch seinen Wohnsitz in einem Drittstaat hat. Die Frage wurde vom EuGH in der sog.

---

[569] So auch Niegisch, S. 208; vgl. auch Schlosser-Bericht, Nr. 81.
[570] Art. 17 EuGVÜ.
[571] Art. 21 EuGVÜ.
[572] Vgl. Huber, S. 218; zu Fällen des Rechtsmissbrauchs s.u., S. 169.

Overseas Union-Entscheidung[573] dahingehend beantwortet, dass sich die Zuständigkeit und somit die Frage der Beachtlichkeit der ausländischen Rechtshängigkeit nach dem Übereinkommen richte. Die englische *lis alibi pendens* Lehre, also damit mittelbar auch die *forum non conveniens*-Doktrin,[574] sei daher nicht anwendbar. Art. 21 EuGVÜ finde immer dann Anwendung, wenn beide angerufenen Gerichte in Vertragsstaaten lägen, ohne dass es auf den Wohnsitz des Beklagten ankomme.[575] Diese Argumentation bleibt auch für die EuGVVO gültig.[576]

Somit ist bei Rechtshängigkeit in einem Vertrags- bzw. Mitgliedsstaat die Anwendung der *forum non conveniens*-Doktrin grundsätzlich ausgeschlossen.

II. Alternatives Forum in einem Drittstaat

Das Problem der Anwendbarkeit der *forum non conveniens*-Doktrin beschränkt sich somit im Wesentlichen auf Fälle, in denen sich das alternative Forum in einem Drittstaat befindet.

Zahlreiche Autoren folgen der Auffassung des *House of Lords* in der *Harrods*-Entscheidung,[577] nach der das Europarecht der Anwendung der *forum non conveniens*-Doktrin zumindest dann nicht entgegensteht, wenn die Interessen keines weiteren Vertrags- bzw. Mitgliedsstaates betroffen sind.[578] Die Argumente entsprechen zumeist denjenigen, mit denen von Teilen der Rechtsprechung und des Schrifttums auch die Anwendbarkeit des europarechtlichen Zuständigkeitssystems insgesamt nur bei einem Gemeinschaftsbezug bejaht wird:

Die Anwendung der *forum non conveniens*-Doktrin wäre nämlich ohne weiteres für Fälle gestattet, in denen sich das *forum conveniens* in einem Drittstaat befindet, wenn diese Konstellationen gar nicht in den Anwendungsbereich der EuGVVO und der Übereinkommen fielen.

---

[573] EuGH Rs. C-351/89 (*Overseas Union Insurance Ltd. v. New Hampshire Insurance Co.*) EuGH-Slg. 1991-I, 3317=IPRax 1993, 34, dazu: Rauscher/Gutknecht, IPRax 1993, 21; Hartley, ELR 14 (1989), 58.

[574] Vgl. o. S. 103ff.

[575] vgl. dazu Briggs Yb. Eur. L. 1991, 521; Huber, S. 220.

[576] Vgl. dazu oben, S. 145.

[577] [1992] Ch. 72.

[578] Collins, LQR 106 (1990), 535, 538; Fentiman, CILJ 26 (1993), 59, 77ff.; Jaffey, S. 127f.; North, FS-Rigaux, 373, 385; Sime, 11.8.4, S. 124f.

Für den Bereich des EuGVÜ und LugÜ war von jeher umstritten, ob und inwieweit für die Eröffnung ihres Anwendungsbereichs ein Bezug zu einem weiteren Unterzeichnerstaat erforderlich sei.

1. Teleologische Reduktion des Anwendungsbereichs des EuGVÜ[579]

Dem Wortlaut nach gilt Art. 2 EuGVVO/EuGVÜ immer, sogar bei reinen Inlandsfällen. Das überwiegende Schrifttum und die Praxis nehmen jedoch eine teleologische Reduktion des Anwendungsgebiets der Regelwerke auf Fälle mit Auslandsberührung vor, da die europäischen Regeln nur die internationale Zuständigkeit vereinheitlichen, nicht aber als *loi uniforme* die nationalen Zivilverfahrensregeln verdrängen wollen.[580]

Einige Autoren postulieren, dass auch in Fällen in denen jeder Gemeinschaftsbezug fehle, die internationale Zuständigkeit nach dem autonomen Recht der Einzelstaaten zu bestimmen sei und sprechen sich insoweit für eine zweite Stufe der teleologischen Reduktion des Art. 2 EuGVÜ aus.[581] Dies betrifft Fälle, in denen die Interessen keines weiteren Vertragsstaates betroffen sind, etwa Klagen eines Amerikaners gegen einen Beklagten mit Wohnsitz in England.

Hauptargument der Befürworter einer zweistufigen Reduktion ist die *ratio conventionis*, die in der Präambel des EuGVÜ zum Ausdruck komme. Absatz 3 der Präambel spricht von dem Bestreben des Übereinkommens, „innerhalb der Gemeinschaft den Rechtsschutz der dort ansässigen Personen zu verstärken." Eine entsprechende Aussage findet sich mit Bezug auf die Hoheitsgebiete der Vertragsstaaten in Abs. 1 der Präambel des LugÜ. Aus dieser Zielbestimmung ergebe sich, dass der Anwendungsbereich des Übereinkommens nur dann eröffnet sei, wenn der Sachverhalt Bezug zu mehreren Vertragsstaaten habe. Bei Sachverhalten ohne Berührungspunkte zu einem weiteren Vertragsstaat seien die Interessen der anderen nicht

---

[579] Das Schrifttum bezieht sich überwiegend noch auf das EuGVÜ, zu den Auswirkungen der EuGVVO sogleich.

[580] Schack, IZVR, Rn. 238 m.w.N.; Schlosser-Bericht, Nr. 21.

[581] Vgl. z.B. Benecke, S. 113ff.; Collins, L.Q.R. 106 (1990), 535, 538f.; Kaye, S. 221; Piltz, NJW 1979, 1072; Samtleben NJW 1974, 1590f.; Schack, IZVR, Rn. 240; ders. ZZP 107 (1994), 279, 291; vgl. Mennie, in: Jayme, IZVR, 213ff.; Überblick über das Schrifttum bei Schack, IZVR, Rn. 230, 240ff.

berührt. Daher könne das Übereinkommen hier nicht zur Anwendung kommen.

2. Argumente gegen das Erfordernis eines Gemeinschaftsbezuges

Zahlreiche Stimmen in der Literatur widersprechen einer solchen Reduktion des Geltungsanspruchs jedoch mit gewichtigen Argumenten.

Gegner einer teleologischen Reduktion des Anwendungsbereichs des Art. 2 EuGVÜ argumentieren mit dem Wortlaut der Vorschrift, welcher keinen ausdrücklichen Bezug des Sachverhalts zu einem weiteren Vertragsstaat erheischt.[582]

Auch im Interesse der Rechtssicherheit sei es dem angerufenen Gericht nicht zuzumuten, nach schwer greifbaren Anknüpfungspunkten in anderen Vertragsstaaten zu suchen.[583]

3. Rechtsprechung

Neben der englischen Rechtsprechung[584] haben auch die Gerichte in Deutschland bei Fällen ohne Gemeinschaftsbezug ihre Zuständigkeit nach dem autonomen nationalen Zuständigkeitsrecht beurteilt und dadurch zum Ausdruck gebracht, dass sie das EuGVÜ nur bei Berührungspunkten mit mehreren Vertragsstaaten als verbindlich ansehen.[585] Es bleibt hingegen abzuwarten, ob die Rechtsprechung nach Einführung der EuGVVO hieran festhalten wird.

a) Die Josi-Entscheidung des EuGH

Der Europäische Gerichtshof hatte sich in der sogenannten *Josi*-Entscheidung mit der Frage auseinanderzusetzen:[586]

---

[582] Geimer/Schütze, § 29 XV, S. 227ff.; Kropholler, Vor Art. 2, Rn. 8.

[583] Geimer, IPRax 1991, 32; Kropholler, Vor Art. 2, Rn. 8; Aull, Der Geltungsanspruch des EuGVÜ; S. 108ff.

[584] Vgl. den vorigen Abschnitt, S. 113ff.

[585] BGHZ 134, 127, 133; BGH IPRax 2001, 454, 455; sinngemäß auch BGH NJW 1981, 2642; BGHZ 109, 29, 34; Überblick über die Rechtsprechung in Europa bei Benecke, S. 101.

[586] EuGH Rs. C-412/98 (*Group Josi Reinsurance Company SA v. Universal Gereral Insurance Company [UGIC]*) EuGH Slg. 2000-I, 5925; vgl. dazu Gebauer, ZEuP 2001, 949; Geimer, EuLF 2000/2001, 54; Staudinger, IPRax 2000, 483.

Eine in Kanada ansässige Gesellschaft hatte vor dem *Tribunal de Commerce* Nanterre (Frankreich) eine Gesellschaft verklagt, die ihren Sitz in Belgien hatte. Die Beklagte machte die Unzuständigkeit des französischen Gerichts geltend. Aufgrund ihres Sitzes seien die belgischen Gerichte zuständig. Dabei berief sie sich sowohl auf Art. 2 EuGVÜ, als auch auf Art. 1247 des französischen Code Civil. Das französische Gericht hielt sich jedoch unter Anwendung autonomen französischen Rechts für zuständig. Das Gericht vertrat die Ansicht, dass der Klägerin, da sie keine Niederlassung in der Gemeinschaft habe, eine auf das Übereinkommen gestützte Unzuständigkeitseinrede nicht entgegen gehalten werden könne. Der *Cour d'appel* legte auf die Berufung der Beklagten dem EuGH unter anderem folgende Frage vor:

> Kann das Brüsseler Übereinkommen vom 27. September 1968 über die gerichtliche Zuständigkeit und die Vollstreckung gerichtlicher Entscheidungen in Zivil- und Handelssachen nicht nur auf innergemeinschaftliche Streitigkeiten, sondern auch auf Streitigkeiten, die Bezug zur Gemeinschaft haben, angewandt werden? Genauer: Können einer in Kanada ansässigen Klägerin von der in einem Vertragsstaat niedergelassenen Beklagten die Zuständigkeitsvorschriften dieses Übereinkommens entgegengehalten werden?

Der europäische Gerichtshof hat entschieden, dass Titel II des Übereinkommens grundsätzlich anwendbar sei, sobald der Beklagte seinen Wohnsitz oder Sitz im Hoheitsgebiet eines Vertragsstaates habe, auch wenn der Kläger in einem Drittland ansässig sei. Etwas anderes gelte nur ausnahmsweise dort, wo das Übereinkommen die Anwendung einer seiner Zuständigkeitsregeln ausdrücklich davon abhängig mache, dass der Wohnsitz des Klägers in einem Vertragsstaat liege.

b) Bewertung der Entscheidung

Ob die *Josi*-Entscheidung des EuGH die Frage nach dem Drittstaatenbezug abschließend beantwortet hat, darf mit Recht bezweifelt werden. In diesem Falle lag nämlich eindeutig ein Gemeinschaftsbezug vor. Dieser bestand darin, dass die Beklagte ihren Sitz in einem Vertragsstaat (Belgien) hatte, jedoch vor den Gerichten eines anderen Vertragsstaates (Frankreich) verklagt wurde. Selbst die Vertreter der Reduktionstheorie in ihren verschiedenen Spielarten würden bei dieser Konstellation zur Anwendbarkeit des EuGVÜ gelangen.[587] Die Ausführungen des EuGH sind vor diesem Hintergrund zu verstehen. Die Argumentation des EuGH lässt sich daher nicht auf die klassische Konstellation fehlenden Gemeinschaftsbezuges übertragen, wie sie etwa im *Harrods*-Fall[588] bestand, dass nämlich ein Kläger aus einem Drittstaat einen Beklagten an dessen Wohnsitz innerhalb der Gemeinschaft verklagt, ohne dass ein Bezug zu einem weiteren Gemeinschaftsstaat besteht. *Gebauer* kommt in seiner Urteilsanmerkung zu dem Schluss, dass die *Josi*-Entscheidung des EuGH keinen Ausschluss der Reduktionstheorie bedeute.[589] *Dietze* und *Schnichels* gehen sogar davon aus, dass der EuGH eine Entscheidung über das Erfordernis eines Gemeinschaftsbezuges bewusst vermeiden wollte.[590]

Somit ist davon auszugehen, dass für den Bereich des EuGVÜ noch nicht geklärt ist, ob seine Anwendung einen Gemeinschaftsbezug erfordert.

4. Einfluss der EuGVVO

Fraglich ist, ob sich aus der EuGVVO neue Gesichtspunkte für die Diskussion ergeben.

a) Die Neufassung vor Art. 2 EuGVVO

Die EuGVVO sieht in Art. 2 vor, dass die Verordnung immer anwendbar ist, wenn der Beklagte seinen Wohnsitz in einem Mitgliedsstaat hat. Daraus leiten einige ab, dass nunmehr eindeutig kein weiterer Gemeinschaftsbezug erforderlich sei, um den Anwendungsbereich der Verordnung zu eröffnen.[591]

Diese Schlussfolgerung erscheint jedoch nicht zwingend, da eine entsprechende Regelung bereits im EuGVÜ enthalten war. Ersetzt wurden lediglich die Worte „Übereinkommen" durch „Verordnung" und „Vertragsstaat" durch „Mitgliedsstaat". Aus Art. 2 geht nicht hervor, dass der

[587] Vgl. Gebauer, ZEuP 2001, 943, 957.

[588] *In Re Harrods (Buenos Aires) Ltd.* [1992] Ch 72.

[589] Gebauer, ZEuP 2001, 949, 961; so auch die Argumentation in *Owusu v. Jackson and others* [2002] EWCA Civ 877, 40f., C.A.

[590] Dietze/Schnichels, EuZW 2001, 581, 582.

[591] Piltz, NJW 2002, 789, 790; Micklitz/Rott, EuZW 2001, 327.

Wohnsitz die einzige Voraussetzung sein soll. In der Literatur wird daher eine zweite Reduktionsstufe auch unter der Ägide der EuGVVO vertreten.[592]

b) Erwägungsgrund 8 der Verordnung

Erwägungsgrund Nr. 8 der Verordnung sieht vor, dass Rechtsstreitigkeiten, die unter die Verordnung fallen, einen Anknüpfungspunkt an das Hoheitsgebiet eines der Mitgliedsstaaten aufweisen müssen, die durch diese Verordnung gebunden sind. Fraglich ist, wie dieser Passus zu verstehen ist. Einige Autoren argumentieren dahingehend, dass durch die Formulierung gerade ausgedrückt werden solle, dass nur zu einem Mitgliedsstaat ein Bezug bestehen müsse.[593] Es ist jedoch näherliegend, das Wort Mitgliedsstaat im Sinne von „weiterem Mitgliedsstaat" zu verstehen. Für dieses Verständnis spricht, dass der Erwägungsgrund ansonsten kaum einen Sinn ergibt. Es ist nämlich denklogisch unmöglich, dass Rechtsstreitigkeiten „die unter die Verordnung fallen", keinen Anknüpfungspunkt an das Hoheitsgebiet eines Mitgliedsstaates haben, der Anknüpfungspunkt ergibt sich zwangsläufig aus der Tatsache, dass die Rechtsstreitigkeiten unter die Verordnung fallen. Fraglich kann somit allenfalls sein, ob durch die Formulierung lediglich reine Inlandsfälle ausgeschlossen werden sollen, oder ob dadurch der Ansicht derjenigen Gelehrten, die einen Gemeinschaftsbezug fordern, *de lege* eine Absage erteilt werden sollte. Letzteres ist kaum anzunehmen, in diesem Falle hätte nichts näher gelegen, als eine eindeutige Formulierung.

c) Art. 65 EG

Allerdings spricht die Zielsetzung der Bestimmung im Vertrag von Amsterdam, die justizielle Zusammenarbeit weiter auszubauen (Art. 65 EG), für eine möglichst breite Anwendung der Verordnung und somit gegen das Erfordernis eines weiteren Gemeinschaftsbezuges. Auch der erste Erwägungsgrund, einen „Raum der Freiheit, der Sicherheit und des Rechts" schaffen zu wollen, deutet in diese Richtung.[594] Die Frage dürfte also noch nicht abschließend geklärt sein.

---

[592] Schack, IZVR, Rn. 241.

[593] Hüßtege, in: Thomas/Putzo, Vorbem. Art. 1 EuGVVO, Rn. 12.

[594] So auch Schack, IZVR, Rn. 241, der jedoch gleichwohl an der zweiten Reduktionsstufe festhält.

5. Ergebnis für die Anwendbarkeit der *forum non conveniens*-Doktrin

Wenn auch im Rahmen dieser Arbeit keine umfassende Antwort auf die Frage nach einer teleologischen Reduktion gegeben werden kann, so bleibt doch festzuhalten, dass weder die Rechtsprechung des EuGH, noch die Einführung der EuGVVO den Streit um die Eröffnung des Anwendungsbereiches der europarechtlichen Zuständigkeitsregeln bei fehlendem Gemeinschaftsbezug des Rechtsstreits beilegen konnten. Somit kann nicht unterstellt werden, dass sich die internationale Zuständigkeit in den hier untersuchten Fällen mit Drittstaatenbezug ausschließlich nach dem autonomen englischen Zivilprozessrecht richtet. Aber selbst wenn man davon ausgeht, dass die EuGVVO auch auf Fälle mit Bezug zu Drittstaaten anwendbar ist, folgt daraus jedenfalls noch kein ausdrückliches Verbot, die *forum non conveniens*-Doktrin anzuwenden, da ein *stay*, wie gesehen, keine generelle Ablehnung der Zuständigkeit begründet.

Somit bleibt es notwendig zu untersuchen, ob die *forum non conveniens*-Doktrin mit dem europäischen Zuständigkeitssystem kompatibel ist, wenn man zu Gunsten der Gegner der Reduktionstheorien unterstellt, dass es auch bei Fällen mit ausschließlichem Drittstaatenbezug zur Anwendung kommt.

6. Einschränkung der *forum non conveniens*-Doktrin bei Drittstaatenbezug

Fälle ohne Gemeinschaftsbezug sind grundlegend anders zu beurteilen als reine Binnensachverhalte. Wenn sich das alternative Forum, zu dessen Gunsten das Verfahren ausgesetzt werden soll, in einem Drittstaat befindet, sind die Interessen der Gerichte anderer Mitgliedsstaaten nicht betroffen, wenn das Verfahren dorthin abgegeben wird. Es besteht auch kein übergreifendes System wechselseitiger Anerkennung und Vollstreckung der Entscheidungen, das eine Vereinheitlichung der Zuständigkeitsregeln erforderlich machen würde. Daher kann die Schwelle für die Akzeptanz der *forum non conveniens*-Doktrin durch das Europarecht hier niedriger sein.

Gleichwohl muss der Anwendungsbereich durch die *ratio* der europäischen Regelwerke beschränkt bleiben. Es besteht nämlich ein Interesse eines ausländischen Klägers, der sich bei einer Klage in England auf die Regeln der EuGVVO oder der Übereinkommen verlässt, daran, dass das Verfahren auch durchgeführt wird, ohne dass zunächst über den Prozessort gestritten werden muss. Dem lässt sich zwar entgegenhalten, dass ein Kläger, der vor die englischen Gerichte zieht, sich auch dem Prozessrecht der *lex fori* unterwerfen muss, selbst wenn dazu die Möglichkeit der Verfahrensaussetzung zählt. Gleichwohl ist ein englisches Gericht, dessen Zuständigkeit sich aus dem europäischen Zivilprozessrecht ergibt aber weniger frei in seiner Entscheidung über den *stay* als in reinen *Common Law*-Fällen.

Die Entscheidung muss im Geist des europäischen Zuständigkeitssystems erfolgen. Nur in Fallkonstellationen, in denen die Anwendung des europäischen Zuständigkeitsrechts ausnahmsweise zu unbilligen Ergebnissen führt, kann daher Raum für die Anwendung der Doktrin verbleiben. Da die *Common Law*-Regeln über die Begründung der Zuständigkeit durch nur vorübergehenden Aufenthalt nicht gelten *(transient presence rule)*, ist auch das Bedürfnis für das entsprechende Korrektiv geringer. Der klassische Fall für die Anwendung der *forum non conveniens*-Doktrin ist der, dass einer natürlichen Person ohne Wohnsitz im Vereinigten Königreich bei einem kurzen Aufenthalt eine Klageschrift übergeben wird und dadurch die englischen Gerichte zuständig werden, obwohl keinerlei Bezug des Streitgegenstandes zu England besteht.[595] Dieser Fall ist im Bereich des Europarechts ausgeschlossen.

III. Einordnung in Fallgruppen

Es bleibt zu untersuchen, in welchen Fallkonstellationen sich gleichwohl exorbitante Zuständigkeiten ergeben können, die einer Korrektur durch die *forum non conveniens*-Doktrin bedürfen. Hier hilft ein Blick auf die englische Rechtsprechung. Die Fälle, in denen das Verfahren nach der *forum non conveniens*-Doktrin zu Gunsten der Gerichte eines Drittstaates ausgesetzt wurde, lassen sich in drei Fallgruppen einteilen:

Zum einen handelt es sich um Fälle, in denen die Zuständigkeit auf Art. 2 Abs. 2 EuGVÜ/EuGVVO beruht und der Beklagte eine juristische Person ist, deren Wohnsitz nach *Common Law* anhand der Gründungstheorie in England verortet wird, während die Hauptverwaltung des Beklagten sich am *forum conveniens* in einem Drittstaat befindet, in dem auch die Geschäftstätigkeit ausgeübt wird. Die zweite Fallgruppe betrifft Fälle, in denen die Sache

---

[595] So etwa bei *Maharanee Seethadevi Gaekar of Baroda* v. *Wildenstein* [1972] 2 QB 283.

bereits in einem Staat außerhalb des Anwendungsbereichs von EuGVVO und EuGVÜ rechtshängig ist. Die dritte Fallgruppe betrifft ausschließliche Gerichtsstandsvereinbarungen bei denen das *forum prorogatum* in einem Drittstaat liegt. Der verbleibende Anwendungsbereich der *forum non conveniens*-Doktrin lässt sich mit Hilfe dieser Fallgruppen definieren.

1. Sitz juristischer Personen

a) Gesellschaftssitz nach autonomem Common Law

Im *Harrods*-Fall[596] ergab sich die Zuständigkeit der englischen Gerichte nur aufgrund der Besonderheit des englischen Rechts, den für Art. 2 Abs. 2 EuGVÜ relevanten Firmensitz am Gründungsort in London zu definieren, obwohl dorthin kein Bezug der Geschäftstätigkeit bestand. Bei alleiniger Anwendbarkeit des *Common Law* wäre in solchen Fällen keine Zuständigkeit der englischen Gerichte begründet worden. Die *Harrods (Buenos Aires) Ltd.* war nicht im Vereinigten Königreich „anwesend", da keine Niederlassung in England bestand.[597] Es wäre mangels eines Inlandsbezuges auch keine Erlaubnis zur Auslandszustellung erteilt worden.[598] Die Zuständigkeit ergab sich nur aufgrund der aus Sicht des *Common Law* systemfremden Anknüpfung der Zuständigkeit an den Gründungssitz (*domicile*) einer juristischen Person.

Hätte sich der Sachverhalt in einem anderen Mitgliedsstaat abgespielt, wäre dort ebenfalls keine Zuständigkeit begründet gewesen, da der Firmensitz der *Harrods Buenos Aires Ltd.* nach kontinentaleuropäischem Verständnis in Argentinien verortet worden wäre.

Da der Sitz eines Unternehmens sich in England grundsätzlich nach dem satzungsmäßigen Sitz oder Gründungsort *(incorporation)* richtet,[599] in den meisten übrigen Mitgliedsstaaten aber nach der Hauptverwaltung, ergäben sich in solchen Fällen ohne die *forum non conveniens*-Doktrin exorbitante

---

[596] [1992] Ch. 72.

[597] Companies Act 1985, s. 725 (1); vgl. dazu oben, S. 44ff.

[598] Die Zustellung der Klage war im *Harrods* Falle nur aufgrund der obligatorischen Auslandszustellung gem. RSC Ord. 11 r. 1 (1) (a) (Heute CPR 6.19) möglich, die der Umsetzung des Europarechts dient, vgl. zu den Voraussetzungen oben, S. 54ff. Ein Zustellungsgrund des *Common Law* gem. CPR 6.20 (2) ff. ist dagegen nicht ersichtlich.

[599] Vgl. Gore-Browne, Bd. 2, § 43.10.

Zuständigkeiten, die dem europäischen Zuständigkeitssystem widersprächen. Auch nach autonomem *Common Law* wäre es nämlich nicht möglich, eine Gesellschaft allein aufgrund der Tatsache, dass der Gründungsakt in England stattgefunden hat, dort zu verklagen. Weder wäre die juristische Person im Inland „anwesend", noch läge ohne weiteren Inlandsbezug ein Grund für die Auslandszustellung vor.[600] Die Zuständigkeit ergibt sich erst aus der Kombination von Art. 2 Abs. 1 EuGVÜ/EuGVVO mit der Gründungstheorie des *Common Law* und ist daher als exorbitant anzusehen.

b) Gesellschaftssitz nach EuGVVO

Die EuGVVO führt zwar in Art. 60 einen verordnungsautonomen Begriff des Sitzes ein; die Vorschrift enthält jedoch eine Sonderregelung für das Vereinigte Königreich, nach der in Ermangelung eines eingetragenen satzungsmäßigen Sitzes *(registered office)* auf den Ort der Erlangung der Rechtsfähigkeit *(incorporation)* oder Gründung *(formation)* abzustellen ist. Somit bleibt es trotz der Neuerung bei der Gefahr exorbitanter Zuständigkeit bei Klagen gegen Gesellschaften, die ihre Geschäftstätigkeit nur im Ausland entfalten. Die Einführung der EuGVVO hat somit keine Lösung der Problematik in dieser Fallgruppe gebracht. Da nach den neuen Regeln eine Gesellschaft mehrere Geschäftssitze haben kann und bei multinationalen Unternehmen regelmäßig haben wird, ergibt sich hier sogar eine Verschärfung des Problems.

c) Korrektur durch Anwendung der forum non conveniens-Doktrin

Es widerspricht Sinn und Zweck der europäischen Zuständigkeitssystematik, dass aufgrund der Bestimmung des Sitzes nach bestimmten Kriterien ein Gericht in einem Staat zuständig wird, zu dem der Streit keinerlei Bezug hat und das auch nach seinem eigenen autonomen Prozessrecht keine Zuständigkeit besitzen würde.

Für die Fallkonstellation, dass sich die Zuständigkeit der englische Gerichte allein aufgrund der Verortung des Wohnsitzes am Gründungsort einer juristischen Person ergibt, muss daher die *forum non conveniens*-Doktrin anwendbar bleiben. Ergibt sich im Zuge der *forum non conveniens*-Prüfung,

---

[600] Dazu oben, S. 179.

dass der Sachverhalt keinen Bezug zu England hat und überdies alle Kriterien der Verfahrensaussetzung hinsichtlich der Klagemöglichkeit in dem Staat, in dem die Geschäftstätigkeit ausgeübt wird, erfüllt sind, dürfen die englischen Gerichte das Verfahren somit aussetzen.

Hiergegen ließe sich zwar anführen, es sei dem *Common Law* unbenommen, die Gründungstheorie aufzugeben und England sei somit für die so entstehenden exorbitanten Zuständigkeiten selbst verantwortlich. Man mag *de lege ferenda* wünschen, dass sich das Vereinigte Königreich zumindest für den Bereich der Wohnsitzbestimmung nach EuGVÜ und EuGVVO der Sitztheorie anschlösse. Eine Verpflichtung dazu lässt sich jedoch nicht aus dem Europarecht herleiten, solange den Vertragsstaaten des EuGVÜ die Sitzbestimmung nach der *lex fori* gestattet ist und die EuGVVO die Gründungstheorie in Art. 60 Abs. 2 im Rahmen der verordnungsautonomen Sitzbestimmung sogar ausdrücklich zulässt.

Es lässt sich umgekehrt sogar argumentieren, dass wenn die Gründungstheorie in Art. 60 Abs. 2 EuGVVO schon ausdrücklich zugelassen wird, dem Vereinigten Königreich auch gestattet sein muss, die Konsequenzen für die Zuständigkeitsbegründung durch die *forum non conveniens*-Doktrin auszugleichen. Wenn das *Common Law* für die Sitzbestimmung zum Zuge kommt, muss ihm auch gestattet sein, als Appendix das zugehörige Korrektiv mitzuführen. Ansonsten kommt es zu systemwidrigen Ergebnissen, weil dem *Common Law* eine Anknüpfung der Zuständigkeit an den Gründungsort fremd ist.

Die Literatur fordert weitreichende, möglichst globale Harmonisierungen der Zuständigkeits- und Anerkennungsregeln[601] und teilweise sogar die Aufgabe der Gründungstheorie.[602] Würde das englische Recht -zumindest für die Zwecke der Zuständigkeitsanknüpfung- der Sitztheorie folgen, wäre in der Tat ein wesentlicher Grund für die Anwendung der *forum non conveniens*-Doktrin entfallen. Allerdings können solche Forderungen nichts daran ändern, dass *de lege lata* ein Bedarf für die Doktrin besteht. Diese Forderung belegt sogar, dass die europarechtlichen Zuständigkeitsregeln für England

[601] Vgl. Gottwald, FS-Habscheid, S. 119, 130; zum Stand der Entwicklung eines weltweiten Zuständigkeits- und Anerkennungsübereinkommens: Grabau/Hennecka, RIW 2001, 569.

[602] Hau, S. 235ff.

ohne das Korrektiv durch die Möglichkeit der Verfahrensaussetzung zum Teil nicht sachgerecht sind.

Es kommt auch nicht zu einer unangemessenen Benachteiligung des Klägers. Ein Kläger, der die Zuständigkeit englischer Gerichte trotz fehlenden Bezuges des Streitgegenstandes zu England herbeiführt und dabei die Kombination aus Sitzbestimmung nach *Common Law* und Zuständigkeitsbegründung nach Europarecht ausnutzt, ist regelmäßig nicht schutzwürdig. Wenn und soweit sachliche Gründe ihn ausnahmsweise daran hindern, Klage vor dem sachnäheren und zuständigen Gericht am Ort des Geschehens zu erheben, wird das englische Gericht dies anerkennen und keinen *stay* gewähren, da die Durchführbarkeit eines fairen Verfahrens am *forum conveniens* Voraussetzung der Aussetzung ist. Der *Spiliada*-Test[603] liefert hier klare Abgrenzungskriterien.

2. Fälle der Prorogation

Eine eigene Fallgruppe bilden Verfahren bei denen die Parteien eine ausschließliche Gerichtsstandsvereinbarung zu Gunsten ausländischer Gerichte in einem Drittstaat geschlossen haben, in denen unter Missachtung der Derogationswirkung Klage in England erhoben wird.

a) Problem

Art. 23 EuGVVO[604] gilt seinem Wortlaut nach nur, wenn die Zuständigkeit eines Gerichts oder der Gerichte eines Mitgliedsstaates vereinbart wird. Die Vorschrift ist also für die Prorogation zugunsten eines Gerichts in einem Drittstaat nach überwiegender Ansicht in der deutschen Literatur[605] nicht anwendbar. Auch der EuGH hat in der sogenannten Coreck-Entscheidung[606] festgestellt, dass Art. 17 EuGVÜ entsprechend seinem Wortlaut nur Anwendung findet, wenn die Zuständigkeit der Gerichte eines Vertragsstaates vereinbart wird.

---

603 Vgl. S. 98.

604 Art. 17 EuGVÜ.

605 Kropholler, EZPR, Art. 23 EuGVVO, Rn. 14; Schlosser-Bericht, Nr. 176; Schack, IZVR, Rn. 463 a. E., Geimer/Schütze, § 29 VI 7, S. 202ff.; Samtleben, RabelsZ 59 (1995), 670, 696, 698.

606 EuGH Rs. C-387/98 (*Coreck Maritime GmbH v. Handelsveem BV u.a.)* EuGH Slg. 2000-I, 9337 = NJW 2001, 501, 502.

In der Literatur wurde für Art. 17 EuGVÜ dagegen die analoge Anwendung hinsichtlich der Beachtung des Derogationseffekts angeregt.[607] Dies ist jedoch nach der Coreck-Entscheidung[608] des EuGH nicht mehr praktikabel. Somit richtet sich die Zuständigkeit in der Praxis für diesem Bereich nach dem autonomen Recht der Mitgliedsstaaten.[609]

Einige Autoren erkennen deshalb an, dass die *forum non conveniens*-Doktrin in solchen Fällen anwendbar sein muss, in denen eine Gerichtsstandsvereinbarung zugunsten eines Gerichts außerhalb des räumlichen Geltungsbereichs der EuGVVO und der Übereinkommen besteht.[610] Dies liege in der Systematik der EuGVVO begründet.

Wie oben bereits dargestellt,[611] beseitigt eine Gerichtsstandsvereinbarung zugunsten eines ausländischen Gerichts nach englischem Recht nicht die Zuständigkeit der englischen Gerichte, sondern stellt nur einen Fall dar, in dem das Verfahren nach der *forum non conveniens*-Doktrin ausgesetzt werden kann. Das englische Recht kennt keine andere Regelung, die die *jurisdiction* bei Bestehen einer Gerichtsstandsvereinbarung zu Gunsten eines ausländischen Gerichts ausschlösse. Die Doktrin ist also die einzige Möglichkeit des *Common Law*, dem Parteiwillen zu einem bestimmten Gerichtsort Geltung zu verschaffen.

Wollte man also die Anwendbarkeit der *forum non conveniens*-Doktrin bei Fällen, in denen eine Zuständigkeit der englischen Gerichte aus dem Europarecht folgt, ausnahmslos ablehnen, hätte das englische Gericht kein Instrument, dem Parteiwillen zu einem Prozess am *forum prorogatum* zu genügen und müsste der in Verletzung der Vereinbarung in England anhängig gemachten Klage Folge geben. Es erscheint fraglich, ob ein

---

[607] Vgl. Geimer/Schütze, § 96 VII 4 a), S. 892ff.; Schack spricht sich für die seltene Fallkonstellation, dass die Zuständigkeit mindestens zweier Mitgliedsstaaten derogiert wird, für die analoge Anwendung der Vorschrift des Art. 23 EuGVVO aus, vgl. Schack, IZVR Rn. 467.

[608] EuGH Rs. C-387/98 (*Coreck Maritime GmbH v. Handelsveem BV u.a.)* EuGH Slg. 2000-I, 9337 = NJW 2001, 501, 502.

[609] Kropholler, EZPR, Art. 23 EuGVVO, Rn. 14; Schlosser-Bericht, Nr. 176.

[610] Cheshire / North, Kap. 11, (H), S. 263ff; Collins, Civil Jurisdiction and Judgements, S. 85ff.; Hartley, Civil Jurisdiction and Judgements, S. 66, 74, 77ff; O'Malley & Layton, S. 31.; Stone, Civil Jurisdiction and Judgments Act, S. 497; Dicey/Morris, 12-430ff., S. 401ff.; Hill, S. 108; Briggs & Rees, S. 170.

[611] Vgl. S. 105f.

kategorischer Ausschluss der Anwendung der *forum non conveniens*-Doktrin von ihren Gegnern tatsächlich auch für diesen Fall gewollt ist.

b) Stellungnahme

Es wäre unbillig, wenn ein englisches Gericht gezwungen wäre, jedes Verfahren durchzuführen, bei dem der Kläger unter Verletzung einer Gerichtsstandsvereinbarung in England klagt, obwohl das Europarecht die Prorogation grundsätzlich anerkennt und die Gerichtsstandsvereinbarung sowohl den Wirksamkeitsanforderungen des Art. 23 EuGVVO[612] als auch des *Common Law* genügt. Der Kläger, der in Verletzung einer Gerichtsstandsvereinbarung seine Klage in England erhebt, ist auch regelmäßig nicht schutzwürdig. Sollte der Kläger ausnahmsweise aus legitimen Gründen an der Klage am *forum prorogatum* gehindert sein, bietet die *forum non conveniens*-Doktrin ausreichend Spielraum, einen *stay* abzulehnen.

Es sind auch keine anderen Möglichkeiten eines englischen Gerichts ersichtlich, die Derogationswirkung einer Gerichtsstandsvereinbarung auf die Art. 23 EuGVVO[613] nicht anwendbar ist, zu Gunsten eines ausländischen Forums anzuerkennen. Die Übernahme der Systematik der europarechtlichen Regelung durch eine gesetzliche Neuregelung des nationalen Rechts kann dem Vereinigten Königreich nicht oktroyiert werden. Daher ist der Auffassung derjenigen Gelehrten beizupflichten, die auch in diesen Fallkonstellationen eine Anwendbarkeit der *forum non conveniens*-Doktrin bejahen.[614]

3. Lis pendens Fälle

Eine weitere besondere Fallgruppe bilden die Prozesse, bei denen in der selben Sache bereits ein Verfahren in einem Drittstaat rechtshängig ist und der Beklagte einen Wohnsitz in einem Mitglieds- bzw. Vertragsstaat hat.

---

[612] Art. 17 EuGVÜ.

[613] Art. 17 EuGVÜ.

[614] Vgl. Cheshire / North, Kap. 11, (H), S. 263ff; Collins, Civil Jurisdiction and Judgements, S. 85ff.; Hartley, Civil Jurisdiction and Judgements Act, S. 66, 74, 77ff; O'Malley & Layton, S. 31.; Stone, Civil Jurisdiction and Judgments Act, S. 497; Dicey/Morris, 12-430ff., S. 401ff.; Hill, S. 108; Briggs & Rees, S. 170.

a) Problem

Art. 27 EuGVVO[615] gilt dem Wortlaut nach nur für die anderweitige Rechtshängigkeit in einem andern Mitgliedsstaat. Nach überwiegender Ansicht kommt daher bei der Behandlung der Rechtshängigkeit in Drittstaaten das autonome staatliche Recht zum Zuge.[616]

Wie oben dargestellt,[617] wird ein englisches Gericht nicht dadurch unzuständig, dass eine den selben Streitgegenstand betreffende Klage bereits im Ausland rechtshängig ist. Englische Gerichte sehen die anderweitige Rechtshängigkeit *(lis alibi pendens)* lediglich als ein besonders starkes Indiz dafür an, dass England *forum non conveniens* ist und das Verfahren daher ausgesetzt werden kann.

Auch in diesen Fällen wird daher in der Literatur die Anwendbarkeit der *forum non conveniens*-Doktrin bejaht, obwohl Art. 2 EuGVVO/EuGVÜ grundsätzlich einschlägig ist, zumal das englische Recht kein anderes Instrument bereitstellt, ausländische Rechtshängigkeit zu beachten.[618] Die Stimmen in der Literatur, die die Anwendbarkeit der *forum non conveniens*-Doktrin grundsätzlich ablehnen, äußern sich nicht ausdrücklich zu dieser Konstellation. Es ist daher unklar, ob tatsächlich auch für diese Fälle die Anwendbarkeit der Doktrin schlechthin abgelehnt werden soll.

b) Stellungnahme

Es widerspräche der *ratio* von EuGVVO und der Übereinkommen, wenn allein aufgrund der europäischen Ablehnung der *forum non conveniens*-Doktrin die Rechtshängigkeit des Streitgegenstandes, die grundsätzlich sowohl nach europäischem als auch nach englischem Recht beachtlich ist, ignoriert werden müsste.

Es wäre unbillig und von der Intention der europarechtlichen Regelungen nicht gedeckt, wenn man die Gerichte verpflichten wollte, Litispendenz in Drittstaaten niemals zu beachten. Oft ergibt sich die Beachtung der

---

[615] Art. 21 EuGVÜ.

[616] Geimer/Schütze, § 44 I 2, S. 292f.; MüKo ZPO-Gottwald, Art. 21 EuGVÜ, Rn. 2; Kropholler, EZPR, vor Art. 21 EuGVÜ, Rn. 2 m.w.N.; O'Malley/Layton, 1.39, 23.07; Schack, IZVR, Rn. 760; Huber, S. 221 m.w.N.; Erwand, S. 218.

[617] S. 103ff.

[618] Huber, S. 227f.

Rechtshängigkeit in Drittstaaten aus völkerrechtlichen Verträgen, so dass andernfalls völkerrechtliche Verpflichtungen der Vertragsstaaten ausgehebelt würden.[619] Aber auch in Abwesenheit völkerrechtlicher Verpflichtungen kann nicht davon ausgegangen werden, dass die europarechtlichen Zuständigkeitsregeln verlangen würden, die Rechtshängigkeit in Drittstaaten immer zu ignorieren.[620] Ein etwa durch das Europarecht begründeter Justizgewährungsanspruch muss hier zurücktreten.[621]

Daher ist auch in diesen Fallkonstellationen die *forum non conveniens*-Doktrin neben dem Europarecht anwendbar.

[619] Vgl. Geimer/Schütze, § 44 I 2. a, S. 292.

[620] Vgl. Geimer/Schütze, § 44 I 2. b, S. 292f.

[621] Vgl. Kropholler, EZPR, vor Art. 21 EuGVÜ, Rn. 2 m.w.N.

Kapitel 9

ZUSAMMENFASSUNG DER ERGEBNISSE

Die Zuständigkeitslehre des *Common Law* knüpft an die Möglichkeit der Zustellung eines verfahrenseinleitenden Schriftstücks *(claim form)* an. Diese ist bereits bei schlichtem Aufenthalt des Beklagten im Hoheitsbereich statthaft. Im Ausland bedarf die Zustellung grundsätzlich einer ermessensabhängigen Genehmigung des Gerichts, die an bestimmte Regeltatbestände geknüpft ist.

Der Beklagte hat die Möglichkeit, beim Gericht zu beantragen, das Verfahren zugunsten eines sachnäheren Forums auszusetzen, wenn er durch die Klage in England unangemessen benachteiligt wird *(forum non conveniens)*.

Im Verhältnis zu den EU und EFTA Staaten sowie Polen gilt das europäische Zuständigkeitssystem, das maßgeblich an den Wohnort des Beklagten anknüpft *(actor sequitur forum rei)*.

Umstritten ist, ob und inwieweit die *forum non conveniens*-Doktrin in diesen Fällen anwendbar ist. Nach der hier vertretenen Lösung dürfen die englischen Gerichte die dem Bereich der Sachurteilvoraussetzung angehörige *forum non conveniens*-Lehre nur bei Rechtsmissbrauch und in bestimmten Fallgruppen heranziehen, in denen sich eine exorbitante Zuständigkeit allein aufgrund der Kombination von *Common Law*-Regeln mit dem Europarecht ergibt.

Zusammenfassend lassen sich nachfolgende Thesen zur Anwendbarkeit der *forum non conveniens*-Doktrin neben dem Europarecht postulieren:

1. Die Anwendung der *forum non conveniens*-Doktrin wird nicht grundsätzlich dadurch ausgeschlossen, dass sich die Zuständigkeit eines englischen Gerichts aus den europarechtlichen Bestimmungen der EuGVVO, des EuGVÜ oder des LugÜ ergibt, da es sich bei dieser Doktrin nicht um eine Zuständigkeitsregelung handelt. Die Zuständigkeit der englischen Gerichte ist vielmehr Voraussetzung einer Verfahrensaussetzung nach der *forum non conveniens*-Doktrin.

2. Aus dem Geist dieser europarechtlichen Regelwerke ergibt sich aber eine weitrechende Einschränkung der Anwendbarkeit der Doktrin.

3. Die Aussetzung des Verfahrens zugunsten der Gerichte eines anderen Mitglieds- bzw. Vertragsstaates nach der *forum non conveniens*-Doktrin ist grundsätzlich ausgeschlossen. Ausnahmen können nur im Falle rechtsmissbräuchlicher und treuwidriger Herbeiführung der Zuständigkeitsvoraussetzungen durch den Kläger gelten.

4. Zugunsten der Gerichte eines Drittstaates können die englischen Gerichte das Verfahren nach der *forum non conveniens*-Doktrin dann aussetzen, wenn sich systemwidrige, exorbitante Zuständigkeiten aus dem Spannungsverhältnis von *Common Law* und Europarecht ergeben. Dies ist in folgenden Fallgruppen möglich:

a) Die Zuständigkeit ergibt sich aufgrund des Wohnsitzes einer juristischen Person i. S. d. Art. 2 EuGVVO/EuGVÜ allein deshalb im Vereinigten Königreich, weil dort der Gründungsakt stattgefunden hat und die Aussetzung erfolgt zu Gunsten der Gerichte des Staates, in welchem sich ihre Hauptverwaltung oder Hauptniederlassung befindet.

b) Es besteht eine wirksame ausschließliche Gerichtsstandsvereinbarung zu Gunsten der Gerichte eines Drittstaates und die Aussetzung erfolgt zu Gunsten der Gerichte dieses Staates.

c) Die Sache ist bereits in einem Drittstaat rechtshängig und die Aussetzung erfolgt zu Gunsten der Gerichte dieses Staates.

Es ist hervorzuheben, dass die oben ausgewerteten englischen Entscheidungen sich ausnahmslos im Rahmen des hier vertretenen Anwendungsbereiches gehalten haben.[622]

[622] Im Falle *Owusu v. Jackson and others* [2002] EWCA Civ 877, C.A. wurde nicht über die Frage der Anwendbarkeit der Doktrin entschieden, da das Gericht vor Eintritt in die *forum non conveniens*-Prüfung die Entscheidung des EuGH über die generelle Anwendbarkeit der Doktrin herbeiführen wollte.

STICHWORTVERZEICHNIS

T

U

V

W

Z

Schriften zum Internationalen und vergleichenden Privatrecht

Herausgegeben von Abbo Junker

Band 1 Maren Charisius: Das niederländische Internationale Privatrecht. 2001.

Band 2 Natalie Kretschmer: Das Internationale Privatrecht der zivilen Verkehrsluftfahrt. 2003.

Band 3 Maike Kreitlow: Das *domicile*-Prinzip im englischen Internationalen Privatrecht und seine europäische Perspektive. 2003.

Band 4 Monika Reckhorn-Hengemühle: Aktuelles spanisches Erbschaft- und Schenkungsteuerrecht. Abwicklung deutsch-spanischer Erb- und Schenkungsfälle. 2003.

Band 5 Martin Bahr: Missbrauch der wettbewerbsrechtlichen Abmahnung im Bereich des Internet. 2003.

Band 6 Nicolai von Cube: Die internationale Zuständigkeit der englischen Zivilgerichte. Im Spannungsverhältnis von Common Law und Europarecht. 2004.

www.peterlang.de

Peter Lang · Europäischer Verlag der Wissenschaften

Sandra Schulte-Nover

Strafrichter in Deutschland und England

Ein systematischer Rechtsvergleich im Hinblick auf die richterlichen Kompetenzen im Strafverfahren

Frankfurt am Main, Berlin, Bern, Bruxelles, New York, Oxford, Wien, 2003. 553 S.
Schriften zum Strafrecht und Strafprozeßrecht.
Herausgegeben von Manfred Maiwald. Bd. 62
ISBN 3-631-50615-5 · br. € 86.00*

Die Arbeit untersucht die Kompetenzen des englischen und des deutschen Strafrichters anhand eines verfahrensübergreifenden Untersuchungsansatzes. Zunächst wird das Richteramt im Rahmen einer umfassenden Grundlagenanalyse in die kulturellen, gesellschaftlichen, politischen und verfassungsrechtlichen Eigenheiten der Rechtskultur eingebettet. Im Anschluß daran nimmt die Verfasserin einen systematischen Vergleich bezüglich der richterlichen Kompetenzen im englischen und deutschen Strafverfahren vor. Auf der Erkenntnisbasis der vorangegangenen Grundlagenanalyse und durch die Berücksichtigung aktueller Entwicklungstendenzen erschließt sich sodann ein klares Bild des englischen und deutschen Strafrichters sowie seiner verfahrensrechtlichen Stellung und Funktion.

Aus dem Inhalt: Grundlagen des Richteramtes in Deutschland und England · Grundprinzipien des Strafprozesses · Systematische Gegenüberstellung der einzelnen Verfahrensabschnitte und Vergleich der richterlichen Kompetenzen · Analyse der Rolle des Richters im Strafverfahren · Reformtendenzen in beiden Ländern · Ausblick auf zukünftige Entwicklungstendenzen · Justizielle Zusammenarbeit auf europäischer Ebene

Frankfurt am Main · Berlin · Bern · Bruxelles · New York · Oxford · Wien
Auslieferung: Verlag Peter Lang AG
Moosstr. 1, CH-2542 Pieterlen
Telefax 00 41 (0) 32 / 376 17 27

*inklusive der in Deutschland gültigen Mehrwertsteuer
Preisänderungen vorbehalten

Homepage http://www.peterlang.de

FSC
www.fsc.org
MIX
Papier | Fördert
gute Waldnutzung
FSC® C083411

Kolibri 360 GmbH
Ferdinand-Jühlke-Straße 7
99095 Erfurt, Deutschland
produktsicherheit@kolibri360.de

Druck:
CPI Druckdienstleistungen GmbH
im Auftrag der
Kolibri 360 GmbH
Ferdinand-Jühlke-Str. 7
99095 Erfurt